教育部现代学徒制试点专业建设成果
连锁门店岗位实务系列丛书

连锁门店高级岗位操作实务

主编　朱超才

中国纺织出版社有限公司

图书在版编目(CIP)数据

连锁门店高级岗位操作实务 / 朱超才主编. -- 北京 : 中国纺织出版社有限公司，2019.12

ISBN 978-7-5180-6956-9

Ⅰ. ①连… Ⅱ. ①朱… Ⅲ. ①连锁店—经营管理—高等职业教育—教材 Ⅳ. ①F717.6

中国版本图书馆 CIP 数据核字(2019)第 243394 号

策划编辑：刘　蕊　　责任校对：王蕙莹
责任设计：林昕瑶　　责任印制：储志伟

中国纺织出版社有限公司出版发行
地址：北京市朝阳区百子湾东里 A407 号楼　邮政编码：100124
销售电话：010-67004422　传真：010-87155801
http://www.c-textilep.com
中国纺织出版社天猫旗舰店
官方微博 http://weibo.com/2119887771
佳兴达印刷（天津）有限公司印刷　各地新华书店经销
2019 年 12 月第 1 版第 1 次印刷
开本：710×1000　1/16　印张：14.25
字数：335 千字　定价：41.80 元

前　言

“店长乃一店之中流砥柱”。连锁门店店长是一个具有特殊性质的管理者，直接影响到整个店铺的营运。他既要处理店内很多具体繁杂的事务，是店面营业活动的全面负责人，又必须实现各种营业目标，对店铺的所有者负责。一个好的店长不是天生的，只有经过严格系统的专业培训才能完成任务。因此，组织编写本书的目的，就是为了适应当前连锁企业门店店长提升职业素质和技能培养的需要。

《连锁门店高级岗位操作实务》是在连锁经营管理专业教育部现代学徒制试点专业建设成果基础上，组织编写的连锁门店岗位操作实务系列丛书之一。本书密切结合我国连锁经营企业发展现状，以门店店长职业行为活动为依据，在编写中按照“突出能力目标，理论实践一体化”的课程整体设计原则，运用大量最新的国内外连锁企业经营实例，以实务操作为主旨，具有以下特点：

一是，教材从一个学习者的视角，介绍了连锁企业门店店长工作岗位及基本工作过程，以项目为纽带呈现了连锁门店店长岗位的工作流程、工作内容、管理要求和提升素质；二是，教材围绕连锁门店店长管理过程这一主线，以店长岗位职责为基本依据，选择了管理知识、管理方法和管理要求，突出了理论为实践服务的理念；三是，教材以职业标准为引领，每个项目分为若干个工作任务，通过做学一体化的形式提高教学效果，体现了以学生为本的现代职业教学理念。

本书全面阐述了门店店长需具备的基本理论和实践知识，编写过程中坚持职业能力培养和知识学习的针对性，采用项目教学法，基于店长工作岗位，按照店长“应知”“应会”“提升”发展阶段，将教学内容设计成不同的训练项目和学习任务。全书共包括如何打造成功的店长、如何进行门店的商品管理、如何进行门店的员工管理、如何进行门店的卖场规划、如何做好门店的客户管理、如何进行门店的营销管理六大项目，每个项目由学习目标、学习任务、项目训练等部分组成。在任务学习中，通过“任务导入”“任务分析”设置学习情境，通过“知识导航”“技能培养”强化知识学习和技能培养，通过“小任务”“小资料”拓宽专业视野，有利于学生理论知识的学习、职业技能的训练和实践能力的培养。

本书可以作为高职高专院校连锁经营管理专业、市场营销专业的教材，还可以作为连锁企业门店管理的培训教材。本书在编写过程中，参考引用了很多相关著作以及企业案例，教育部现代学徒制试点合作企业安徽安德利百货股份有限公司、安徽永辉超市有限公司等连锁经营企业给予了大力支持，在此一并表示衷心的感谢。由于水平有限，书中难免有些缺点和不成熟之处，恳请广大读者批评指正。

编　者

2019 年 12 月

目　　录

项目一　如何打造成功的店长 …… 1

任务一　认知店长角色 …… 1

任务二　提升店长有效授权的能力 …… 10

任务三　提高店长的沟通能力 …… 15

任务四　提升店长的激励能力 …… 25

项目二　如何进行门店的商品管理 …… 33

任务一　优化门店商品结构 …… 33

任务二　控制商品采购成本 …… 44

任务三　做好商品验收管理 …… 50

任务四　优化商品库存管理 …… 54

任务五　做好商品安全防损 …… 62

项目三　如何进行门店的员工管理 …… 69

任务一　确定门店的组织结构和岗位职责 …… 69

任务二　配置与招聘门店员工 …… 77

任务三　培训和辅导门店员工 …… 93

任务四　评估与考核门店员工 …… 98

项目四　如何进行门店的卖场规划 …… 120

任务一　了解卖场区域划分 …… 120

任务二　实施卖场区域规划 …… 128

任务三　实现卖场布局诱导 …… 136

任务四　善用商品配置表来配置商品 …… 141

项目五　如何做好门店的客户管理 …… 150

任务一　管理客户信息 …… 150

任务二　进行客户分类 …… 156

任务三　开发新客户资源 …… 162

任务四　提升老客户忠诚度 …… 170

任务五　赢回流失客户 …… 177

项目六　如何进行门店的营销管理 …… 183

任务一　分析门店商圈 …… 183

任务二　把握客户需求 …… 190

任务三　制订目标市场营销策略 …… 196

任务四　制订营销组合策略 …… 203

参考文献 …… 218

项目一　如何打造成功的店长

【知识目标】

了解店长的岗位职责和角色；掌握店长有效授权的方法与技巧；掌握店长有效沟通的技巧；掌握店长激励店员的方法。

【素能目标】

具备专业的职业精神和职业道德；具备良好的团队合作精神；具备良好的管理能力、沟通能力和激励能力。

任务一　认知店长角色

【任务导入】

刘伟在某连锁门店工作了三年，做事认真负责，销售推进力强，近两年一直是门店的销售明星，跟同事们也相处得非常愉快，刘伟觉得工作很轻松自在。

这周上班后，领导突然找刘伟谈话，说现任店长由于工作关系，需要调到别的门店，公司希望刘伟能接任店长的职位。刘伟听到后很犹豫，她害怕自己胜任不了店长一职，但是看到领导期望的眼神，刘伟硬着头皮答应了。但是刘伟感觉压力好大，她深知店长责任重大，很担心自己无法胜任。

在刘伟的眼里，店长是个大能人。从商品的进销存到顾客需求，再到员工的生活，什么都要管，事情虽然杂，但是店长都能应付自如。在员工的眼里，店长是个好领导；在顾客的眼里，店长是个热情的店家；在供货商眼里，店长是名销售能手，生意上的合作伙伴。于是刘伟赶紧去请教门店的前任店长："我要怎样才能成为像您这样能干的店长呢？"

如果你是前任店长，该怎样给刘伟建议呢？

【任务分析】

(1)一名优秀店长的重要性对企业而言有时等同于企业的总裁。店长作为门店经营管理的主角，首先要认识和找准自己的角色定位，这样才能明确自己的工作范围和工作职责，顺利地开展工作。

(2)要想成为金牌店长，取得优秀的工作业绩，就必须科学、巧妙地行使自己的工作权限，对门店的人、财、物、信息做到最合理的管理。许多店长对店长角色是这样认识的：一个店就像是一个家，店长就是这个家的家长。家长要操心这个家的所有问题，人员、卫生、货品、陈列等方方面面都要照顾到。任何一个小细节考虑不周，都有可能给工作带来影响。

【知识导航】

知识一　店长的定义

店长是商店的最高管理者，店长管理质量的好坏，将直接影响整个商店的运营效率。通常商店的最高管理者称为店长或店经理。在店长之上可能还有一个"店主"，店主是商店的所有者,而店长是商店的管理者,店长不是法人代表,其工作重点是管理而不是经营,一个店有可能店主与店长是同一人,也有可能是店主聘请店长来管理这个店面或专卖店。

店长是受连锁经营企业委派管理一个单独门店的管理人员,处于非常关键的位置。主要有以下三种作用。

1. 承上启下

店长在将上级领导的计划付诸为可执行计划的同时,还要带领团队合理而有步骤地实现这一目标,同时要对员工的工作状态和最终销售业绩负责。由此可见,店长起着承上启下的作用。承上,是指接受上级主管布置的工作任务;启下,是指带领和启发团队成员,保证店面销售目标的实现、店面日常的运作和运营的合理化,以及应对顾客或上下级的突发事件。

2. 承前启后

店长既要承接以往的工作,吸取相关的历史经验教训,又要考虑店面未来的发展,根据环境、市场和顾客需求的变化调整具体的工作方法。对既是老板又是店长的人而言,还要考虑渠道的开拓问题,如工程、小区、家装、团购等。

3. 承点启面

(1)让店铺"承点启面"。"点"是指店长所在的店面,在小范围内的影响力只是一个点。店长应当设法把自己的店面做成形象店或旗舰店,立足于点,着重发力,力图扩展到更大的范围,影响周围的区域。

(2)让员工"承点启面"。"点"是指店面的每一个员工。店长要将员工身上的优势发挥出来,让其他员工学习;将员工身上的不足总结出来,让其他员工规避。

(3)让工作"承点启面"。店长要总结工作中的每一件小事、每一个细节上的成败,通过分析整理形成一套规律性的工具和方法,取其精华,去其糟粕。

知识二　店长的角色

作为店长,首先要清楚自己应该扮演什么样的角色。只有对角色有了清晰的认识,才会在工作中化认识为行动,切实承担起应尽的每一份责任。

1. 店长是门店的代表者

店长是门店的代表者。就企业而言,店长代表了企业整体形象,是代表企业与顾客、社会有关部门建立公共关系的代言人。从成为店长的一刻起,你就不再是一名普通的员工,而是公司的代表,一言一行都在强化顾客、加盟商对品牌的印象。店长是代表门店的最高责任者,门店的整体经营绩效及店铺形象都必须由店长负起全责。就店员而言,店长是店员利益的代表者,是门店员工心声的代言人。对公司营销部门而言,店长是顾客的代表,知道顾客对产品的意见。

2. 店长是经营目标的执行者

商店既要能满足顾客要求,同时又必须创造一定的经营利润。对于政策、经营标准、管理规范、经营目标,店长必须忠实地执行。因此,店长必须善于运用所有资源,以达成顾客需求及企业需要的经营目标。即使店长对总部的某些决策尚存异议或有建议性意见,也应当通过正常的渠道向总部相关领导提出,不可以在员工面前表现出对决策的不满情绪或无能为力的态度。

3. 店长是问题的协调者

店长应具有处理各种问题的耐心与技巧，如与顾客沟通、与员工沟通、与总部沟通等方面。若店长对上级的报告、对下属的指令传达都毫无瑕疵，但是对与顾客沟通、与员工沟通、与总部沟通等方面做得不够好，无形中就会恶化人际关系。因此，店长在上情下达、下情上达、内外沟通过程中，都应尽量注意运用技巧和方法，以协调好各种关系。

4. 店长是卖场的指挥者

商店的区域有卖场、后场之分，卖场直接服务顾客，后场是后勤补给中心。因为顾客每天接触最频繁的场所就是卖场，故店长必须担负起总指挥的责任，安排好各部门、各班次服务人员的工作，指示服务人员严格依照下达的商店运营计划，运用合适的销售技巧，将最好的商品在卖场各处以最佳的面貌展现出来，以刺激顾客的购买欲望，提升销售业绩，实现商店销售的既定目标。

5. 店长是员工培训的激励者

员工的业务水平高低关系到商店经营的好坏。所以，店长不仅要时时充实自己的业务经营及相关技能，而且要不断地对员工进行工作技能培训，以促进商店整体经营水平的提高。同时，店长应不断激励全店员工保持高昂的工作热情，形成良好的工作状态，让全店员工人人都具有强烈的使命感、责任心和进取心。

6. 店长是门店运作的控制者

为了保证商店的实际作业，店长必须对商店日常运营与管理业务进行有力的、实质性的控制。尤其是对人员管理、客户管理、服务管理、商品管理、收银管理、成本控制、店内固定资产以及日常管理等重点的把握。店长要统筹好职员之间的分工协作。

7. 店长是工作成果的分析者

店长应具有计算与理解商店所统计的数值的能力，以便及时掌握商店的业绩，进行合理的目标管理。同时店长应始终保持理性，善于观察和收集与商店运营管理有关的信息，并进行有效分析，以及对可能发生的情况进行预测，及时采取有效的行动。

【小任务】

陈惠丽是服装连锁企业的店长。她高中毕业后上了两年技校，技校毕业后一直没找到对口的工作。后来机缘巧合，到一家连锁门店从事导购工作。由于她性格开朗活泼、学习努力，所以成长非常迅速，业绩上升也很快。并且由于她服务周到，一些“回头客”成了她的常客。

一年后，陈惠丽被提升为门店店长。陈惠丽心想这回终于可以松一口气了，店长好歹也是个管理者，有什么事交给下面的人就好了。于是她就把工作重心放在管理上了，每天给大家分配任务，时刻监督着，认为只要大家都努力干活了，门店的生意自然不会差。可没过几天，就出现了一堆问题：顾客找不到要买的商品才发现是断货了；总部向她要门店销售分析，她给不出来；总部要求做市场调研，她也不知从何处着手……整个门店变得非常混乱，上级管理部门很不满意。

（资料来源：《店长案例：做店员是老手，带门店不知从何入手》）

结合以上资料，请谈谈作为店长，陈惠丽以上做法错在哪？给了我们什么启示？

知识三　店长的职责

店长应依据公司所交付的任务执行其工作职责，如实现商店经营指标、掌握商店的销售动态、完成店内工作的安排与管理、加强店内销售绩效等。店长负责商店盈亏与绩效，其职责如下。

1. 各项指令和规定的宣布与执行

(1)传达、执行上级的各项指令和规定。

(2)负责解释各项规定、运营管理手册的条文。

2. 完成各项经营指标

根据各项经营指标，各店长应结合本店的实际情况，制订自己商店完成年度销售计划的执行计划(包括商品、销售、培训、人员等项目的计划)，可具体细分为月计划、周计划和日计划等。

(1)营业目标。如月营业额 2 000 万元。

(2)毛利目标。如月毛利率为 15%，则月毛利额为 300 万元。

(3)费用目标。如月费用率为 13%，则月费用额为 260 万元。

(4)利润目标。如月利润率为 2%，则月利润额为 40 万元。

3. 传达工作目标

店长要将目标传达给员工，掌握每日、每周、每月、累计等目标达成情况，带领员工完成公司下达的指定销售目标，依业绩状况达成对策，领导员工提供优质的顾客服务，并竭力为公司争取最佳营业额。

4. 负责商店的日常经营

店长负责陈列方式的更新、广告的制作张贴、礼券和信用卡的发送、陈列台的布置整理、店面和店内的巡视等；根据市场环境，制订长期、中期和短期的经营管理计划，包括促销策划、顾客管理等；掌握商店销售动态，为新商品的引进及滞销商品的淘汰提供建议；负责业绩的掌握和目标的管理，将各项目标分解给员工，并促使其行动以实现目标。

5. 员工的安排与管理

店长要负责考勤簿的记录、报告；依据工作情况分配人员；对商店员工的考勤、仪容、仪表和服务规范执行情况进行监督与管理。

6. 监督与改善商店个别商品的损耗管理

不同性质的商店，其损耗商品的类别会有所差异，店长应针对本商店的主要损耗商品进行重点管理，将损耗降到最低。

7. 监督和审核商店的会计、收银等作业

店长要做好各种报表的管理，如店内的顾客意见表、盘点记录表、商品损耗记录表和进销商品单据凭证等，以加强监督和审核商店的会计、收银等工作。

8. 掌握商店销售动态，向上级建议新商品的引进和滞销商品的淘汰

店长要掌握每日、每周、每月的销售达成情况，按时汇报商店销售动态、库存情况以及引进新商品的销售状况，并对商店的滞销商品淘汰情况提出对策和建议，帮助上级制订和修改销售计划。

9. 维护商店的清洁卫生与安全

(1)店内设备完好率的保持;设备出现故障的修理与更换;冷冻柜、冷藏柜、收款机等主力设备的维护等。

(2)商店前场与后场的环境卫生。一般按区域安排责任人,由店长检查落实。

(3)对店内的封闭情况、保安人员的到位情况、消防设施的摆放,以及停电、火灾、盗窃、抢劫等各种意外事件的防范与核检等主要环节做最后的核实,确保安全保卫工作万无一失。

10. 教育、指导工作的开展

店长要教育、指导员工主动遵守公司规范,协调人际关系,使员工有一个融洽的工作环境。

11. 职工人事

店长要按时对员工进行人事考核。

12. 顾客意见与投诉的处理

要满足和适应顾客不断增长和变化的购买需求,方法之一就是恰当地处理顾客的投诉和意见,保持与顾客经常性的沟通与交流,随时改进商店的工作,这也是店长的工作职责之一。

13. 其他非固定模式的作业管理

店长面对商店各种突发的意外事件,如火灾、水灾、停电、盗窃、抢劫等,应由自己判断并迅速处理。

14. 各种信息的书面汇报

有关竞争店的情况、顾客的购买意愿、商品的情况等各种信息,店长及时以书面形式向企业运营部汇报。

15. 店长的工作成绩报告

每月底(28 日)呈报“订货计划表”。每周一呈报上周“每周销售汇总表”。每月呈报“销售成绩报告表”。每月 3 日前呈报“自我鉴定表”和“卖场营业资金结算表”。每月 5 日前呈报“月份业绩考核简报”和“月份营业服务报告”。

16. 绩效评定标准

(1)达到每月的销售目标。

(2)提高团队的凝聚力和企业的向心力。

(3)提供良好而舒适的销售环境。

(4)保护店铺的所有财产。

(5)严格执行公司的各项制度。

(6)账目清楚、账物相符。

(7)每月的各种业务报告按时呈交给公司。

知识四　店长的素质要求

店长作为一个店铺的主管者和经营者,无论从哪个方面来说,对于商店(或专柜、专卖店)的绩效具有绝对性的重大影响。成功的企业对于店长的要求条件很高。

1. 身体素质方面的要求

身体素质方面，作为一名主管者，店长最好是年轻力壮者，必须身体健康，年龄在24～35岁之间，具备相当的学历和从业经验，心理素质良好，能承受工作带来的压力。

2. 性格方面的要求

在性格方面，店长必须具备的性格特征如下。

(1)积极的性格。无论什么事情都积极主动地去处理，无论什么时候都可以面临任何挑战，从不会想要躲避困难。店长必须有积极主动的态度和足够的忍耐力去引导整个团队渡过一个又一个的难关。

(2)超强的忍耐力。在商店管理过程中，能顺利进行的时候不多，辛苦、枯燥的时候却很多。所以，对于店长性格而言，具备超强的忍耐力是极其重要的。

(3)乐观开朗的性格。笑容总会像阳光一样照亮自己也照亮别人，店长良好的情绪会像春天的微风，使整个店铺的气氛焕然一新。店内全体员工的工作气氛是明朗还是阴沉，有时就要看店长的性格与心情。

(4)有包容力。虽然对同事、员工的失败或错误要教育和批评，但是不可常常挂在嘴边。为了提醒他们，店长可以给员工时间改正或劝告，但是不可骄纵。而关怀员工则是激发员工的工作热情、维护店长权威的最有效手段。

3. 店长的能力要求

一名合格的店长还要有一定的能力。

(1)商品销售技能。店长对所销售的商品应具有很深的理解力，这对营业业绩的不断提高有着至关重要的作用，尤其是对销售过程中所遇到的问题必须有判断力，而且能迅速地处理问题。

(2)执行的技能。店长身为管理者要指挥全体店员，让全店员工心服口服地接受指挥，就必须具有样样都能干、样样都会干、样样都比别人干得好的实干技能。

(3)处理人际关系。店长要十分注意与下属之间的情感关系。人与人之间建立了良好的情感关系，便能产生亲切感。在有了亲切感的人际关系中，相互的吸引力就大，彼此的影响力也就大。

(4)自我成长发展。店长应以自我管理能力为前提，随着企业的成长，培育自我成长的能力。因而店长应该具有较强的自学能力，能从管理实践中不断总结经验，充实自己。

(5)培训辅导下属。店长应具有教导下属的能力。店长身为教导者，应是下属的“师傅”和“老师”，能发现下属是否能力不足，以帮助其成长与努力向上，指挥下属达到既定目标，促使其提升业绩，让下属能力发挥到极限。

4. 店长应具备的心态

店长从事的是一项与顾客及店员接触最为广泛、最为频繁的工作。店长的服务意识、销售行为、言谈举止甚至个人形象等对店员都具有重要的影响作用，而店长所做的一切与他的心理素质强大与否有很大的关系。心理素质在工作中表现为心态，店长必须具备以下几种心态。

(1)积极乐观的心态。

积极的心态是成功者最基本的心理素质。一个人如果心态积极，乐观地面对人生，乐观地接受挑战和应付麻烦事，那他就成功了一半。很多有知识、有能力却没有成功的人，他们的共同点是缺乏足够的乐观与热情。不同的心态将决定智力开发的方向，因此，就发现市场机会而言，积极乐观的心态远比智力重要。

(2)主动热情的心态。好的业绩不会从天而降，而要靠店长带领店员主动热情地去创造。作为店长，企业、店主已经为其搭建了舞台、提供了道具，如何去表演需要店长自己去思考和排练，能演出什么精彩的节目，有什么样的收视率很大程度上也由店长自己决定。

(3)专业务实的心态。专业务实就是以专业的知识做好销售管理工作，建立一支优秀的店员队伍和忠诚的顾客群，为企业创造稳定的销售业绩。广博的专业知识既可以随时指正店员的错误，在关键时刻还可以获得顾客的信心和领导的赏识。

(4)经营者的心态。什么样的心态决定什么样的生活。像老板一样思考，像老板一样行动，你也可以取得与老板一样的成就。店长只有具备了老板的心态，才会尽心尽力去工作，才会考虑商店的成长，才会考虑商店的成本，才会意识到商店的事情就是自己的事情，才会知道什么是自己应该做的，什么是自己不应该做的。

【小资料】

门店店长的"一二三四"提升法则

对于门店店长能力的提升，需要一个系统的体系做保证，无论是管理层面、团队层面，还是执行层面，只有从系统上提升店长的能力，终端门店的整体销售能力才能得到系统的提升。根据终端店长的工作性质和管理特点，我们从提升店长能力的角度出发将店长的能力成长分为四个层面，这里称作终端店长能力提升的"一二三四"法则。

"一二三四"法则即打造一个系统——门店管理系统；做到两个提升——销售业绩提升、团队能力提升；实现三个途径——专业素质、产品知识、销售技巧；打造四个"有力"——影响力、感召力、凝聚力、亲和力。

1. 打造一个系统

门店作为终端销售的最小单元，"麻雀虽小，五脏俱全"。门店管理的各个方面，都折射着企业管理的要件，门店管理需要从人、财、物各个角度来进行管理和实践，从人员管理、店面管理、货品管理、财务管理、危机管理、团队管理、策划管理、培训管理、客户管理等多个方面来进行，只有这样才能够实现门店管理的平稳运营。

建立门店管理系统要从门店管理的实际情况出发，根据门店管理的核心工作进行分解，明确门店管理的最核心的职能，即哪些工作是门店管理中必不可少的内容，然后根据核心职能进行职能分解，即哪些工作是必须要执行的，然后确定每个岗位要做哪些工作来满足核心职能的需要，并通过具体的岗位分工来保证核心职能的实现，最后用明确的操作流程来保证核心职能的稳步实现，如图1-1所示。

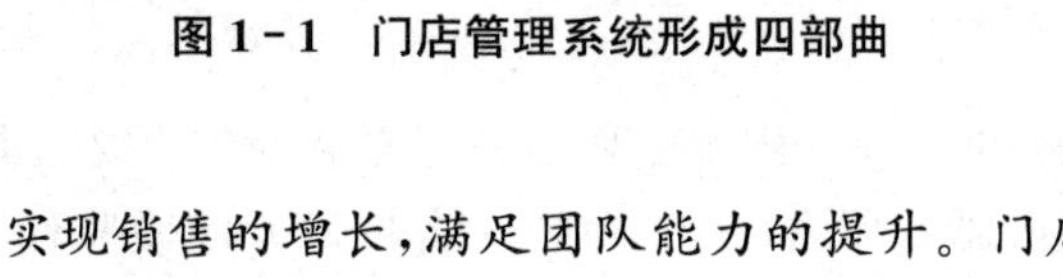

图1-1　门店管理系统形成四部曲

2. 做到两个提升

门店的核心职能是实现销售的增长，满足团队能力的提升。门店作为企业销售体系的最小单元，肩负着完成销售指标、实现盈利预期、提升品牌影响的核心工作，因此，要建立符合门店发展的目标，来推动企业的稳步发展。门店作为销售的最前端还肩负着培养优秀人才、实现团队能力提升的重任。

销售业绩的提升要依靠完善的门店管理体系、优质高效的服务能力、不断创新的市场策划能力来实现。固然，优秀的导购和店长在一定程度上能够推动销售能力的提升，但是，从企业发展的角度来看，只有建立稳定高效的门店销售系统，才能够保证企业的稳步发展。销售技能提升包括以下四个步骤。

(1)熟知公司商品。

(2)精通销售技能。

(3)精于观察顾客。

(4)勤于总结问题。

团队能力提升是团队中的每个人销售能力提升带来的业绩提升，只有这样才能够保证团队的成长与组织绩效的成长相一致，才能够为企业培训出更多的优秀销售管理人员。团队的能力提升是每个销售团队中的人员能力提升的综合体现，只有每个人的能力都得到提升之后，团队的能力才能够得到系统的提升。

做好基础管理的目的是提升销售的业绩，通过销售业绩的提升，带动团队能力的提升。要记住：我们不是一个人在战斗，不能让自己成为战斗英雄，要成为一个英雄的团队。

3. 实现三个途径

"专业素质、产品知识、销售技巧"这三个要素是销售人员实现销售必不可少的关键内容，缺一不可。因此，我们要在这三个方面下功夫。门店综合能力的提升需要店长从三个方面进行努力才能够稳步实现，首先从销售人员的专业素质方面，销售人员要具有良好的产品知识和优秀的销售技巧，门店店长能够从人力资源管理的角度激发团队的战斗力，并团结和凝聚团队中的每一名人员，共同努力以实现公司的销售指标。

门店管理系统是保证门店运营的关键，只有建立符合市场实际情况的运营体系，才能够保证企业的稳步发展。有效的门店管理方法是店长在解决管理实践中所遇到的各种问题的保证，其中包括团队的管理技巧和客户的销售技巧。

4. 打造四个"有力"

门店店长作为门店管理的最高长官，他的"影响力、感召力、凝聚力、亲和力"将直接影响门店团队的战斗力，其丰富的管理经验和实践能力，能够树立良好的影响力。门店店长还应具有能够带动团队共同成长的能力和感召力，凝聚团队中的每一个成员，实现团队的凝聚力，并且具有良好的亲和力，营造良好的共事氛围，确保企业文化的良性发展。

要实现以上目标，门店店长必须具备良好的行为习惯和沟通能力，只有坚持不懈地按照正确的方法来工作，才能够保证目标的实现。门店管理是一件循序渐进的工作，只有不断地总结和提炼，才能够在工作中形成一套独特的管理方法，真正地体现店长的模范带头作用。根据门店日常管理情况，店长要很好地运用管理理论，来确保工作目标的实现。

（资料来源：根据网络资料改编）

【技能培养】

店长是门店至关重要的一员，很大程度上决定着业绩的好坏。所以一个优秀的店长对任何一家店来说都异常重要。那么，一个优秀的店长每天该做些什么呢？应该具备哪些方面的技能呢？

技能一　店长工作流程——营业前

在店面管理中，营业前是店长一天工作的开始，主要做一些准备工作。营业前的准备工作非常重要，店长要以身作则，提前三十分钟到达门店，营业前的工作主要有：早会、整理、检查。

(1)早会。早会内容主要有：检查员工的出勤、休假情况；检查员工的仪容仪表以及人员的精神状况；对昨日营业额的分析，如具体的营业额、目标达成率，分析原因、寻找提高营业额的方法；传达公司、上级或老板的通知精神与要求；宣布当天的营业目标，分解到个人，让每个人都做一个当日必达标承诺；鼓励表扬优秀员工。

(2)整理。整理内容主要有：指挥清理店内的清洁、卫生情况；检查相关设施设备是否正常运行；门店环境布置，氛围营造，如音乐、灯光、POP等；做好商品陈列。整理时一定要调动全员参与，注意细节。待一切准备完毕后，再开市迎接顾客的到来。

(3)检查。收银员检查收银系统软硬件是否正常、是否备齐零钞等；货品确认，如存货的复核、新货的盘点等，做好收货等准备。

技能二　店长工作流程——营业中

营业中，是销售实现的关键，工作内容比较多，这时店长应注意工作的沟通与配合。营业中的主要工作有：销售管理、巡检、顾客投诉处理、现场气氛、现场掌控、员工教育、订货、退货、换货。

(1)销售管理。销售管理包括今日工作重点的确认，今日营业额要做多少，今日全力促销哪样产品；分析比较各产品品类的销售量/额；根据店内的营业情况，合理安排自己的工作；店员在进行销售时也尽量不去干涉，要观察店员的销售技巧及业务知识是否存在问题，在店员销售失败时及时补充说服顾客，顾客走后要及时指出店员存在的问题；竞争店的调查(营业状况如何)。

(2)巡检。巡检项目一定要仔细且认真。巡检的基本内容：店员的仪容仪表与工作状态、门店卫生检查、产品的陈列及标价是否正确、门口宣传物品的放置等。店长要注重走动式管理，多走动、多观察，才能及时发现问题、解决问题。

(3)顾客投诉处理。当有顾客投诉时，先由店员接待，店长随时留意处理情况。当发现店员不能处理时，店长应立刻上前进行处理。处理顾客投诉问题时，要把握“大事化小，小事化了”的原则，切记不可在店面发生争吵。

(4)现场气氛。营业中，店长要注意观察、了解店员的思想状态，及时与店员沟通，帮助店员解决一些能够解决的问题。对销售成交的店员要及时表扬，没成交的要及时鼓励。营业中，不繁忙的时候要合理安排店员吃饭、休息，让店员调整好精神状态，保证工作时达到最佳状态。

(5)现场掌控。在营业中，店长要随时观察店内的整体情况，特别是生意好、顾客多时更要注意控制销售局面，要注意店员的销售情况，不能只顾卖货，忘了顾全大局。

(6)员工教育。营业中，对店员的教育，重点是及时性教育。如员工的服务礼仪、销售技巧，在现场管理中，发现不符合要求的地方，要及时给予纠正。

(7)订货、退货、换货。要及时做好订货、退货、换货等管理工作，保证店内有充足的货源，维持一个合理的库存。

技能三 店长工作流程——营业后

当天营业结束后,店长应做好当天的总结工作,包括:商品的日盘、清洁卫生、核定目标、完成各种报表、召开晚会或店员培训、末巡。

(1)商品盘点。建立日盘制度。一般在下班时间前半小时,当店内没有顾客或顾客稀少时,店长应组织各负责人对店内所摆放商品进行盘点。如数量不相符,应再仔细清点,直到核对一致。当天小票、收发货票据分类整理。

(2)清洁卫生。每天营业结束前,安排店员做好门店的清洁卫生工作。

(3)核定目标。核定当天的营业目标达成情况,做好分析。

(4)完成各种报表。完成各种报表包括制作日报表、考勤表、员工绩效考核表等。

(5)召开晚会。晚会可以总结今天存在的问题与不足,并做好第二天的工作安排;对营业目标的达成情况进行总结与分析;对一些表现不好的员工进行批评。

(6)末巡。在锁门前,店长应进行一天中最后一次巡场。核实贵重商品及销售款是否妥善安排;检查空调、电脑、灯等电器设备是否关闭;门口的物品是否已经全部收回店内,垃圾是否全部清除;检查电、水、火等是否有隐患,严防意外事故的发生;当巡场结束后,将灯全部关闭;门店的玻璃门、拉闸、卷闸锁好,全体店员下班。

任务二 提升店长有效授权的能力

【任务导入】

刘伟任职店长快两个月了,基本算是能胜任店长的岗位,但就是觉得很累,每天早晨八点上班,一直忙到晚上十点多,中午有时连吃饭的时间都没有。每天既要和商品打交道,关注品质,又要跟数字打交道,查看销量;既要跟顾客打交道,了解顾客喜好,又要跟供货商打交道,确认供销,还要跟门店员工沟通工作;一会儿跑到门店巡视,一会儿跑到办公室查报表,一会儿在收货区验收商品,一会儿又在仓库清点存货。刘伟累得昏天黑地,如果遇到门店出现异常情况,她更是手脚忙乱,疲惫不堪。在公司总部开会时,刘伟碰到前任店长,就向前任店长诉苦。前任店长笑了笑说:“麻雀虽小,五脏俱全。你每件事都事必躬亲,当然累了!”最后前任店长建议刘伟:要借助于下属的力量管理门店,提高门店的运营效率。

请问:前任店长的这句话,你是如何理解的?

【任务分析】

许多店长常常感慨:每天要做的事情太多了,太忙了,忙得让人喘气的时间都没有。为什么会这样?原因是多方面的,如不善于管理时间,没有安排好工作,工作的方法不科学、效率低下等,其中还有一个很重要的方面就是:店长没有进行有效的授权。

【知识导航】

知识一 什么是授权

授权最简单的定义就是:让别人去做属于他们自己的事情。实质上是将权力分派给其他人以完成特定活动的过程,它允许下属做出决策。换句话说,授权是将决策的权力从组织中的一个层级移交到另一个层级,即由组织较高的层级向较低的层级转移和移交。

授权后,领导者拥有指挥和检查监督的权力,被授权者负有完成任务与报告的责任。授权只发生在领导者与直接被领导者之间，隔级之间不应该存在授权问题。

学习授权的技巧，首先要正确理解授权，管理者要明白授权是什么，不是什么。授权不是参与，授权之后，领导不要过多地干涉员工的工作；授权不是弃权，授权是将完成任务所需要的权力、资源分配下去，再做适当的监督、帮助和支持；授权不是授责，虽然把工作内容和资源分配给下属，但责任还在主管肩上；授权不是代理职务，授权不是助理、秘书，不是让下属打杂，而是要他独立完成一项工作；授权不是分工，每个员工都有各自的工作职责。授权是将一项具体工作任务和相对应的资源分配给某个员工，这项工作可能在他的岗位职责之内，也可能在他的岗位职责之外。

成功有效的授权一般包括三个要素：

第一，任务本身，即工作指派，要求下属完成某项工作。

第二，权力授予，即赋予下属完成某项工作相应的权力。店长所授予的权力应以刚好能够完成指派的工作为限度。倘若授予的权力不及执行任务所需，则指派的工作将无从完成；反之，倘若授予的权力超过执行工作的需要，则会产生权力失衡。所以，店长必须对所授予的权力做必要的追踪、修正，甚至收回。

第三，责任担当，即下属所要承担的工作责任。店长向员工授权就意味着员工对店长承担了与权力对等的一份责任，这是员工的责任担当。另外，店长对授权员工也有一种责任担当，即该员工无法或错误地执行了工作指令，这时店长要承担责任。

授权三要素相辅相成，缺一不可。只有把握以上三个要素，才能为成功的授权打好基础。

知识二　店长为什么要授权

店长如果能做到正确授权，不仅可以让自己从烦琐的日常事务中解脱出来，集中精力抓制度建设、计划制订、工作考核等事项，对店员和门店的发展来说也是大有裨益的。具体表现如下。

首先，正确授权是对店员的一种信任，有利于充分调动店员的工作积极性、主动性和工作热情，挖掘其潜力。

其次，正确授权有利于店长“发现人才、锻炼人才、培养人才”。

最后，正确授权有利于团队建设和各级管理者之间、管理者与店员之间的协调、团结，从而大大提高门店的工作效率，避免工作在店长层面的堆积，让部门内部的流程更加顺畅。同时，可以降低门店决策的失误率。

知识三　什么时机可以授权

什么时候开始授权合适呢？当店长太忙、业务太多、不在现场或是处在紧急状态时，就应该授权。例如，客户投诉需要现场马上进行处理时，就要对一线员工进行授权，让一线员工代替店长拍板，想办法解决客户的抱怨，尽量不把事情闹大。让员工代表公司拍板后，再上报，这就叫一线员工的授权。

一个有着远大理想的店长，如果发现自己总是在重复地做着某些无关紧要的事情，或总是吃力地做一些自己不擅长的事情，而有关组织竞争力与发展状态的重大事项却总被耽误时，就应该认真考虑是否需要授权了。综上所述，授权的时机表现在以下三个方面：

(1)店长过忙、业务过多时，不在现场或处于紧急情况时。

(2)想培养接班人时。

(3)完成特定任务后，向下一个目标挑战时。

【技能培养】

技能一　运用四个步骤完成授权

1. 步骤一：确定任务

授权的第一步就是要确定什么样的工作任务需要授权，也就是为授权寻找目标，确定能够授权的任务。需要注意的是，并不是所有的事情都可以授权，有些事情是不能授权给下属的。

通过对店长的工作盘点，可以发现，店长 80%的工作是可以授权的，剩余的 20%的工作由店长负责，见表 1-1。

表 1-1　店长授权的“二八原则”

可授权的 80%的工作	不可授权的 20%的工作
日常事务性工作	门店战略性决策
具体业务工作	重要目标的确定与下达
专业技术性工作	人事的奖惩权
可以代表其身份出席的工作	发展和培养下属
一般客户的接待	向上级汇报工作

因此，一个店长在授权时，必须对自己的职位职责有一个明确的了解，按照责任大小把工作分类排序，自己只做最重要的工作就行了，其他的都可以授权。

2. 步骤二：选择授权人

选择授权人，也就是选择店长授权的对象。店长需要寻找具有工作能力又能够负责的人员作为授权人。选择授权人原则是做到人事相宜，授权人的能力必须与工作任务相吻合，量其能，授其权。为了确保授权人的正确选择，店长必须了解授权人。例如，他的职业目标、个人兴趣和个人愿望等。店长最需要了解的是授权人的能力和优势以及存在的欠缺。如果有必要，应该对人员进行临时的能力训练。选择授权人时，店长所要考虑的问题是多方面的，见表 1-2。

表 1-2　选择授权人的过程

项　目	内　容
选择授权人的考虑指标	考虑下属的能力(知识、技能、经验)、态度、兴趣、信心、发展目标等
	考虑下属目前的工作量
	考虑下属目前正在从事的工作类型
选择授权人的目标	获得直接的工作绩效
	培养员工(优秀＝合适)
	评价员工
对授权人的甄别	任务要求和员工能力，人事相宜
	员工的职业目标

续表

项　目	内　容
了解授权人的方法	沟通职业目标、兴趣、愿望，但尊重隐私
	与以前的上司讨论
	回顾个人档案
	工作风格测试
授权人的能力训练	面对面指导、试做、训练及结果反馈

3. 步骤三：明确沟通

明确沟通的内容。店长与下属沟通时，应该根据“5W2H”原则明确告诉下属：要做什么(What)，谁做(Who)，为什么做(Why)，工作对象(Whom)，什么时间完成(When)，完成的标准以及成本(How much)。

沟通时注意传授工作诀窍。店长在和员工沟通过程中，要注意传授工作的要诀。针对具体的工作任务，店长要传授给下属的工作要诀包括：给店员讲清楚这项工作过去的情形是怎样的，这项工作的深层动机是什么，要达到什么目标，常用的工作程序是什么。

宣布授权的技巧。进行沟通时还需要注意宣布授权的技巧。授权不能私下授受，宜公开授权。另外，店长在宣布授权时，要让下属感到以下几方面。

①公司很重视这项工作，这项工作对于公司整体的使命负有责任。

②店长信任他们，他们有能力把这件事做得十分出色。

③这件工作是不可能轻易做好的，承担者需要付出足够的奋斗与智慧。

④这件工作只有他们做才是最合适的，店长在充分思考之后决定交给他们来完成。

⑤店长是他们坚强的后盾，遇到确实不能解决的困难，店长会出面为他们扫清障碍。

4. 步骤四：授权后跟踪

跟踪过程中，店长应该根据员工的发展阶段确定对这名员工跟踪的频率。跟踪的频率过高，将使员工产生不信任感。授权后，完成目标所必需的资源应该随时到位。

在跟踪过程中，发现员工出现是正常的。遇到问题，可以与下属一起讨论，共同解决问题。当工作完成时，店长要及时认可下属的工作绩效，必要时可以开庆功会。

授权人在职责范围内可以自主决定，但店长同时拥有监督任务完成进度、要求授权人随时报告工作进展的权力。在授权跟踪的过程中，店长应该注意加强对授权工作的控制。真正的授权就是让下属放手工作，但是放手绝不等于放弃控制和监督。任何对授权控制的忽略都可能导致严重的后果，致使授权的失败。

【小资料】

西门子公司是全球较大的电气和电子公司之一，2004 年销售收入超过七百亿欧元。

西门子的领导懂得充分授权，激发员工的创造性。他们的做法是：

第一，公司的工作计划和步骤，一律是员工根据总体目标自己制订，然后再由上级领导审核批准。在西门子，不是领导布置员工工作，而是领导启发员工，确定目标让员工去考虑围绕目标应该做些什么。做得对的地方就肯定，不足的地方就补充。

第二，信任与监督并重。授权不等于领导弃权，监督和信任并不矛盾。西门子要求上级领导每周检查一次员工的工作进度,不但检查结果,还要检查过程;不但要检查最终结果,还要检查阶段性结果。上级领导不仅要看员工做了什么,还要问员工你是怎么做的,为什么要这么做,并给出指导和帮助。这样,员工才不会觉得“你在监视我,你不信任我”,而会觉得“你是在帮我成长”。

技能二 熟悉店长管理下属的技巧

管理下属是必不可少的管理活动。管理下属和向下属授权,两者相辅相成,相得益彰。没有授权,就不能充分发挥下属的主动性;没有对下属的管理,则不能保证下属的主动性始终向着有利于整体目标的正确方向发展。所以,无论是店长还是下属,绝不能把控制看作是消极行为,而应正确认清其积极意义。对下属加强管理的技巧包括命令跟踪、反馈控制和撤回授权。

1. 命令跟踪

命令跟踪,即让店员定期给店长汇报工作情况。按照预先约定的时间和频率,店员递交公文,汇报工作的进展,接受店长的询问。需要注意的是,店长必须经过自己的调查,而不能只听信店员的报告,防止被店员蒙蔽。命令跟踪的过程中,店长采取必要的主动管理是很有好处的。

2. 反馈控制

反馈控制,就是把给定信息作用于被控制对象后,再把对象所产生的反应、结果(实际信息)返送回来,与给定信息进行比较,从中寻找差异。反馈在很大程度上会影响到员工的绩效。反馈控制有四种方式:

(1)正面反馈:店员做得好,则给予表扬、奖励,希望好的行为再次出现。

(2)修正性反馈:也就是通常所说的“三明治反馈法”。三明治的第一层是指已经学会了什么,具备了哪些资源、优势和能力,做得好的地方在哪里。第二层是“潜能部分”,即看到什么地方还没有做到,还有哪些可以提升的地方,还有哪些潜力没有挖掘出来,哪些能力未能得到发挥。第三层是未来的方向,即今后努力的方向。店员作为反馈者也可以谈自己的一些个人感受或个人从中学到了什么。

(3)负面反馈:对店员做得不好的事情进行批评、惩罚。负面反馈是店长应当避免使用的反馈方式。

(4)没有反馈:最糟糕的就是没有反馈,好坏没人管。

【小资料】

一名店员没有完成店长交代的销售任务。这名员工带着惶恐的心情来到店长面前,不同的店长有不同的反馈方式:

店长A:你这个笨蛋!要你有什么用?

点评:面对权威型店长,店员只会胆战心惊,无所适从。

店长B:我早料到你这个月完成不了,你不应该那样做,应该这样做……按照我的方法做保准没有问题。

点评:典型的专家式领导。员工这次做不好,下次可能还是不成功,因为他会越来越依赖店长,丧失了自我提升的能力。

领导C:你最近状态不太好啊,怎么了?家里有什么事情吗?

点评:典型的保姆式领导,虽然关注了员工的个人状态,但往往会偏离工作方向。

领导D:这个月的指标虽然没有完成,但是做得好的地方是什么?做得不够好的地方是什么?还有哪些能力需要提升?个人有哪些不足之处?今后应该怎么做?还有哪些可能性来弥补?下个月怎样完成目标?

点评:这就是三明治反馈法,即教练型的领导。教练型的店长会把关注的焦点放在员工身上,引导员工进行积极思考,带领他不断向内、向深处认识自己,让他清楚学习的方向,引导他看到更多的可能性。

3. 撤回授权

撤回授权也是有效保证对下属的控制的手段之一。授权之后,如果店长发现授权人没有办法完成任务或者完成任务非常困难,或者授权后情况改变,目标需要有所调整,这时店长有必要撤回授权。巴达维曾经说过:"既然没有时间把任务做好,但是总有时间把任务给结束吧!"

授权后发现不恰当之处,如果听其自然,事情将会变得更糟,无助于工作目标的实现。所以店长要懂得适时地撤回授权。撤回授权并非丢人的事情。为了有效授权,店长应注意几个事项。

①不要威胁下属。

②不要摆出恩赐的态度。

③不要对问题过于敏感。

④不宜当众批评。

⑤避免无休止的检查。

因此,店长应当把授权当作生活的一种习惯,要学会如何放风筝。授权艺术就像放风筝:一方面,要把风筝线放得尽可能远,店员可发挥的空间就会越大;另一方面,放风筝的时候千万不要让风筝断线,一旦风筝断了线,就像授权失去控制一样。

店长通过放权可以得权。随着店员权力的增多,他们一方面获得能力;另一方面有机会创造更大的成就。店员的成就越多,店长的权威就越大。被授权的员工往往更容易知足,更易于接受店长的权威,使得店长能够行使更大的权力。

任务三　提高店长的沟通能力

【任务导入】

刘伟在前任店长的耐心指导下,管理门店渐渐变得从容多了,能够应对门店日常运营中的常见问题,也没有以前那么累了,起码可以正常上下班,不用天天加班了。但是在工作的过程中,刘伟渐渐发现与以前非常亲密的店员的关系逐渐变得疏远了,这让刘伟有点伤心。刘伟也感觉到门店六名店员各怀心事,凝聚力不强,但是刘伟不知道如何才能提升门店的凝聚力。更让刘伟揪心的是,最近自己在关于门店管理的两篇工作总结都向上司提了建议,但是每次都是石沉大海,没有引起上司一点重视,这让刘伟更加不淡定了,开始怀疑自己的能力。

请思考:刘伟的问题出在哪里呢?刘伟如何才能提升门店的凝聚力?

【任务分析】

(1)刘伟的问题出在缺乏与上级和下属沟通的技巧。沟通是人与人之间传达思想、交流情报信息的过程。管理沟通的主要目标是如何说服别人接受你的想法。作为一名店长，掌握沟通的技巧并不是讲话内容如何吸引别人，而是要别人能接受自己的观点，这就达到了门店管理的目标。沟通能力是店长必须具备的技能之一。

(2)通过沟通，增强团队建设的凝聚力。沟通是维系团队存在、保持和加强团队建设的纽带，创造和维护团队文化、提高团队工作效率、促进团队不断进步发展的主要途径。

【知识导航】

知识一　什么是沟通

美国普林斯顿大学研究表明，员工在团队中做好一项工作，75％靠沟通能力，25 ％依赖于个人的能力、智慧、经验等。沟通一直是职场中非常重要的一项技能，有时候工作不能顺利开展、各种矛盾或问题的产生，究其本源是沟通方面出了问题。

沟通是人与人之间、人与群体之间思想与感情的传递和反馈的过程，以求思想达成一致和感情的通畅。沟通是店长应具备的一项重要的管理技能。沟通过程是指沟通主体对沟通客体进行有目的、有计划、有组织的思想、观念、信息交流，使沟通成为双向互动的过程，主要包括信息源、接收者、信息、渠道等四个主要因素，如图 1－2 所示。

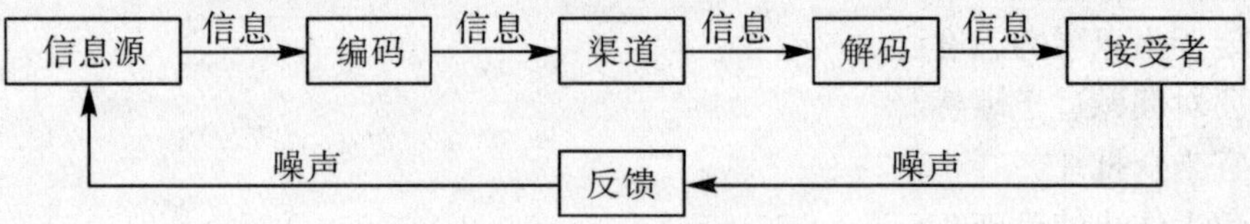

图 1－2　沟通的过程模式

1. 信息源

信息源就是信息的输出者，其必须充分了解接收者的情况，以选择合适的沟通渠道以利于接收者的理解。要顺利地完成信息的输出，必须对编码(encoding)和解码(de－coding)两个概念有一个基本的了解。编码是指将想法、认识及感觉转化成信息的过程。解码是指信息的接收者将信息转换为自己的想法或感觉。

2. 接收者

接收者是指获得信息的人。接收者必须从事信息解码的工作，即将信息转化为他所能了解的想法和感受。这一过程要受到接收者的经验、知识、才能、个人素质以及对信息输出者的期望等因素的影响。

3. 信息

信息是指在沟通过程中传给接收者(包括口语和非口语)的消息、思想和情感。同样的信息，输出者和接收者可能有着不同的理解，这可能是输出者和接收者的差异造成的，也可能是由于输出者传送了过多的不必要信息。

4. 沟通渠道

企业组织的沟通渠道是信息得以传送的载体，可分为正式或非正式的沟通渠道、向下沟通渠道、向上沟通渠道、水平沟通渠道。

知识二　沟通的种类

1. 按照是否进行反馈，可分为单向沟通和双向沟通

单向沟通是指发送者和接收者两者之间的地位不变（单向传递），一方只发送信息，另一方只接收信息。在使用单向沟通时，要特别注意传递信息的方式以及传递信息的准确性。在双向沟通中，发送者和接收者两者之间的位置不断交换，且发送者是以协商和讨论的姿态面对接收者，信息发出以后还需及时听取反馈意见，必要时双方可进行多次重复商谈，直到双方达成共识和满意，如交谈、协商、谈判等，如表 1－3 所示。

表 1－3　单向沟通与双向沟通的比较

因素	结　果
时间	双向沟通比单向沟通需要更多的时间
信息和理解的准确程度	在双向沟通中，接收者理解信息和发送者意图的准确程度大大提高
接收者和发送者置信程度	在双向沟通中，接收者和发送者都比较相信自己对信息的理解
满意	在双向沟通中，接收者和发送者都比较满意
噪声	由于与问题无关的信息较易进入沟通过程，双向沟通的噪声比单向沟通的噪声要大得多

2. 按照沟通符号的种类不同，可分为语言沟通和非语言沟通

最有效的沟通是语言沟通和非语言沟通的结合。语言沟通包括书面沟通和口头沟通；非语言沟通包括声音语气（比如音乐）、停顿与肢体动作等，见表 1－4。

表 1－4　各种沟通方式比较

沟通方式	举例	优点	缺点
口头	交谈、讲座、讨论会、电话	快速传递、快速反馈、信息量很大	传递中经过层次越多信息失真越严重，核实越困难
书面	报告、备忘录、信件、内部期刊、布告	持久、有形、可以核实	效率低、缺乏反馈
非语言	声、光信号、体态、语调	信息意义十分明确，内涵丰富，含义隐含灵活	传递距离有限，界限模糊，只能意会不能言传
电子媒介	传真、闭路电视、计算机网络、电子邮件（E-mail）	快速传递、信息容量大、一份信息可同时传递给多人、廉价	单向传递，电子邮件可以交流，但看不见表情

3. 根据是不是结构性和系统性的，沟通分为正式沟通和非正式沟通

正式沟通是指由组织内部明确的规章制度所规定的沟通方式，它和组织的结构息息相关。如工作报告、工作请示、会议等。非正式沟通是指正式组织途径以外的信息流通程序，一般由组织成员在感情和动机上的需要而形成。它可以弥补正式沟通渠道的不足，传递正

式沟通无法传递的信息，使店长了解在正式场合无法获得的重要信息，了解店员的真实看法，为决策提供参照；可以减轻正式沟通渠道的负荷量，促使正式沟通提高效率，等等。

4. 沟通按照在组织中传递的方向不同可分为向上沟通、向下沟通和平行沟通

向上沟通是指与上司之间的沟通，也包括与上司的同事、上司的上司之间的沟通。向下沟通与向上沟通刚好相反，是居上者向居下者传达意见、发号施令等，即通常所说的上传下达。平行沟通，又称横向沟通，指的是平级间进行的与工作有关的交流。

【技能培养】

技能一　掌握沟通的技巧

沟通的过程是一个完整的双向沟通的过程：信息源要把表达的信息、思想和情感，通过语言发送给接受者。当接受者接到信息、思想和情感以后，会提出一些问题给对方一个反馈，这就形成一个完整的双向沟通的过程。在发送、接收和反馈的过程中，店长需要注意的问题是：怎样做才能达到最好的沟通效果。

1. 诚信宽容的沟通心态

真正有效的沟通必须是从端正的态度和动机上开始的，心态要放开，要抱着追求真理的态度，也就是我们常说的"沟通从心开始"。而现实沟通过程中最大的问题是观念问题，表现在管理者的心态上，就是应当有一种诚信宽容的沟通心态。

沟通是一个互动的过程，首先要解决两个心态问题，即诚信和宽容。诚信代表着诚实、信用、诚恳、信任；宽容代表着承认和理解。

(1)诚信。

诚信所代表内容的释义是指诚实是一种品质，诚恳是一种态度，信用是一种关系，最终都落实到信任，信任才是整个沟通过程中最重要的因素。如果离开了信任，任何的沟通效能都不可能实现。例如，在店员向店长汇报前一天的工作时，如果店长的心里存在不信任，那么他就会犯嘀咕，就不太会相信店员所说的话；而店员如果不信任店长的话，他同样也会有疑问：如果告诉店长真实的想法，他会不会对我有什么看法呢？这种不信任的状态如果持续下去，就没法发挥出管理者的沟通效能、人际效能、关系效能和管理效能，沟通绩效更无从谈起。

店长要注重建立起信任平台。要解决诚信的问题，最关键的就是要在门店或者公司建立一个信任平台。这个平台不是单凭一两个人构建的，应该是由整个部门或者公司全体人员共同构建的，大家都要有共同搭建信任平台的观念和意识，这样才能慢慢建立起信任平台，在这个平台上进行沟通技能的培养、运用，这样才会产生沟通和管理的效能。

(2)宽容。

宽容的释义应当从两个方面来说明：承认和理解。每一个人在生活和成长的过程中，都会形成自己的心智模式(mental models)，心智模式一旦形成，则很难去改变。在沟通过程中，对于原则性问题，每个人都是按照自己心中的心智模式来解决的，这种心智模式是不可替代的，否则沟通就会有问题。而在店长的沟通实践中，经常会带着非常强烈的、主观的自我印象去解决问题，总觉得沟通中出现的问题通过自己的疏通就能解决，试图以自己的心智模式去代替对方的心智模式。此时对于原则性的问题对方就会抵制，不可能做出让步；只有非原则性的问题，对方才有可能让步。这就需要店长有较好的宽容心，要学会理解对方的立场和处境，勇于承认对方正确的见解和自己的过失。

其实，沟通的本质就是达成一致性，降低差异性。无论是工作还是生活，沟通的目的就是要求同存异，尽量减少差异性。但是差异的存在是客观的，每个人都有自己的心智模式，这种由心智模式导致的沟通差异是无法抹掉的。对于原则性问题，沟通的前提就是要承认这种差异性，在此基础上，彼此理解，找出双方的共同性，这样才能最大限度地发挥沟通的效能。

在沟通过程中，人们常犯的错误就是以自我为中心，缺乏宽容的心态，对于沟通的差异性，往往采取抹掉或替代的方法，但这显然是不现实的。那么又如何形成一致性呢？其实，无论是生活还是工作，沟通就是一种很好地形成一致性的方式，一致性和差异性是此消彼长的，如果管理者很注重沟通，那么，与另一方沟通的一致性就会慢慢形成，从而降低差异性。

(3)正确理解沟通内涵。

要能达到诚信宽容的沟通心态，形成一致性并降低差异性，管理者还必须正确理解沟通的内涵，将其应用到沟通的实践当中，图1-3有助于店长理解沟通的内涵。

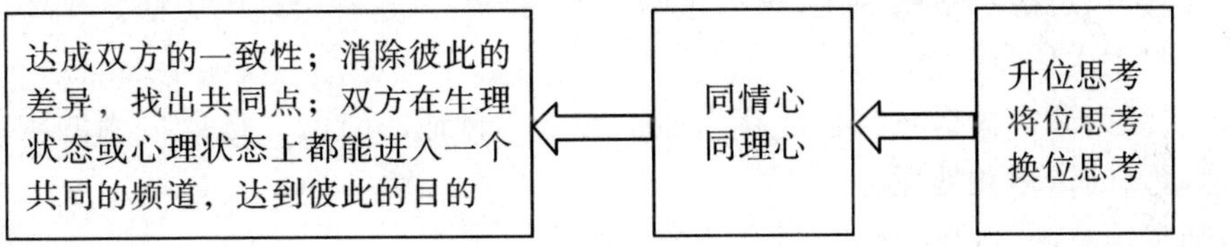

图1-3　沟通的内涵

如图1-3所示，同情心和同理心是沟通过程中形成一致性、降低差异性的关键。同情心尤为重要，即要有共同的心理体验；同理心指的是在思考问题的时候，要在认知层面对问题的看法趋向一致。在拥有同情心和同理心以后，就可以运用不同的思考方式来达到沟通的目的。

店长应具有达成一致的思考方式。因为每个人所处的环境、自身所具备的知识经验和所处的层级不同，因此获取信息的量和考虑问题的角度就会不同，考虑问题的层次也会不一样，所以店长在沟通过程中应当学会不同的思考方式。

①作为下属，要学会升位思考，能够站在上级的角度去思考问题。例如，在军队里，军长和团长考虑问题的层次就不一样，如果在战略转移中，军长命令团长带领本团士兵断后，负责抵抗围追的敌人，直到大部队撤离为止。团长可能会从本团士兵的生死角度去考虑，向军长请求，保住本团的部分兵力；然后军长的考虑可能是，为了保障其他十个团的兵力和总部的安全转移，必须要牺牲这个团来断后堵住敌人。对团长而言，军长从全局考虑做出决策。做下属的，只有站在上级的角度升位思考，才可能去理解上司的决策，明白他的意图，从而更好地去执行。

②对于上司，应当能够降位思考，站在下属的角度去考虑问题，这样才能明白下属的想法和自己的决策为什么不能够有效执行，从而才有助于问题的解决。

③沟通的双方要做到换位思考，一般情况下这种思考方式包含了升位思考和降位思考，在与同僚和平行级别的同事沟通过程中，应更多地运用到这种思考方式。

2.有效发送信息的技巧

在沟通过程中，要达到比较好的沟通效果，就要确保信息的有效发送。请注意，这里指的信息，包括信息、思想和情感。在沟通中，发送的不仅仅是信息，还有思想和情感。在有效发送信息的时候，需要注意以下几个问题：

(1)选择有效的信息发送方式(How)。

当你在工作中要发送一个信息时，首先要考虑用什么方法去发送。在工作中常用哪些方法与别人沟通？有电话、E-mail、传真、报告，也有面对面的会议沟通等方式。

①发送信息首先要考虑选择正确的方法。

在沟通的过程中，为了达到一个良好的沟通效果，首先要选择正确的方法，因为不同方法之间的差距是非常大的。在任何沟通中，都要根据实际情况，选择最有效的方法发送信息、思想和情感。

②发送方式要根据沟通内容偏重度来选择。

例如，你要传送一份报告给你的同事或交给你的上级，更多的是一种信息的沟通；在和客户进行沟通的过程中，更重要的是增加你和客户之间的感情和信任，这个时候，信息是次要的，情感是主要的。所以说，在我们选择方法的过程中，首先要考虑到沟通内容本身是以信息为主还是以思想和情感为主，根据这两个不同内容来选择合适的方法。

(2)何时发送信息(When)。

什么时候沟通？什么时机最适宜沟通？要选择合适的时间。选择恰当的沟通时间，应充分考虑对方的情绪和处境。

(3)确定信息内容(What)。

发送传递信息内容的两种方式：一种是语言，另一种就是肢体语言。在同别人沟通的时候，你说什么话是很重要的，但只有加入相应的肢体语言，你所要传递的信息内容才会更加确切。只注重语言却不注重肢体语言，沟通效果会大打折扣。就像我们每个人每天在门店里都会说很多的口号，如“欢迎光临”，是否让顾客感觉到真正的“欢迎光临”呢？其实，顾客接收到的仅仅是“欢迎光临”这四个字带给他们的信息，却没有感受到我们喊这句话时肢体语言传递给他们的情感。所以说，在选择具体内容的时候，我们要确定说哪些话，用什么样的肢体语言、什么样的肢体动作去说，这些在沟通中非常重要。传递信息时，应有效利用肢体语言和语言两种方式来明确信息的内容，见表 1-5。

表 1-5 传递信息的两种方式

确定信息内容		是	否
肢体语言	上司呼叫时，是否立刻做出回应		
	是否携带笔记用具及备忘录到上司处		
	是否详细地记录上司的命令内容		
	是否耐心地听上司把话讲完		
	不清楚的地方是否向上司说明		
语言	就自已的能力、完成期限、命令的难易度做出检讨，是否具有独立完成命令的可能性		

(4)谁接收该信息(Who)。

在发送信息的时候还需要考虑以下问题：谁是你的信息接收对象？如何先获得接收者的注意？接收者的观念、需要是什么？接收者的情绪怎样？

(5)何处发送信息(Where)。

发送信息时,还需要考虑在什么样的环境和场合下发送给对方。现在对信息传递场地的选择已经越来越引起人们的重视。在实践中,很多管理者已经越来越意识到环境对沟通效果的影响非常大。

3. 要培养有效倾听的技能

沟通的目的就是要达成一致性与降低差异性。因此,在沟通的过程中,管理者就一定要弄清楚对方的真实意思,将对方的想法和自己的想法比较,看看差异在哪里,然后再决定沟通的决策,这就需要管理者有好的倾听技能。所以沟通的第一要素不是说,而是倾听,不会倾听就不会反馈。沟通不是你说服别人,而是共同探讨并能达成共识。

能够认真地倾听别人的意见,不光是沟通的技巧,更是一种美德。作为店长,为了能够更加深入地了解基层的情况,往往更应该去倾听,而不是滔滔不绝地讲给别人听。在某种程度上讲,听是作为一个管理者的店长在沟通中最重要的技巧。

4. 听完后再发表意见

(1)理解对方想说什么,清楚对方真实的想法,就应当透过语言深究其内在的深意。

①弄清楚对方说话的本意。

②要思考对方讲述内容的内在意义,因为中国人的思维习惯与西方人有所不同,应当深入了解对方所述内容的深意。

(2)站在对方的立场去倾听。这就要求管理者站在对方的立场考虑问题,进入谈话的情境中去进行,就是当对方在说话的时候,要考虑他所处的情境和立场。所谓情境,不完全是所在的地点,还有沟通的氛围,以及谈话者的职务背景等。当管理者站在这个角度去倾听时,你就会发现,在不同的地方对方说出来的话的含义是不一样的。只有站在对方的立场去倾听,才能弄清楚对方的深意。

(3)最好是听完对方的陈述后再发表意见。大部分人都喜欢由表及里、由浅入深地表述自己的想法,此时就要求店长在倾听的时候,不能在对方刚开始说话时就发表自己的意见,因为这时对方的表述重点还没有谈到。否则的话,对方的意思你可能只是一知半解,你所发表的意见或许会以偏概全,容易左右下属后面的谈话思路,本来一个很好的建议可能就被扼杀了。所以说,作为管理者,更多的时候应当是多听少说,当对方表达完自己的见解后,再表明你的见解。

(4)目光接触很重要,但是目光接触不能太频繁,不能时间太长。心理学认为,当人们表达自己的意见时,是综合各种体态语言来表达的,而人们在接受信息时,语言信息可能只占到12%~20%。大量的信息都包含在讲话者的体态、动作和表情里,而体态里面最重要的就是眼睛,管理者应习惯使用目光接触来体会对方讲话的意思。沟通是一个双向互动的过程,不完全是单向的语言表达,要想充分理解对方语言的深意还应当学会同对方的眼神交流。

在眼神交流的过程中,管理者应当注意,一般情况下,眼神应聚焦在对方的大小三角区域。所谓大三角区域是指由额头和双肩构成的三角区域,而小三角区域是指由两眉和下巴组成的倒三角区域。在用眼神交流过程中,如果超出这一区域,就会使对方分心,如果眼神太偏上,对方就会觉得头上是否有什么东西;而如果超过双肩以外的区域,对方可能又会觉得后面有人;太向下会让对方觉得自己的领带是否没打好等。所以,眼神的交流一般不要超出大三角区域,一般集中在小三角区域。但是,也不能老是盯着看,而应当用眼神相碰即可,接触时间一般为0.3～0.5 s为佳。

(5)点头和恰当的面部表情也很必要，要适度微笑，不要太严肃。在适当的时候点头默许，这表示你能读懂对方的真实意思，再同他消除差异，形成一致性，这会给对方很大的鼓动。恰当的面部表情也能给对方传递积极的信号，利于顺畅沟通。

(6)要避免有分心的举动和手势，你的任何小动作都会使对方分心，如在谈话过程看手表等。此外，要给对方的情绪以相应的配合，如果对方很悲痛，你就应当是庄重的表情；如果对方很愉悦、高兴，你也要相应表现出喜悦的表情，这样才能降低双方的差异性。

(7)最后，在沟通的过程中，还应当通过提问、复述或者做笔记等方式来增强记忆。

①对于不清楚的地方应当提问，提问有两种方式：一种是开放式提问，便于更多地了解信息；另一种是封闭式提问，让对方选择性地回答问题，便于明确内容。具体方式的选择取决于你想获得怎样的信息。

②复述是一个好习惯，特别是当你向上级汇报工作的时候，对于一些核心内容应做简要归纳，向对方复述，这样可以最大限度地避免信息的遗漏和失真。

③做笔记的习惯有助于管理者延长记忆时间和扩大记忆量，特别是对于重要会议的内容，做好笔记可以在任何时候帮助你回忆会议内容。

其实，这几种方式归纳起来就是眼到、嘴到、耳到、手到、心到，通过这种综合性的方式可以获得更多的信息，也才能更好地从对话中甄别出真实和有用的信息，更好地把握对方的真实意思和需求。

5. 积极反馈的技能

在沟通过程中，最后一个步骤是：信息反馈。什么是反馈？所谓反馈就是在沟通过程中，信息的接收者向信息的发出者做出回应的行为。一个完整的沟通过程既包括信息发出者的“表达”和信息接收者的“倾听”，也包括信息接收者对信息发出者的反馈，如图1-4所示。

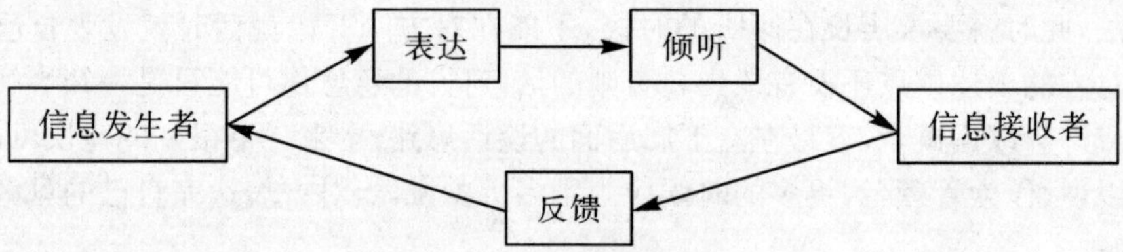

图1-4　信息反馈示意图

(1)反馈的意义。

不做反馈是沟通中常见的问题。许多经理人“误”以为沟通就是“我说他听”或“他说我听”，常常忽视沟通中的“反馈”环节。不反馈往往直接导致两种恶果：一是信息发出的一方（表达者）不了解接收信息的一方（倾听方）是否准确地接收到了信息。例如，在沟通时，常常遇到一言不发的“闷葫芦”，你表达的信息往往“泥牛人海”，毫无消息。二是信息接收方无法澄清和确认是否准确地接收了信息。

(2)给予反馈的技巧。

①针对对方的需求进行反馈。反馈要站在对方的立场和角度上，针对对方最为需要的方面，给予反馈。例如，“试用期考核”是由人力资源部和店长双重实施的。店长给人力资源部反馈新进人员的试用期表现时，仅仅反馈“该员工的表现”是不妥的。因为从人力资源部

的角度来看,他们期望了解两个方面:一是“该员工的表现”,二是“用人部门的意见”。如果没有第二方面的反馈,人力资源部难以采取下一步措施。所以,如果仅仅反馈第一方面就不能很好地了解对方需求,导致反馈低效率或反馈失败。

②反馈必须是具体、明确的。

③提供的反馈必须是正面的、具有建设性的。全盘否定的批评不仅是向对方泼冷水,而且容易被遗忘,下属很可能对批评的意见不屑一顾,理由是同严厉的上级无法进行有效的沟通。相反,赞扬下属工作中积极的一面,并对其需要改进的地方提出建设性的建议,更容易使下属心悦诚服地接受。对大多数人来讲,赞扬和肯定比批评更有力量。

④对事不对人。反馈是就事实本身提出的,不能针对个人。针对个人所做的事、所说的话进行反馈,通过反馈,不仅使自己,更重要的是使对方清楚你的看法,有助于使个人的行为有所改变或者加强。

⑤将问题集中在对方可以改变的方面。把反馈的焦点集中在对方可以改进的地方,可以不给对方造成更大的压力,使他感到能够在自己的能力范围内进行改进。

【小任务】

李明与刚上任一个月的店长小刘交谈,对话节选如下。

李明:小刘,你升任店长也有一个月了,有什么感受?

小刘:就是感觉挺辛苦的,刚开始不太适应,不过,现在好多了。

李明:我想听听你是如何安排一天的工作的。

小刘:我会把整月的工作记在本子上,特别重要的用红笔画上记号,再把每月的工作分到每周、每天,在店铺中发现了什么问题也及时记在本子上,时常拿来看看。

李明:不错,也就是说你的工作是有预先计划的,那你觉得做工作计划有什么好处?

小刘:它可以使我的工作更有头绪,刚做店长的时候没有做计划,上班后不知道该做什么,该关注什么,每天都很忙很累,焦头烂额,但想想也没做成什么。后来开始做计划,工作起来有条理而且很轻松,知道什么时候该做什么,做事情往往能事半功倍。

李明:看来你是体会到计划的好处了。不过,怎样才能保证你的计划顺利进行呢?

小刘:我想,光有计划是不够的,还要定期总结和检查才可以保证计划的顺利进行。

比如说,我这月订的一个计划是在周末最忙时排3名员工上班,但月底总结时发现,周末生意好时,3名员工不够用,我就要及时调整人数了,假如没有定期的总结检查,周末还排3个人,就会影响门店的销售。

李明:听了你的介绍,感觉你进步了不少,值得表扬,这样吧,在下周召开的店长例会上,把你的做法分享给其他店长。

请你谈谈从新任店长小刘的工作方法中得到什么启发?

技能二　店长实现有效沟通实务

1. 店长如何与上级沟通

(1)店长上行沟通的基本原则。

上行沟通主要讲述的是如何与领导沟通,店长与领导沟通最根本的问题在于对信息的思考环节,这个环节更强调对上司的了解,要针对上司的思维方式和沟通风格进行沟通。因此,向上沟通应当遵循以下四个原则:

①了解上司意图。应当了解领导对企业的发展意图和对管理者所在部门的战略要求,

只有这样，才能在沟通的时候和领导达成高度一致。

②能够承担职责。在管理实践中，很多管理者执行力不足，不能够将领导的决策执行到位，根源就在于管理者缺乏责任心。

③寻求领导反馈。作为中层管理者，一个重要的责任就是将下面的实际情况反馈给领导，支持领导的决策，同时将领导的决策落实到具体的执行过程中，要能够流程化、可操作化。

④同领导风格相匹配。其实很多管理者的失败，都是由于跟领导的风格不匹配而导致的。

(2)店长向上沟通的形式与技巧。

一般来说，店长向上沟通主要有四种形式：接受指示、汇报工作、商讨问题和表达不同意见。

①接受指示。店长接受上司的命令和指示时，应该注意如下要点。

第一，沟通之前，与上司确认沟通的时间、地点。

第二，接受指示时，要事先询问相关的内容，以便做好充分的准备。

第三，认真倾听。

第四，不要担心上司觉得自己理解能力差，要多发问。

第五，对指示进行反馈，让上司就重要问题进行澄清和确认。

第六，不要急于表达自己的观点，即使自己对上司的指示有异议，也不要急于反驳，可以等上司把话说完，按照上司的思路，以假设的口吻提出异议，让上司思考并解答。

第七，不要在接受指示时与上司进行讨论和争辩，以免因为考虑不周，对问题阐述不清，说服不了上司，反而引起不快，但可以把自己疑惑的问题概括出来，并让上司确认时间、地点，再进行沟通。

②汇报工作。店长在向上司汇报工作时，由于与上司之间存在差异，往往会出现意想不到的问题。汇报工作时应客观、准确，不要带有个人主观色彩，避免引起上司的反感。汇报时应注意如下要点。

第一，精简。对上司汇报工作不要渲染，上司只会从你完成任务的速度和质量上评价你的能力，所以，不要带着邀功的心态，极力强调你工作的难处。同时，因为领导都很忙，所以要把汇报做得简明扼要。

第二，有针对性。汇报的内容要与上司原来的指示、计划和期望相对应，避免文不对题，浪费上司的时间。

第三，补充事实。在汇报完后，一般上司会给予评价，他的评价其实就是一种反馈，从中可以知道上司对哪些地方不清楚，你可以补充说明，或提供补充材料，加深上司对你所汇报工作的了解。

第四，商讨问题。店长与上司商讨问题时应注意对事不对人，应本着开放、平等和互动的原则进行，如果是主管首先提出问题，则应当注意事先对重大的事情进行约定，不要勉强上司进行讨论。

第五，表达不同意见。店长有不同意见对上司表达时，意见应确切、简明、完整，要有重点，不要拖泥带水，要注意摆正自己的心态，不要与上司进行辩论。

2. 店长如何与店员沟通

店长与店员的沟通中强调三个核心要素：心态、关心、主动。

(1)摆正心态。在和店员沟通的过程中,店长以什么心态与店员沟通是关键。首先是调整店长的心态,其次,还要让店员愿意以积极的心态与店长沟通。店长不能以高高在上的姿态和高人一等的心态与店员沟通,否则就不是沟通,而是领导讲话,是单向而不是双向。

(2)关心到位。店长只有站在关心店员的立场上进行沟通,这种沟通才能有效。所谓关心就是换位思考,站在店员的角度思考问题,了解店员的欲望和想法,让店员能够感受到店长的关心和支持。

(3)积极主动。店员很少会主动与店长沟通,所以店长要主动与店员进行不定期的沟通。店长主动沟通的顺利程度远远要高于店员主动沟通的程度。

3. 店长如何与平级部门或者同事沟通

在平行沟通中,店长应当特别注意彼此尊重,经常做换位思考,要做到平等互利、礼让对方,同时,还要能知己知彼,多了解对方的意见。在沟通过程中把握好时机,相互协作,这样处在一条命令链的同级和相关部门才能做到同步和高效地完成工作。

任务四　提升店长的激励能力

【任务导入】

刘伟担任店长6个月了,在她的精心经营下,虽然店里业绩平平,但是一切都在正常运营中,刘伟总算松了一口气。公司觉得刘伟半年里工作认真,表现不错,就给她安排了为期7天的“金牌店长训练营”,此培训的最后一天是去广州天河区的一家标杆店观摩。刘伟一进到那个店的感觉就不一样,陈列做得就像艺术品,整洁美观、清新,伴着轻音乐,整个氛围很舒服,给人一种一进去就不想走的感觉。店员精神抖擞,面带笑容,对顾客很体贴,有些店员在补货陈列,有些在打包产品,有些在导购,有些在维护环境。一天下来刘伟发现,员工都在各自岗位上有秩序地忙碌着,几乎看不到空闲的员工,而且员工整天士气高昂,激情澎湃,门店的氛围融洽又非常有战斗力!

这里员工的状态让刘伟非常惊讶,她回想自己的门店,员工每天上班都按部就班地工作,没有顾客的时候,他们就聚在一起聊天,有的甚至玩手机,员工主动性很差,有时货架缺货了,也没有人积极主动去补货,刘伟看见了就会自己去补货或者指示店员补货。“怎么样才能让员工的工作状态像这个标杆店一样主动积极、斗志昂扬呢?”刘伟一直想着这个问题,晚上下班的时候,刘伟等到最后,想跟这个店的店长一起回宿舍,顺便向她请教。

如果你是这位店长,如何向刘伟释疑解惑呢?

【任务分析】

(1)成功的管理者总是希望员工对工作能够付出最大的努力,发挥出员工自身的潜能,总是希望他们的员工能够对所做的工作保持高度的热情,为实现门店的目标更为勤奋地工作。作为成功的管理者,如果渴望达到上述目的,就必须对员工善用激励,就要制订有效的措施来激励员工。

(2)店长若是能找到适当的激励物作用在员工身上,员工必定产生巨大的动力和绩效。店长在激励时要物质激励和精神激励并用,相辅相成,在门店的不同发展时期、员工的不同发展阶段,激励的形式和重点都是动态变化的。店长在激励的时候,关注的核心问题有三个:一是店长知道员工想要什么,二是员工知道如何获得,三是双方的目的都可以达成。

【知识导航】

店长要想有效管理员工，就必须懂得如何激励员工。美国哈佛大学教授威廉·詹姆士研究发现，在缺乏激励的环境中，人员的潜力只发挥出 20%～30%；但在良好的激励的环境中，同样的人员却可发挥出潜力的 80%～90%。店长要有效地激励员工，首先应了解员工的真实需求，用合适的方式激励员工，让员工愉快地工作。

知识一　店长要充分了解店员的需求

马斯洛需求层次理论又称为“基本需求层次理论”，是行为科学理论之一，由美国心理学家亚伯拉罕·马斯洛于 1943 年在《人类激励理论》一文中提出。在该理论出现以前，企业里是人适应机器，后来马斯洛提出，人的潜能应当得到重视，应当重视员工的价值实现，由此引发了人本主义的思潮。

马斯洛的需求层次理论提出，人的需求分为五个层级：

第一，基本的生理需求，是人们日常生活中基本的衣、食、住、行等的需求。

第二，安全需求，它是人们保护自己免受身体和情感伤害的需求。

第三，归属与爱的需求，或者叫社会交往的需求，指人们在友谊、爱情、归属、接纳方面的需求。

第四，尊重的需求，包括自尊和别人的尊重。

第五，自我实现的需求，它是人在自我成长与发展、发挥自身潜能，取得成就和实现理想抱负等方面的需求，也就是事业心和成就欲。

具体需求特点如图 1－5 所示。

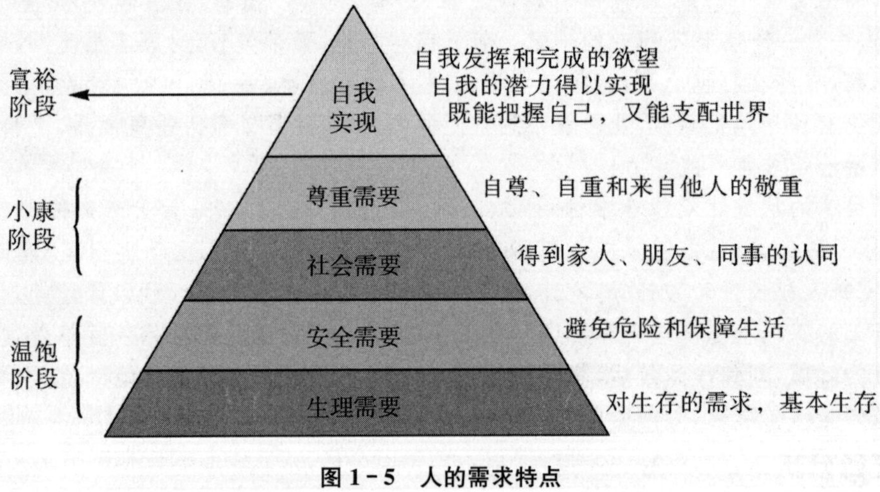

图 1－5　人的需求特点

在马斯洛的需求层次理论中，人的生理需求是最基本的需求，只有满足了衣食住行等方面的需求，人才能进一步发展其他需求；安全需求也属于底层的基本需求；归属与爱的需求是人归属于某一社会群体的需求；尊重和审美的需求是人的较高层级的需求，反映了人对自身的认可；自我实现的需求是人的最高需求，是人不断追求进步的动力。

马斯洛的需求层次理论指出，人的需求是不断变化、逐级上升的，当基本的生理需求得到满足后，他的安全需求就会上升为主导需求，而当安全需求被满足后又会有归属和爱的需求，以此类推。当前一种需求得到满足时，后一种需求就会浮现出来，占据主导地位，这种对需求的分层是马斯洛的创新之处，是一种将管理学和心理学完美结合的产物。因为这种需求的层次涉及社会的每一个人，任何一个人的需求都不外乎这几个层次，以及在这几个层次上的动态调整。

马斯洛的需求层次理论在现实中的体现是，对某个人而言，可能在某一时刻同时有几种需求存在，但是一个普遍的规律是，需求层次越低的人需要得到的满足就越多，需求层次越高的人得到的满足越少。

图 1-5 表明，当一种需求得到基本满足后，这种需求就成为次要的了。其实，在图 1-5 中的任意一点，都会是五种需求的一种集合，但是占主导地位的需求只有一种。对人而言，在不同的时期，占主导地位的需求可能不同，这就意味着，人的需求是不断动态变化的过程。

在应用马斯洛需求层次理论的时候，应当注意的问题是，人在不同的时段需求会不同；在同一时段每个人的需求可能也会有所不同。

人的需求满足是一个弹性的过程，在不同的时间段，会有不同的主体需求，上面小李的案例，就说明了随着时间的推移人的主导需求发生了变化，但是店长如果只是考虑人才的引进，不考虑店员的进一步发展，那么，当店员需求发生变化的时候，他就有可能另谋高就。所以店长在激励和挽留人才的时候，应当做到及时跟踪，注意他们需求的动态变化，及时调整激励措施，这样才能做到真正留住想要的人才，见表 1-6。综上所述，归纳起来有以下两点。

第一，在进行管理和激励的时候，店长一定要清楚员工的最根本需求是什么，才能从具体的需求出发进行激励。

第二，激励的管理方式是一种动态的过程，而不是局限于一点或者静态的。

表 1-6 不同需求层次员工的关注重点

需求层次	要点说明	员工关注的重点
生理需求	生存最基本的需求，包括衣食住行等方面	工资、提成、奖金等物质报酬
安全需求	保证自身安全，如劳动安全、职业安全、生活稳定、免于事故等方面的需求	稳定的工作与报酬，以及相关的保险福利
社交需求	一是爱的需求，二是归属的需求	上级的表扬、团队成员的认可
尊重需求	希望拥有稳定的社会地位，个人的能力和社会地位得到社会的认可	受表彰、参与管理、职位晋升等
自我实现需求	实现个人的理想和抱负，最大限度发挥个人潜力，完成自己力所能及的工作，为崇高理想奋斗	富有挑战性的工作、工作轮换、工作丰富化等

知识二 店长要明确激励的因素

美国心理学家赫茨伯格提出的双因素理论告诉我们，激发人动机的因素有两类：一类为保健因素，另一类为激励因素。保健因素又称为维持因素，这些因素没有激励人的作用，但却带有预防性、保持人的积极性、维持工作现状的作用。这就像给果树喷洒农药，只能起到保健的作用，不能帮助果树和水果的成长；也像保健品，它只能起到强身健体的作用，而不能治病。企业政策、工资水平、工作环境、福利和安全等，皆属于此类因素。该因素可以防止员工产生不满意的状态，但是不会提供动力去激励员工。

比如，有家门店，员工的工资单上有奖金一项，每个人都是 45 元，这本来是一个激励因素,但是由于给每个人的都是一样,没有任何级别和职位差别,所以根本就起不到激励作用,只是一个保健因素而已。如果有一天,其中一位员工的奖金突然没有了的话,这时他就会心里不痛快,为什么大家都有,而我没有?他就会将这种不满意表现出来。

激励因素是影响人们工作的内在因素,其本质为注重工作本身的内容,以此提高工作效率,促进人们的进取心,激发人们做出最好的成绩。保健因素和激励因素对调动人的积极性来说都是起作用的,只是其影响的程度不同而已。

如上所述,保健因素和激励因素都有其各自的作用,在管理激励的过程中应当注意防止激励因素向保健因素的转移。

【技能培养】

技能一　店长有效激励员工的方法

在日常管理中,店长应该考虑到个体的差异,采取不同的激励方式,有针对性地进行激励。如年轻员工比较重视自主权及创新的工作环境,年龄较大的员工则比较重视工作的稳定性;女员工偏重工作报酬,而男员工更看重企业和自身的发展。

1. 物质激励

经济人假设认为,人们基本上是受经济性刺激物激励的,金钱及个人奖酬是使人们努力工作最重要的激励,企业要想提高职工的工作积极性,唯一的方法是用经济性报酬。虽然在知识经济时代的今天,人们生活水平已显著提高,金钱与激励之间的关系渐呈弱化趋势,然而,物质需要始终是人类的第一需要,是人们从事一切社会活动的基本动因。所以,物质激励仍是激励的主要形式。如采取工资的形式或任何其他鼓励性报酬、奖金、优先认股权、公司支付的保险金,或在做出成绩时给予奖励。要使金钱能够成为一种激励因素,店长必须记住下面几件事。

第一,金钱的价值不一。相同的金钱,对不同收入的员工有不同的价值;同时对某些人来说,金钱总是极端重要的,而对另外一些人可就不那么重要了。

第二,金钱激励必须公正。一个人对他所得的报酬是否满意不是只看其绝对值,而要进行社会比较或历史比较,通过相对比较,判断自己是否受到了公平对待,从而影响自己的情绪和工作态度。

第三,金钱激励必须反对平均主义,平均分配等于无激励。除非员工的奖金主要是根据个人业绩来发放,否则企业尽管支付了奖金,对他们也不会有很大的激励。

【小资料】

案例 1:在门店中,小张今天卫生打扫得特别干净,店长看在眼里。于是,店长就跑到门店外的便利店买了一瓶 2 元钱的矿泉水,并亲手递给了小张,说道:"小张,今天打扫卫生这个工作做得很好,你也辛苦了,作为奖励,我特意跑出去买了一瓶矿泉水给你,解解渴。"请问,小张接过这瓶水的感受是什么?肯定感觉暖暖的,为什么?因为他的工作得到了领导(店长)的肯定与认同。士为知己者死,我相信明天小张会更加努力工作的。

建议:在门店中应该多设置小奖励(店长随身可以放几个小红包),随时发现员工表现出色,随时就奖励,这样店员优秀的行为不断地得到认同与肯定,他们的工作绩效自然会提升。

案例 2:一次门店月度表彰会上,小李获得了月度优秀员工的称号,并接受了 500 元的门店现金奖励,同时,在领奖的那一刻,店长王月从背后拿出了一包薯条,并把薯条作为奖励与现金一起递给了小李。此时此刻,小李感动万分,原来小李平时最喜欢吃的零食就是薯条。

这次，店长将薯条作为奖品送给小李，小李自然非常感动，因为她已经感受到了店长的"用心"，而这也让小李体会到了"家"的感觉。

建议：店长在平时的工作中，应该多了解店员的兴趣与爱好，投其所好，用心去打动员工。

2. 目标激励

目标激励，就是确定适当的目标，诱发人的动机和行为，达到调动人的积极性的目的。目标作为一种诱引，具有引发、导向和激励的作用。一个人不断追求高目标，才能启发其奋发向上的内在动力。一个人除了物质目标外，还有如权力目标或成就目标等。店长就是要将人内心深处的这种或隐或现的目标挖掘出来，并协助他们制订详细的实施步骤，在随后的工作中引导和帮助他们努力实现目标。当每个人的目标强烈和迫切地需要实现时，他们就会关注企业的发展，对工作产生强大的责任感，能自觉地把工作做好。这种目标激励会产生强大的效果。

3. 尊重激励

尊重激励是一种基本激励方式，是加速员工自信力爆发的催化剂。上下级之间的相互尊重是一种强大的精神力量，它有助企业员工之间的和谐，有助企业团队精神和凝聚力的形成。

在日常工作中，我们常听到"门店的成绩是全体员工努力的结果"之类的话，表面看起来店长非常尊重员工，但当员工的利益以个体方式出现时，管理者会以企业全体员工整体利益加以拒绝，他们会说"我们不可以仅顾及你的利益"或者"你不想干就走，我们不愁找不到人"，这时员工就会觉得"重视员工的价值和地位"只是口号。显然，如果店长不重视员工感受，不尊重员工，就会大大打击员工的积极性，使他们的工作仅仅为了获取报酬，激励从此大大削弱。这时，懒惰和不负责任等情况将随之发生。

4. 关怀激励

了解是关怀的前提。作为店长，对员工要做到"9 个了解"，即了解员工的姓名、生日、籍贯、出身、家庭、经历、特长、个性、表现。另外，店长要与员工打成一片，多与员工交流思想，从而相互间增进了解。

5. 参与激励

现代人力资源管理的实践经验和研究表明，员工都有参与管理的要求和愿望，创造和提供一切机会让员工参与管理是调动他们积极性的有效方法。毫无疑问，很少有人参与商讨和自己有关的行为而不受激励的。因此，让职工恰当地参与管理，既能激励职工，又能为企业的成功获得有价值的知识。通过参与，形成职工对企业的归属感、认同感，可以进一步满足自尊和自我实现的需要。

6. 工作激励

工作本身具有激励力量。为了更好地发挥员工工作积极性，店长要考虑如何才能使工作本身更有内在意义和挑战性，给职工一种自我实现感。店长要进行"工作设计"，使工作内容丰富化和扩大化，并创造良好的工作环境。还可通过员工与岗位的双向选择，使职工对自己的工作有一定的选择权。

7. 培训和发展机会激励

当今世界日趋信息化、数字化、网络化，知识更新的速度不断加快，员工知识结构不合理和知识老化现象日益突出。他们虽然在实践中不断丰富和积累知识，但仍需要对他们采取等级证书学习、进高校深造、在职培训等激励措施，通过这种培训充实他们的知识，培养他们的能力，给他们提供进一步发展的机会，满足他们自我实现的需要。

8. 荣誉和提升激励

荣誉是众人或组织对个体或群体的崇高评价，是满足人们自尊需要，激发人们奋力进取的重要手段。从人的动机看，人人都具有自我肯定、光荣、争取荣誉的需要。对于一些工作表现比较突出、具有代表性的先进员工，给予必要的荣誉奖励，是很好的精神激励方法。

荣誉激励成本低廉，但效果很好。当然我们在荣誉激励上，存在评奖过滥过多的不正确现象。如评优中的“轮庄法”“抓阄法”“以官论级法”“以钱划档案法”“老同志优先、体弱病残者优先”等的“优先法”等，都使荣誉的“含金量”大大降低，使典型的榜样示范作用大打折扣，这是必须要大力加以纠正的。另外，提升激励是对表现好、素质高的员工的一种肯定，应将其纳入“能上能下”的动态管理制度中。

【小资料】

案例1：如果是连锁门店，门店之间每月都可以进行业绩评比。评比获胜的那一家门店，会获取一定的奖金，如奖励500元。但是，久而久之弊端就显现了，那就是钱的刺激感在下降。于是，为了深化评比的效果，设置一幅流动小红旗。为评比获胜的门店颁发流动小红旗，如果下个月输了，那么小红旗必须交出来。效果马上显现，很多门店为了这面小红旗会不断地努力，因为谁也不想把得到的小红旗拱手相让。

建议：物质奖励应该与精神奖励并重，而精神奖励更有利于增强门店的团队意识，一面小红旗、一本荣誉证书都会使门店员工为之努力。

案例2：河北保定市一家门店，顾客一进门就可以看到一组照片，照片里的画面是公司优秀员工的代表，他已经为这家企业服务16年了，而顾客来门店时都会看看墙上优秀员工的照片，这是对员工莫大的精神激励。

建议：可以用优秀员工的名字命名一棵树，并种在公司的院子里，即使将来员工离开公司了，那树还在，以此来纪念他曾经为公司付出的一切。同时，也可以用员工的名字来命名一项发明创造，如海底捞的包丹袋，就是一个叫包丹的服务员发明的一种手机防污袋。这样，就会有更多的员工愿意去发明创造。

案例3：北京某知名餐饮企业会定期开展民主评选星级员工的活动。根据员工每周的表现给予评星。他们会设置“服务之星”“销售之星”等称号，而且星级是滚动的，可上可下，星级会直接做成胸章挂在员工的胸前，时刻激励员工。

建议：给员工评星的本质是为了区分优秀员工与普通员工，犹如军队里的荣誉勋章，是对优秀员工的肯定。同时，星级员工一定要通过胸前佩戴星级标志来体现，让优秀的员工越来越自豪。

9. 负激励

激励并不全是鼓励，它也包括许多负激励措施，如淘汰激励、罚款、降职和开除激励。淘汰激励是一种惩罚性控制手段。按照激励中的强化理论，激励可采用处罚方式，即利用带有强制性、威胁性的控制手段如批评、降级、罚款、降薪、淘汰等来创造一种令人不快或带有压力的条件，以否定某些不符合要求的行为。

现代管理理论和实践都指出，在员工激励中，正面的激励远大于负面的激励。越是素质高的员工，淘汰激励对其产生的负面作用就越大。淘汰激励一般采用了单一考核指标，给员工造成工作不安定感，同时也很难让员工有总结经验教训的机会。同时还会使员工与店长间的关系紧张，同事间关系复杂，员工很难有一个长期工作的打算。因此，店长要慎重使用负激励。

【项目训练】

一、训练任务：如何有效沟通

1. 训练目的

我们在日常沟通中，经常使用单向的沟通方式，结果听者总是见仁见智，个人按照自己的理解来执行，通常都会出现很大的差异。但采用了双向沟通之后，又会怎样呢，差距依然存在，虽然有改善，但增加了沟通过程的复杂性。什么方法是最好的？沟通的最佳方式要根据不同的场合及环境而定。

2. 训练步骤

(1)给每位学员发一张纸。

(2)教师发出单项指令：大家闭上眼睛。全过程不许问问题；把纸对折；再对折；再对折；把右上角撕下来，转 180 度，把左上角也撕下来；睁开眼睛，把纸打开，这时会发现各种答案。

(3)教师可请一位同学上来重复上述指令，唯一不同的是这次同学们可以问问题。

(4)请同学们思考并讨论：第一次撕纸为什么会有这么多不同的结果？第二次撕纸为什么还会有误差？

二、案例分析

吴清是爱美服饰店的店长，为人勤奋，每天工作十几个小时，就算是在休息日加班，她也毫无怨言，是别人眼中的好店长、好员工。但吴清心里明白，她的忙碌有时是自欺欺人，多年下来，她总觉得自己还是一事无成。在店长的岗位上工作待了差不多 8 年，许多宏图大志、个人理想都不能付诸行动，她经常感叹：“没有时间啊！”

区域经理对吴清说：“下个月总公司准备举办一次内部培训讲座，主要是对全国 100 多家店的店员进行新品知识与销售技巧的培训。因为你销售能力和表达能力强，所以集团总部想让你来讲授。不过，总公司为了选拔出最好的讲师，也同时安排了另外 4 位店长在准备。届时你和其他 4 位店长将会进行 PK，胜出者将成为总公司提拔的培训主管。这次可是你升职和表现的好机会呀！”

从经理办公室走出来，吴清一脸兴奋。“不过，迟一些再说吧！反正时间还早呢！”光阴似箭，直到 PK 前的最后一天，吴清才惊觉要好好做准备了。“今天什么也不要处理，用一整天来准备应该是没有问题的。店里的事儿让其他人先顶着。”上午 9 点，正当她准备静下心来想提纲的时候，专卖店来电话了，原来是顾客改的衣服尺码有误，需要店员去修改店再次确认尺码大小。为保险起见，吴清亲自去了修改店。回到店里，已经 11 点了，吴清把自己关进库房开始冥思苦想，刚想了两分钟，店员小红进来了：“店长，要命！一位客人来退货，偏说衣服质量有问题。小张已经和他吵开了，你快去看看。”

吴清径自来到大厅，将这位难缠的客人平静而愉悦地送走了。下午一点半了，匆匆吃过午饭，吴清全力地准备着提纲，已经写了两个要点了，接下来讲什么呢？吴清的手机响起，是总部的电话，总部的营销总监在电话里把培训的重要性反复做了详细的交代，电话结束，已经是下午 4 点。正好下班，还是回家再做吧。回家路上堵车，到家已经 5 点。吃过晚饭，洗过澡，吴清打开电脑开始敲字，网站上跳出的新闻吸引了吴清，吴清开始浏览网页，一看到明星八卦就忍不住多看了几页。后来她强迫自己关网页，写提纲，当想到第 8 条时，吴清实在想不出什么好案例来说明问题。换换脑子吧，吴清打开电视，一不留神就看到了 12 点。坐到电脑前，吴清一脸愁容，又满脑子的倦意。先睡会吧，凌晨 3 点再起来写。

终于在闹钟声中惊醒。“啊，怎么已经是早上 9 点？”吴清匆忙换好衣服，拿着稀稀拉拉的几页纸杀到了办公室。推开办公室大门已经是 10 点 20 分，集团总部的经理和片区经理已经准备好等待 PK 了。吴清看到对面选手们个个拿着厚厚的稿件，心里对结果已经明白了几分。PK 结束后，经理对吴清非常失望，吴清的解释是：“经理，我太忙了，平时事情太多了。我下次再争取。”

（资料来源：根据网络资料改编）

请思考：

(1)机会是给那些有准备的人，像这样的好机会还会给吴清吗？

(2)吴清失误在哪里？

项目二　如何进行门店的商品管理

【知识目标】

了解商品品类管理的定义,掌握品类管理的步骤;掌握降低采购成本的方法;熟悉企业商品验收的业务流程和标准;掌握库存合理化的措施;了解门店经营损耗产生的原因及门店安全管理的重要性。

【素能目标】

具有职业素养和职业道德,形成独立或团队共同解决问题的能力。能使用商品配置表;能使用数据表对商品品类进行简单分析;能够降低采购成本,进行商品验收,降低库存和门店损耗。

任务一　优化门店商品结构

【任务导入】

刘伟作为店长已经有一年多的时间,这在公司已经算是资深店长了,他已基本掌握了门店管理的技能。门店在刘伟的领导下,业绩也是平平稳稳,在公司一直处于中游位置,自从参加了"金牌店长训练营",观摩了同事管理的门店,刘伟一直想打破这种常规的工作状态,希望自己管理的门店的业绩能有一个大的飞跃。她首先制订了很多激励性措施,更多地跟同事们沟通,倾听他们的诉求,调动他们的积极性,经过半年的努力,门店业绩是有了一定的提高,但是距离公司的金牌门店目标还有很大的距离。刘伟觉得她已经穷尽所能了,不知道该从何处入手。于是刘伟利用业余时间去向公司的金牌店长请教,她发现了一个自己以前忽略的细节。原来这些优秀的金牌店长管理的门店商品更换的速度比公司其他门店更换的速度要快,带着这个问题,刘伟找到公司督导咨询。督导告诉刘伟,总部是允许门店店长对自己门店的商品结构做一定调整的,而且根据公司这么多年的经验,这种调整的频度往往和业绩成正比。

请思考:

(1)如果你是公司的金牌店长,请你告诉刘伟门店商品结构调整的目的是什么。

(2)如果刘伟要对自己门店的商店进行调整,她应当怎么做?

【任务分析】

(1)很多门店早在开业之初就对商品组合进行过深入研究,但随着市场环境的变化,新产品不断开发,门店原有的商品组合有可能不再适合目前的消费者需求了。于是出现产品积压,积压的商品不但占用了企业的流动资金,而且占领了门店的销售空间,使门店投资在畅销品上的流动资金和销售空间不足,导致消费者满意度降低,门店销售额下降,利润降低。

(2)在进行门店商品结构优化之前,门店店长需要了解目前商品组合的状况,确认商品组合后的预期目标。这些数据来源于门店的市场数据、门店自由数据的整理和分析。在确认新的商品组合后,店长还要及时更新商品状态,调整货架,对新的商品组合进行跟踪。

【知识导航】

从1997年开始，由中国连锁经营协会和宝洁公司等供应商共同推出品类管理，目前也已经度过了培育期。关于品类管理的理念，无论是零售商还是供应商，都会有所涉猎。大型零售商和供应商也已经纷纷开始实践，加上品类管理软件的应用，使得品类管理变得可行。如果说几年前，品类管理的实施还有很多内部障碍且外部环境不成熟，那么这几年的发展，已为零售商创造了从理念、工具到合作伙伴的客观条件。品类管理势在必行！

知识一　什么是商品品类管理

1993年，美国食品营销协会与宝洁、可口可乐等16家生产企业、零售企业和咨询公司一起组成了研究组，提出了改进食品供应链的详细报告手册。该报告手册系统提出高效率消费者回应(ECR)和品类管理的概念。而后，TPG咨询公司提出了品类管理整套流程，即品类管理"八部曲"。品类管理是ECR的重要策略之一，是扩大需求、最大化店内资源的主要手段。品类管理是把所经营的商品分为不同的类别，并把每一类商品作为企业经营战略的基本活动单位进行管理的一系列相关活动。它通过强调向消费者提供超值的产品或服务来提高企业的运营效果。品类管理可以简单地理解为核心的零售管理。它涵盖了采购部和运作部的主要工作内容，有时还涉及人事管理，如品类经理的设置。从实施的角度讲，品类管理就是充分地利用数据更好地进行决策。

【小资料】

1962年，山姆·沃尔顿在美国阿肯色州本特维拉市开设了第一家以沃尔玛命名的商店。时至今日，沃尔玛已一跃成为全球最大的连锁零售经销商之一。沃尔玛成功的奥秘是什么呢？

(1)商品采购管理实行80/20原则。沃尔玛实行进销分离的体制，地区总部采购部负责所有分店商品的采购，而各分店则是一个纯粹的卖场。沃尔玛现在已放弃了系列化经营原则，他们发现，一个商店80%的销售额通常是由20%的商品创造的，采购员的任务就是要经常分析这20%的商品是什么，然后进行采购。进货之后，要监控销售情况，根据商品的不同表现，决定增加或删减。

(2)计算机信息系统。沃尔玛公司的信息管理系统来自强大的国际系统支持，公司总部与全球各分店和各个供货商通过共同的计算机系统进行联系，拥有相同的补货系统、相同的EDI条形码系统、相同的库存管理系统、相同的会员管理系统、相同的收银系统。这样的系统能从一家商店了解全世界商店的资料。

①计算机系统中保存两年的销售记录，记载了所有的商品——具体到不同的规格、花色、款式的每件商品的销售数据，这样的信息支持能够使商店采购适应顾客需求的商品及保持适当的库存。

②供货商享受同样信息。供货商在任何时候都可以在沃尔玛的计算机系统中查到自己商品的销售、库存的详细资料。这对按需生产十分有利。

③商店员工应用扫描枪扫描商品的条形码时，能够显示价格、当前库存、建议订货数量、在途数量及最近各周期销售数量等信息。

(资料来源：根据网络资料改编)

知识二　品类管理相关概念

1. 高效率消费者回应(Efficient Consumer Response,简称 ECR)

高效率消费者回应指零售商与供应商(制造商)等合作伙伴共同研究合作途径,通过双方的密切配合,消除供应链中的多余成本,更好地服务于消费者。品类管理对"高效率消费者回应(ECR)"的四大策略(即高效率促销、高效率补货、高效率的新品引进及推广和高效率的门店商品组合)具有决定性的影响。

2. 单品

单品指商品分类中不能进一步细分的、完整独立的商品,是连锁零售企业商品经营管理的最基本单位。在连锁零售门店中有时称单品为一个 SKU。如单听出售 330 mL 的可口可乐,就是一个具体的单品;750 mL 家庭装的海飞丝去屑洗发水也是一个单品。

3. 品类

品类是指易于区分、能够管理的一组产品和服务,消费者在满足自身需求时认为该组产品和服务是相关联的,或者是可以相互替代的。如所有用于消费者口腔护理一系列产品就组成了口腔护理品类,包括牙膏、牙刷、漱口水、牙线等系列产品。

4. 商品组合

商品组合又称为商品经营结构。商品组合一般由若干个商品系列组成。所谓商品系列,是指密切相关的一组商品。商品能形成系列,有其一定的规定性。替代性商品(如面粉和大米),满足消费者某种同类需求;互补性商品(如眼镜片和眼镜框),商品配套在一起使用或售给同类顾客;特价商品,同属一定价格范围之内的商品,都属于商品系列。

连锁门店商品的组合是商品广度和深度的结合。所谓广度就是商品系列的数量。商品组合的广度越宽,其综合化程度就越高。所谓深度就是商品系列内所包含的各种商品项目的数量。商品组合的深度越深,其专业化程度和商品之间的关联性越强,商品组合的广度性和深度性必须适度,必须根据超级市场的特性和所处商圈的条件加以确定。

知识三　品类管理流程

品类管理的流程包括八个步骤,即品类定义、品类角色、品类评估、品类评分表、品类策略、品类战术、品类计划实施和品类回顾,如图 2-1 所示。

1. 品类定义

在执行品类管理之前,要先决定何为品类。而品类的架构是由供货商与零售商协调制订的,最主要的仍是以消费者需求为出发点。

品类的定义是指品类的结构,包括次品类、大分类、中分类、小分类等。领导性的供应商都可以提供相关品类甚至非相关品类的品类定义。品类的定义不能与信息系统脱节。不少零售商都清楚品类的结构,但信息系统中没有相应地做维护,当需要知道中分类、小分类的销售情况时,系统只能打出品类所有单品的信息,员工需手工计算某种分类或小分类的销售数据。这极大地制约了品类管理的实施。另外,品类定义会随购物者购物习惯的变化而改变,如婴儿用品传统上分散于食品、服装、纸品等品类,为方便孕妇或带着孩子的妈妈购物,设置了婴儿街、宝宝屋等购物区域,所有的婴儿用品集中陈列,一个新的品类(婴儿用品品类)应运而生。

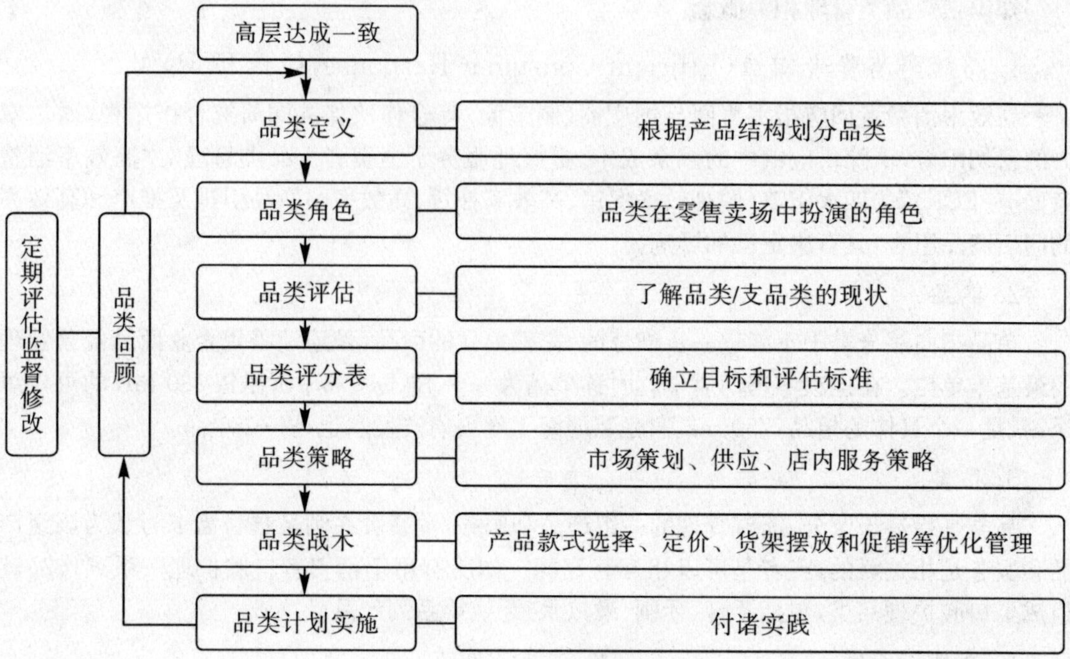

图 2-1　品类管理流程

2. 品类角色

连锁企业经营的商品成千上万，小分类也有好几百个，而一般企业的经营面积、人员配备、资金等资源有限，在实际经营过程中不可能对所有品类都给予重视。那么，在实际的经营过程中，如何分配资源呢？品类角色便是用于资源投放的衡量依据。按不同的分类标准可以将品类分成不同的角色。

(1)零售商导向的品类角色划分。根据销售额/毛利率模型，将不同的商品分为旗舰品类、吸引客流品类、提款机品类、受压潜力品类、维持观望品类和待救伤残品类 6 种角色，见图 2-2。

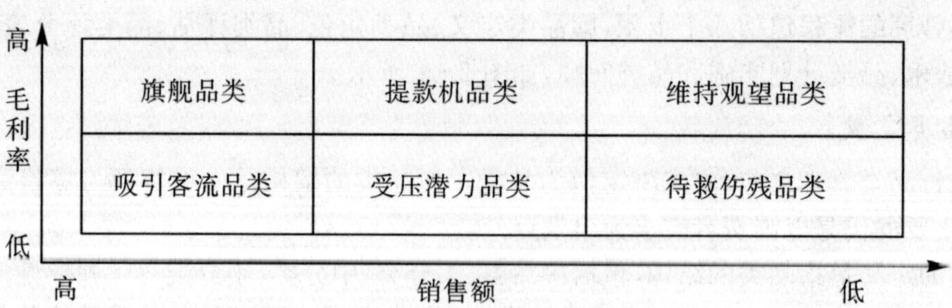

图 2-2　零售商导向品类角色划分

(2)顾客导向的品类角色划分。关注消费者的需求是品类管理的本质所在，根据经商品的普及程度和购买频率对品类进行角色定位，是顾客导向的品类角色定位方法。据此方法可以将商品分为主要品类、必备品类、差异品类和补充品类 4 种商品角色，如图 2-3 所示。

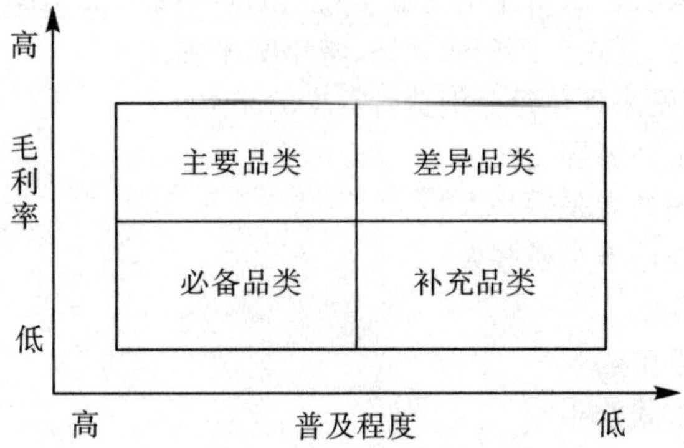

图 2-3 顾客导向品类角色划分

【小任务】

请结合你所工作过的门店或熟悉的门店、便利店，填充表 2-1，使得尽可能多的商品归类到表中。

表 2-1

企业或门店名称：________

必备品类	
主要品类	
差异品类	
补充品类	

(3)跨品类角色划分法。该划分方法本质上也是一种以顾客为导向的品类角色定位方法，是一种应用普遍并且较为全面的品类角色划分方法。根据跨品类角色划分法，零售商的品类通常被分为 4 个单元，即目标性品类、常规性品类、便利性品类、季节性品及偶然性品类，如图 2-4 所示。

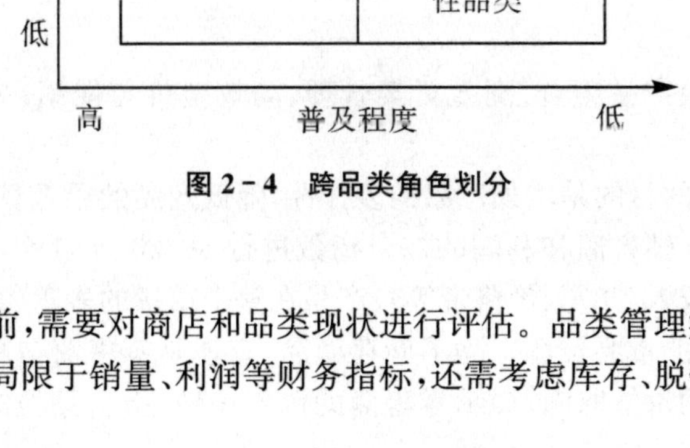

图 2-4 跨品类角色划分

3. 品类评估

品类管理实施之前，需要对商店和品类现状进行评估。品类管理实施后，需要对效果进行评估。评估不能只局限于销量、利润等财务指标，还需考虑库存、脱销、人力投入等。因为品类管理涉及滞销单品的淘汰、货架的重新分配等，这些操作很大程度地优化了上述指标。此外，评估还必须有深度，需进行跨门店评估、跨年度评估。

可利用下列基本问题来评估符合消费者需求的品类。

(1)哪些品类最受消费者喜爱?

(2)某品类购买的消费者是哪些人?

(3)某品类实际的使用者是哪些人?

(4)消费者何时购买?

(5)消费者喜欢在哪里购买?

(6)消费者用什么方式购买?

(7)消费者为什么要买这些品类?

通过市场调查或 POS 系统的数据搜集及分析，来判断某品类在消费者行为中所占的比率，以消费者导向为主来改进卖场商品陈列方式，进而提升整体销售能力。因此，研究消费者行为也是品类管理中很重要的一环。

4. 品类评分表

以往产品销售情况都是借由销售数量与销货毛利的方式来判断，而在导入品类管理之后，品类管理更提供了 ABC 成本分析、库存天数、缺货率、库存周转率及消费者满意度等几个构面进行评量，丰富内容评量及准确性。商店总体情况如下。

(1)购买者。

(2)市场(商圈)。

(3)产出效率。

(4)财务状况。

品类状况如下几点。

(1)高效的产品组合及货架管理。

(2)高效的定价及促销。

(3)高效的新产品引进。

(4)高效的补货。

5. 品类策略

品类策略是制订相应的策略以满足品类的角色并达到评估目标的过程，直接指导下一步战略的制订。品类策略的制订要做到因地制宜，根据零售商的目标和特点，基于顾客群分析、竞争对手分析、市场分析来制订品类策略。品类策略分为市场营销策略和产品供应策略两种。常用的品类策略有增加来客数、提高单价、促进销售、提升利润等。

6. 品类战术

品类战术包括高效产品组合、高效货架管理、高效定价与促销、高效补货、高效新品引进等。

(1)高效产品组合的目的是增加产品的多样性，降低产品的重复性。所以在确定销售产品品类时，除了按销量、销售额和利润的综合指数进行 80/20 排名外，还需考虑产品细分的完整性(如产品功能、成人/儿童、价格带等)、产品在整个市场的表现、是否新品等。

(2)货架是零售商的重要资源。除了储存商品，它还是零售商与顾客沟通的主要手段。它向顾客传递零售商的价值取向，展示零售商的销售策略，指引品类的发展趋势，引导顾客的购买行为。所以陈列商品时需要考虑:品类角色;品类相邻性;购买者的购买决策过程;公平货架原则(根据产品表现确定陈列面位);品类的发展趋势。

(3)零售商的价格在购物者心中的形象不单单是由价格这个数值决定的,而是价格优势,价格透明度和性能价格比综合作用的结果。不少零售商都会有这样的困惑:为什么我的产品价格大部分低于某大零售商,但购物者却认为竞争对手的价格更便宜呢?价格的透明度,价格信息的传递,是否物有所值起着重要的作用。定价方面,我们提倡:

①聪明定价:用价格敏感的产品吸引客流,用价格不敏感的产品获取利润。

②系统定价:根据品牌角色确定毛利率,而非一个品类一个毛利率。

③减少价格管理难度(线性定价):进价一样的同品牌产品尽量统一定价。

高效的促销可以理解为:在正确的时间,选择正确的单品,以正确的促销形式,配以适当的宣传,陈列在正确的地方。从促销单品的选择到促销单品在店内的陈列都应考虑品类的目标购物者及品类的策略。如果想吸引中高收入的购物群,就不能长期促销低档产品;如果想提高客单价,就不能总促销小包装的产品。通过我们的分析工具,很容易发现:

①销量最高点并非一定发生在价格最低的时候。

②降价并非对所有的品种都适用,例如,对新品,店内演示和样品派发更加有效。

(4)高效的补货是对品类管理工作的有效保障,主要目标是控制店内的缺货率和库存天数。

(5)高效的新品引进是维持高效品种组合的要素之一,某些零售商优化完商品组合后又持续的大量的引进新品,致使品种组合重新趋于混乱。引进新品时需参考以下因素:

①品类的角色。目标性的品类需确保其多样性,但便利性品类只需销售主要品种。

②产品特点。产品表现及新功能、性能价格比、消费者测试、盈利能力、销量潜力。

③市场支持。媒体投入、样品派发/消费者试用活动、消费者教育、公关活动/专业协会认可。

④店内推广活动。店内促销、店内演示/店内广告、助销、陈列基金。

⑤供应商。生产商过往三个月店内销售业绩、该品牌或相关品牌过往三个月店内销售业绩、生产商分销新品的能力、付款期。

7.品类计划实施

品类管理最重要的一步是品类计划实施。前面的流程靠几个人就可以完成,但这一步需要采购、营运、后勤、财务等部门的有效协作。执行到位的项目,品类管理作用会很快显现;执行不到位的部门,品类管理会因为执行走样而经受挫折。

8.品类回顾

品类回顾为品类管理流程的最后补充,也是承前启后的一步。通过品类回顾,一方面评估目标的达成率,另一方面为下一次品类评估提供借鉴,进而调整品类评分表指标、品类策略和品类战术,完成新一轮品类管理。

【技能培养】

技能一　连锁门店商品优化组合

在学习商品品类管理的知识以后,从总体对门店经营的商品进行了分类和优化,但商品是门店里面最小的个体,因此应了解品类之中的商品如何进行组合和优化。

1. 商品组合策略

(1)策略一:四象限评价法。又称波士顿矩阵法,是由美国波士顿咨询公司提供的一种评价方法,又称为市场增长率——相对市场份额矩阵、产品系列结构管理法等,是由美国著名的管理学家、波士顿咨询公司创始人布鲁斯·亨德森于1970年首创的一种用来分析和规划企业产品组合的方法。这种方法的核心是根据商品市场占有率和销售增长率来对商品进行评价的方法,解决如何使企业的产品品种及其结构适合市场需求变化的问题,同时解决了将企业有限的资源有效地分配到合理的产品结构中去,以保证企业收益,是企业在激烈竞争中取胜的关键。它有4种组合方式,形成4类商品,如图2-5所示。

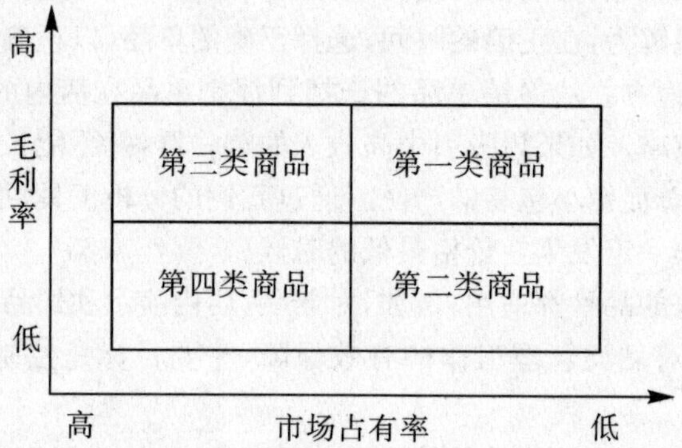

图2-5 波士顿矩阵法

第一类商品:明星产品(stars)。它是指处于高增长率、高市场占有率象限内的产品群,这类产品可能成为企业的现金牛产品,需要加大投资以支持其迅速发展。采用的发展战略是:积极扩大经济规模和市场机会,以长远利益为目标,提高市场占有率,加强竞争地位。发展战略以及明星产品的管理与组织最好采用事业部形式,由对生产技术和销售两方面都很在行的经营者负责。

第二类商品:现金牛产品(cash cow),或厚利产品。它是指处于低增长率、高市场占有率象限内的产品群,已进入成熟期。其财务特点是销售量大、产品利润率高、负债比率低,可以为企业提供资金,而且由于增长率低,也无须增大投资。因而成为企业回收资金,以支持其他产品,成为明星产品投资的后盾。①把设备投资和其他投资尽量压缩;②采用榨油式方法,争取在短时间内获取更多利润,为其他产品提供资金。对于这一象限内的销售增长率仍有所增长的产品,应进一步进行市场细分,维持现存市场增长率或延缓其下降速度。对于现金牛产品,适合于用事业部制进行管理,其经营者最好是市场营销型人物。

现金牛业务指低市场成长率、高相对市场份额的业务,这是成熟市场中的领导者,它是企业现金的来源。由于市场已经成熟,企业不必大量投资来扩展市场规模,同时作为市场中的领导者,该业务享有规模经济和高边际利润的优势,因而给企业带来大量财源。企业往往用现金牛业务来支付账款并支持其他三种需大量现金的业务。

第三类商品:问题产品(question marks)。它是处于高增长率、低市场占有率象限内的产品群。前者说明市场机会大、前景好,而后者则说明在市场营销上存在问题。其财务特点是利润率较低,所需资金不足,负债比率高。如在产品生命周期中处于引进期,因种种原因未能开拓市场局面的新产品即属此类问题的产品。对问题产品应采取选择性投资战略。因此,对问题产品的改进与扶持方案一般列入企业长期计划中。对问题产品的管理组织,最好是采取智囊团或项目组等形式，选拔有规划能力、敢于冒风险、有才干的人负责。

第四类商品：瘦狗产品(dogs)，也称衰退类产品。它是处在低增长率、低市场占有率象限内的产品群。其财务特点是利润率低，处于保本或亏损状态，负债比率高，无法为企业带来收益。对这类产品应采用撤退战略：首先应减少批量，逐渐撤退，对那些销售增长率和市场占有率均极低的产品应立即淘汰。其次是将剩余资源向其他产品转移。最后是整顿产品系列，最好将瘦狗产品与其他事业部合并，统一管理。

(2)策略二：商品环境分析法。对于经营商品项目众多的零售店铺，最佳商品组合决策是一个十分复杂的问题。许多零售店铺在实践中创造了不少有效方法。目前，由于系统分析方法和电子计算机的应用，为解决商品组合优化问题提供了良好的前景。

商品环境分析法是把零售店的商品分为六个层次，然后分析研究每一种商品在未来的市场环境中，它们的销路潜力和发展前景。

第一层，目前零售店的主要商品，根据市场环境的分析是否继续发展。

第二层，零售店未来的主要商品，一般是指新商品投入市场后能打开市场销路的商品。

第三层，在市场竞争中，能使零售店获得较大利润的商品。

第四层，过去是主要商品，而现在销路已日趋萎缩的商品，零售店应决定采取改进，还是缩小或淘汰的决策。

第五层，对于尚未完全滞销的商品，零售店可以采取维持或保留商品决策。

第六层，对于完全无销路的商品，或者经营失败的新商品采取淘汰或转产决策。

2. 商品组合方法

商品群用一定的策略来集结商品，将这些商品组合成一个战略经营单位，以此来吸引顾客、促进销售。商品群并不代表具体的商品，而是商品经营分类上的一个概念，商品群可以是商品结构中的大分类、中分类、小分类，也可以是一种新的组合。顾客对连锁经营企业的印象或偏好，不是来自所有的商品，而是来自某个商品群，所以应该把商品群提高到经营和战略地位高度。例如，某家超市的速冻小包装产品，品种多，新鲜度高；某家超市星期六特价商品最实惠，等等。一般可采用的新商品群的组合方法如下。

(1)按消费季节的组合法。如在夏季可组合灭蚊蝇的商品群，辟出一个区域设立专柜销售；在冬季可组合滋补品商品群、火锅料商品群；在旅游季节，可推出旅游食品和用品的商品群等。

(2)按节庆日的组合法。如在中秋节组合各式月饼系列的商品群，在重阳节推出老年人礼品和用品的商品群，也可以根据每个节庆日的特点，组合适用于送礼的礼品商品群等。

(3)按消费便利性的组合法。根据城市居民生活节奏加快、追求便利的特点，可推出微波炉食品系列、组合菜系列、熟肉制品系列等商品群，并可设立专柜供应。

(4)按商品用途的组合法。在家庭生活中，许多用品在超市中可能分属于不同的部门和类别，但在使用中往往就没有这种区分，如厨房系列用品、卫生间系列用品等，都可以用新的组合方法推出新的商品群。由于现代化社会中消费者需求变化的多样性，所以必须及时地发现消费者的变化特征，适时地推出新的商品群，使商品的战略地位不断得到巩固、提高。

技能二　连锁门店产品的引进和淘汰

商品的生命力是决定卖场和供应商经营状况及利润的核心指标，鲜活的商品如同流动的血液维持生意的正常运行。买卖双方正是依靠商品的吞吐交易来实现其销量与利润的积累。有了商品是否就一定可以有销售、有利润呢？不，只有具有活力的商品才能最大限度地实现销售与利润目标，有活力的商品即意味着商品本身是最新的、最能满足顾客需要的、最有消费价值的，也就是消费者最乐意购买的。一般来讲，以单个商品的消费频次来判断商品是否有活力，商品的购买频次又称为商品回转率。在单位时间内回转率越高的商品，其活力也就越强；回转率越低活力越低，也就意味着该商品不为消费者所需要，是要被淘汰的。

1. 商品引进与淘汰

一般来讲，成熟规范的卖场会有自己专门的商品组织结构表，依商品属性为商品划定不同的分类，从大分类到中、小分类，最终为单个商品定位。商品组织表是以消费者的需求而设置的，每一个分类都代表着消费者的一种特定需求。若将商品组织表当成一个巨大的棋盘，每一个分类是一个棋盘格，等待着不同属性的棋子(商品)落入其中，直到棋盘格下满为止，即表示商品已满足顾客的需求，顾客在这里可以购买到所需的商品。不断地引进和淘汰商品才能保证棋盘格越来越丰富。存入的棋子应是有活力的，因为棋盘结构已经划定，所以引进商品也要有依有据、有条不紊地进行。市场在变，新商品、新需求不断出现与变更，因此只有不断地引进与淘汰商品，保持和维护商品组织结构的完整性和合理性，才能不断为顾客提供最新最好的商品。采购就是以此来做商品的引进与淘汰工作的。

另外，任何商品都是有一定的生命周期的，一般都会经历进入期—成长期—高峰期—成熟期—衰退期—消亡期。

在这个过程中商品的毛利也是不同的。通常在进入期和成长期的毛利是最高的。随着竞争的加剧，促销力度不断加强，价格下降促销成本增加，毛利减少。在高峰期和成熟期的毛利会维持在一个平均水平，其后产品增多，销量减少，价格战越打越深，毛利也越来越低。因此为谋求合理利润，厂商通常会在旧品的高峰期、成熟期就开始研发推出新品。同样越成熟的商品，市场价格越透明，卖场为保持价格竞争优势也在不断压缩自己的毛利空间。必须靠新品的高毛利才能使整个商品结构保持合理的毛利结构，否则卖场将无法达到损益平衡。

市场的发展变化以精细化为特征，消费方式、消费观念在高科技和网络信息的推动下，也越来越具有开放、时尚、潮流的倾向。所有新商品的出现都是为了满足人们不断产生的更高的消费需求，同时新商品还具有制造、引导潜在消费的功能，将隐性的需求变成实在的商机。开放、时尚的消费观念使人们乐于尝试新的商品。因此，以新商品刺激新需求，创造新的销量增长点，是卖场引进、淘汰商品的又一个重要目的。

引进与淘汰商品也是卖场增加其他收入的重要来源。厂商在推出新品时是有相应的推广费用的，卖场通过新品的引进能获取相应的进场费等，以增加其业务收入，提高总毛利。

2. 引进与汰换五项依据

既然商品的引进与汰换有如此重要的意义，那么如何将这项工作做得更好呢？这就必须依赖一些工具和指标，这样才能使其规范、严谨地进行。具体来说，商品的引进与汰换有五项依据：

(1)顾客需求。满足顾客需求是商品引进与汰换的第一原则。引进、汰换商品的目的就是卖出去，那么卖场的采购必须进行准确的市场调查，充分了解顾客需求，才能在众多厂商提供的商品中，挑选出最能满足顾客需求的单品。

(2)商品组织表。商品组织表是依顾客需求设定的精细化的商品分类结构。什么需求，需要什么，单品容量多少，都有严格规定。只有在商品组织表的指导下选择单品，才能保证整个卖场商品结构是合理的。

(3)价格带。价格带是某一分类商品从最高到最低价格之间的高、中、低价位差异及不同价位的单品容量。价格带的目的是使不同购买能力的消费者能买到满意的商品。任何商品都有价格，通常厂商研发推出的新商品是一系列的，规格、包装不一，价格也不一样。必须了解现有价格带状况，来确定需要引进的高、中、低哪些价位的商品，各个价位要引进多少数量。不依价格带选择商品就会发生价格混乱和数量混乱，该分类整体价格要么偏高，要么偏低，不同价位的商品数量多寡分配不合理，这些都是不对的。好卖的商品多引进，不好卖的商品少引进，才能更好地满足顾客需求。

(4)市场调查资料和谈判记录。卖场采购只有经过准确全面的市场调查，了解最新的市场走向和顾客需求，才能正确地选择商品，闭门造车是选不出好商品的，往往容易被厂方及供应商虚假、夸张的信息所蒙骗。同时，完整的市场调查还包括新品在竞争对手中的进场状况、售价、陈列、促销等。只有掌握全面的信息才能准确地谈判，充分了解市场行情和竞争对手的情况才能增加谈判筹码。同时，要完整记录新品进场谈判的内容，包括费用、价格、促销等信息。这样就能保证新品建档原始资料的准确性，避免日后产生数据差异和分歧。

(5)陈列面积。引进和汰换商品必须考虑到店面容量，既要保证品项齐全又要保证陈列合理，大店多进，小店少进。不然，引进的单品没有地方摆放，硬挤进货架里陈列不美观之余，还会影响新品的销量，新品自然也活不长。

3. 把握四要点

正确按依据选择商品，基本上能保证引进与汰换商品的质量。但是，光有依据也不行，还必须有效地运用执行，才能达到理想的效果。在商品引进与汰换过程中需要注意如下四点：

(1)合理定价。新商品的定价非常重要。定高了不好卖，定低了毛利不够。新商品一般毛利控制在该分类平均毛利的15%～20%，以此为定价原则。当然，售价制订还要参考竞争店售价和市场状况，有的大厂商已为各卖场制订了指导售价，这就不大可能有变动的余地了。

(2)合理陈列品。引进与汰换新品当然是要卖得好、卖得动，因此陈列很重要。新商品必须置于货架醒目位置，且应该有明确的新品标志，才能让顾客更容易识别和购买。如果有可能，厂商应该为新商品设置专门的陈列区，这样的陈列效果是最好的。

(3)合理的促销方式。新品的促销重点是对顾客感观和意识的刺激与强化，迅速使顾客认知、认同，并建立特别的印象。因此，特色陈列、主题造型、宣传单派发、试吃(用)、主题推广活动、派送小样、平面广告，此类促销形式是比较合适的。新品最忌讳做价格促销，顾客在对商品没有一个相对固定价格印象的时候，再低的价格都不算特价，只会加速其消亡。

(4)采购操守问题。商品的引进与汰换是由采购团队操作的，纵然有再规范的流程，若采购有图私利的想法，也会使商品引进、汰换工作的质量大打折扣，给公司造成直接经济损失。在商品引进、汰换过程中采购操守可能发生问题的环节有：多进单品、不收或少收费用、引进不合格的商品、进价偏高等。这就要求主管一方面要严格监控，另一方面要健全处罚机制，以减少、杜绝此类现象。

卖场在商品引进与汰换过程中，一方面利用正确的方法操作；另一方面从人和其他的控制重点来全盘掌控，才能将此项工作进行得更规范，在新品成本、后期销售、费用收入等各环节获得最优利益。

任务二 控制商品采购成本

【任务导入】

刘伟历经几个月的时间,将自己门店的商品结构进行了调整,及时地淘汰了一批销量不好的商品,给利润高、销量好的部分商品分配了更好的空间。月报公布了各个门店的业绩,刘伟门店业绩果然有了很大提升,刘伟也得到公司的表彰,获得了公司进步之星的称号。但刘伟却怎么也开心不起来,她发现几家类似的门店比自己的门店业绩要好很多。刘伟是个爱钻研的女孩,她要找到原因,迎头赶上。在一次公司中层培训会议上,运营经理的一席话让刘伟陷入了沉思,运营经理说,增加门店收入的途径可以归纳为两条,一是开源,二是节流,每位店长都要从这两个方面深挖。如果你是运营经理,在节流这个方面,刘伟可以怎么做?

【任务分析】

(1)一名优秀店长应该弄清楚自己要订什么样的货。这要求店长首先应该是店面产品的陈列专家,其次还应该是了解顾客心理的销售专家。例如,店长在订货之前,应该清楚地了解店面最佳的陈列方案中有哪几个区域,每个区域中应陈列哪些产品、哪些系列、哪些款式和色系,而其中产品又分为主销产品、推荐产品、促销产品等。

(2)店长应该在订货前,计算清楚门店最佳的陈列需要多少产品,而目前门店的库存数量还有多少,能维持多久,需补订多少。结合对这些重点因素的科学分析,最终才能确定好这次订货的基本数量。

【知识导航】

知识一 商品采购成本的构成要素

商品采购成本(procurement cost)主要由商品的价格成本、持有成本、订购成本和缺货成本四部分构成,具体内容如下。

1. 价格成本

价格成本见表 2-2。

表 2-2 价格成本

具体内容	内容分析
单价	单价是采购商品的单位价值,也是供应商的商品价格。单价受供应商商品生产成本的影响,并将直接决定采购者采购成本高低
采购数量	采购数量是连锁企业一定时期对某种商品的需求量,采购数量大,对供应商有一定的话语权,会获得相应的价格折扣
运费	商品入库前,运输途中所产生的一切运输费用,受运输方式影响
相关税费	企业在采购商品中所产生的保险费、消费税、资源税等

2. 持有成本

持有成本见表 2 - 3。

表 2 - 3　持有成本

具体内容	内容分析
资金成本	存货的品质维持需要资金的投入，投入资金就使其他需要使用资金的地方丧失了使用这笔资金的机会
搬运成本	存货数量增加，则搬运和装卸机会增加，搬运工人与搬运设备同样增加，其搬运成本一样增加
仓储成本	仓库的租金及仓库管理、盘点、维护设施的费用
折旧陈腐成本	存货容易发生品质变异、破损、报废、价值下跌等，因而损失加大
其他成本	如存货的保险费用、其他管理费用等

3. 订购成本

订购成本见表 2 - 4。

表 2 - 4　订购成本

具体内容	内容分析
请购手续成本	请购所花的人工费用、事务用品费用、主管部门及有关部门的审查费用
采购成本	估价、询价、比价、议价、采购、通信联络、事务用品等费用
进货验收成本	检验人员的验收手续费用、交通费用、检验仪器仪表费用等
进库成本	物料搬运所花费的成本等
其他成本	会计入账、支付款项等成本

4. 缺货成本

缺货成本见表 2 - 5。

表 2 - 5　缺货成本

具体内容	内容分析
安全存货及其成本	许多企业会考虑保持一定数量的安全库存，以应对需求或提前期方面的不确定性，但困难的是安全库存量是多少
延期交货及其成本	延期交货会影响企业的信誉度，也会导致出现额外的处理订单费和额外运费
失销成本	尽管一些客户允许延期交货，但仍有一些客户会转向其他企业
失去客户成本	由于缺货而失去客户，即客户永远转向另一家企业，这种缺货造成的损失很难估计

【小资料】

沃尔玛的成本控制

沃尔玛出身草根，白手起家，企业属于劳动密集型(全球有超过150万名员工)，没有高科技外衣，追求低成本，利用培训灌输企业文化，维持人力成本和生产率之间的平衡等。2003年，华联超市国内加盟店总数达到1 100家，是沃尔玛门店的24%左右。但是，华联超市的销售收入、净利润和每股收益分别仅为沃尔玛的0.2%、0.09%和2.67%。2003年沃尔玛的毛利率为21.55%，比华联超市15.53%的毛利率高出6%。2003年，沃尔玛的净资产是华联超市的881倍，但是，其净资产增长速度仍然超过12 %。沃尔玛的一位经理一语道破了其中的天机，她说其实采购、办公、差旅、人力资源省下的成本永远只是小头，而运营和物流费用才是大头。

首先，节俭(吝啬)。虽然你可能对沃尔玛的节俭有所耳闻，但是你所见到的绝对会超乎你的想象。

(1)沃尔玛办公场所非常简陋，所有员工的办公桌，都是最常见的普通电脑桌，连老板也不例外。

(2)已经59岁的沃尔玛亚洲区总裁钟浩威每次出差只选择经济舱，并尽量购买打折的机票。他有一个习惯，喜欢在乘机时问邻座乘客的机票价格，如果发现比他购买的机票便宜，公司的相关人员就肯定会因此受到质询。

(3)沃尔玛的买手们和供应商讨价还价，他们被认为是最精明、最难缠的一批家伙，但他们出差却只住便宜的招待所。

(4)沃尔玛的一位经理去美国总部开会，被安排住在一所大学因暑期而空置的学生宿舍里。

其次，简单低成本与系统低成本。简单低成本："毛巾拧水"即摊开公司的财务报表，逐项地看能再从哪里面榨出些钱来。这种成本控制能力，基本上不需投入，效果直接。而那种通过对业务模式创新、流程优化、提高员工技能和能动性而达到的低成本，需要持续的投入和改进，是系统性的低成本。

(资料来源：根据网络资料改编)

知识二　影响商品采购成本的因素

1. 影响商品采购价格成本因素

(1)供应商成本的高低。这是影响采购价格的最根本、最直接的因素。供应商进行生产，其目的是获得一定利润，否则生产无法继续。因此采购价格通常在供应商成本之上，两者之差即为供应商的利润，供应商的成本是采购价格的底线。

(2)规格与品质。价格的高低与采购物料的品质也有很大的关系。如果采购物料的品质普通或质量低下，供应商会主动降低价格，以求赶快脱手。

(3)采购物料的供需关系。当企业需采购的物料紧俏时，则供应商处于主动地位，它会趁机抬高价格；当企业所采购的物料供过于求时，则采购企业处于主动地位，可以获得最优惠的价格。

(4)生产季节与采购时机。当企业处于生产的旺季时，对原材料需求紧急，不得不接受更高的价格。避免这种情况的最好办法是提前做好生产计划，并根据生产计划制订出相应的采购计划，提前为生产旺季的到来做好准备。

(5)采购数量是多少。如果采购数量大，就会享受供应商的数量折扣，从而降低采购的价格。因此，大批量集中采购是降低采购价格的有效途径。

(6)交货条件。交货条件也是影响采购价格的非常重要的因素，交货条件包括运输方式、交货期的缓急等。如果货物由采购方随运，则供应商就会降低价格，反之就会提高价格。

(7)付款条件。在付款条件下，供应商通常都规定有现金折扣、期限折扣，以刺激采购方能提前或现金付款。

2. 影响商品采购过程成本的因素

首先，确定所采购产品或服务的形态，是一次性采购，还是持续性采购。这应是采购最基本的认知，如果采购的形态有所转变，策略也必须跟着做调整，持续性采购对成本分析的要求远高于一次性采购，但一次性采购的金额如果相当庞大，也不可忽视其成本节省的效能。

其次，年需求量与年采购总金额各为多少，这关系到与供应商议价时，是否能得到较好的议价优势。但采购量又与产品所在其生命周期所处的阶段有直接的关系，产品由导入期、成长期到成熟期的过程中，采购量会逐渐放大，直到衰退期出现，采购量才会逐渐缩小。以3C 产业为例，其产品生命周期有非常明显的逐渐缩短的趋势。

最后，则是与供应商之间的关系，从卖方、传统的供应商、认可的供应商，到与供应商维持伙伴关系，进而结为策略联盟，对成本资料的分享方式也不同。如果与供应商的关系普通，一般而言，是不容易得到详细的成本结构资料的，只有与供应商维持较密切的关系，彼此互信合作时，才有办法做到。

【技能培养】

成本降低可从许多方面来达成，但是，在进行成本降低的同时，必须要了解成本降低的主要目的是找出并减少不必要的成本部分，并且，在不影响产品品质的前提下，将成本做最有效的分配利用。

技能一　降低商品采购成本的方法——集权采购法

集权采购(centralized purchasing)便是很有效地降低成本的方法之一。将各部门的需求集中起来，采购单位便可用较大的采购量作为砝码得到较好的数量折扣价格。规格标准化后，可取得供应商标准品的优惠价格，库存量可以相对减少。如此，行政费用的支出也会因采购统一作业而降低，采购部便可以有更多的时间将资源用在开发新的供应商。

可是，集权采购或许会给人一种僵化、没有弹性的感觉。因此，另一种较为折中的方法是由使用量最多的单位来整合所有采购数量，并负责主导采购议价。这除了可以拥有与集权采购相同的数量优势之外，更能促进采购部门与使用部门的紧密合作，充分掌握使用部门的需求状况。其他如由各相关部门代表组成的产品委员会，联合采购，长期合约以及采购产品生命周期所需的总需求量合约等，都是可以交互使用的。

技能二　降低商品采购成本的方法——价值分析法

价值分析法也是重要方法之一，将产品简化设计以便于制造、使用替代性材料。另外，采用提供较佳付款条件的供货商、采购二手机器设备而非全新设备、运用不同的议价技巧、选择费用较低的货运承揽业者，或考虑改变运输模式(如将空运改为海运)，亦可同样达到降低成本的目的。当然，前置时间是否足够，是否会影响到其他工作，必须先行确认，并做详细的评估。

技能三　降低商品采购成本的方法——作业导向成本法

作业导向成本法是另外一个降低成本的方法，这在美国惠普公司早已行之多年，可以将间接成本依照在某一产品上所花费的时间正确地配置，这有别于传统会计作业将间接成本平均分摊的做法。它可以让管理阶层清楚地了解间接成本分配的状况，并易于检讨成本分配是否合理。不过，分析过度细化，可能会导致越想全面掌控越抓不到重点。

所以，适时地利用如帕累托分析等工具，帮助找出关键成本所在是绝对必要的。

此外，还可以运用具有高风险的采购策略，如商品期货操作，获得投机收入。实际上，任何可以节省费用的手段都应该是采购值得考虑的对象，但必须合情、合理，更要合法，有利于与供货商的伙伴互动关系。至于上述何种方法应该优先使用，何种方法较好，则有赖于采购人员的专业判断，依照不同状况，采取不同方法，并无唯一的标准。

技能四　降低商品采购成本的方法——目标成本法

如何改进产品与工序设计，在满足市场需求及企业所期望的盈利水平的前提下，如何降低设计阶段被锁定的80%左右的产品成本？20世纪60年代由日本丰田汽车公司发明的目标成本规划法可担此重任。这一方法对提高日本工业企业（尤其是汽车制造业）的经济效益与竞争实力，立下了汗马功劳。20世纪80年代以来，这一方法被欧美许多著名的企业（如福特汽车公司）相继采用，大大改进了其成本与财务状况。

【小资料】

全球IT业巨擘IBM公司采购成本的管理

全球IT业巨擘IBM公司过去也是用“土办法”采购：员工填单子、领导审批、投入采购收集箱、采购部定期取单子。企业的管理层惊讶地发现，这是一个巨大的漏洞——烦琐的环节、不确定的流程、质量和速度无法衡量、无法提高，非业务前线的采购环节已经完全失控了，甚至要降低成本，都不知如何下手。

1. 剖析1元钱的成本

摆在IBM公司面前的问题是如何减少运营成本：哪部分成本可以降低？于是公司切开每1元钱的成本，看看它到底是如何构成的。这一任务经过IBM公司全球各机构的统计调查和研究分析，在采购、人力资源、广告宣传等各项运营开支中，采购成本凸显出来。

管理层不得不反思，IBM公司到底是如何采购的呢？那时IBM不同地区的分公司、不同的业务部门的采购大都各自为政，实施采购的主体分散，重复采购现象普遍。以生产资料为例，键盘、鼠标、显示器甚至包装材料，大同小异，但采购流程自成体系，权限、环节各不相同，合同形式也五花八门。而自办采购的问题很明显，对外缺少统一的形象，由于地区的局限，采购人员不一定能找到最优的供应商，反而会失去大批量购买的价格优势。

2. 由专家做专业的事

在深入挖掘出采购存在的问题后，IBM公司随即开展变革行动，目标就是电子采购。从IBM公司总结的经验看，组织结构、流程和数据这3个要素是改革成功的根本。电子采购也正是从这3方面着手的。变化首先发生在组织结构。IBM公司成立了“全球采购部”，其内部结构按照国家和地区划分，开设了CPO(Chief Procurement Officer，全球首席采购官)的职位。组织结构的确立，意味着权力的确认。“全球采购部”集中了全球范围的生产和非生产性的采购权力，掌管全球的采购流程的制订，统一订单的出口，并负责统一订单版本。

经过“全球采购部”专家仔细的研究，把IBM公司全部采购物资按照不同的性质分类，生产性的分为17个大类,非生产性的分为12个大类。每一类成立一个专家小组,由工程师组成采购员,他们精通该类产品的情况,了解每类物资的最新产品、价格波动、相应的供应商资信和服务。在具体运作中,"全球采购部"统一全球的需求,形成大订单,寻找最优的供应商,谈判、压价并形成统一的合同条款。以后的采购只需按照合同"照章办事"就可以了,这种集中采购的本质就是"由专家做专业的事"。

3. 工程师、律师、财务总监审定流程

看似简单的采购流程,前期准备工作异常复杂。IBM公司采购变革不在于订单的介质从纸张变为电子,人工传输变为网络,而在于采购流程的梳理。

制订流程首先遇到的一个问题是采购物资如何分类,才能形成一张完整而清晰的查询目录?通过调查反馈,IBM公司汇总全球各地所有采购物资,林林总总上万种。采购工程师们坐在一起,进行长时间的细致工作,依靠专家们的才智、经验和耐心,形成"17类生产性和12类非生产性"详尽的目录。这一步工作的目标是使来自不同地区、具有不同习惯、使用不同语言的员工方便、快捷地查找到所需要的东西。

工程师们讨论过后,律师们也要"碰头"如何统一合同,统一全球流程。从法律角度审查,怎样设计流程更可靠而且合法,怎样制订合同才能最大限度保护IBM公司的利益,又对供应商公平。还要对不同国家的法律和税收制度留有足够的空间,适应本地化的工作。之后,全球的财务总监还要商计,采购的审批权限如何分割,财务流程与采购流程如何衔接。

4. 突破顽固势力

目前IBM公司电子采购主要由四大系统构成,即采购订单申请系统、订单中心系统、订单传送系统(与供应商网上沟通)和寻价系统(OFQ),以及一个相对完善的"中央采购系统"。但系统在推广过程中并不是一帆风顺的,特别是在IBM公司电子采购变革刚刚开始阶段。据IDC的调查,60%员工不满意现有的采购流程,原因是平均长达40页的订单合同,30天时间的处理。低效率的结果是,IBM公司有1/3的员工忙于"独立采购",以绕过所谓标准的采购流程,避免遇到"官僚作风",而这种官僚往往导致更高的成本。

推广的难度在于地区和部门之间的协调。制订的订单新标准与旧系统冲突怎么办?问题陷入僵局。于是各地区的财务总监、系统总监、采购总监又坐到一起列单子,各地区正在使用的"土"系统有哪些?与新系统相比,数据的输入、输出是怎样的?把一个一个的数据处理完后,形成了统一的标准。最后,CPO手里握住一张"时间表",左边一栏是旧系统退出历史舞台,右边一栏是新系统登场。新旧系统更替过程中,"传统势力很顽固",因为他们毕竟面临着新的采购系统与原有生产系统衔接的问题。如何保障生产正常运转?如何更新原有的数据?公司认为需要提供过渡方案,帮助解决具体问题,才能平滑过渡。IBM公司普通员工的感受很能说明问题,"不知不觉中发生了变化,没有引起内部任何动荡"。

5. 一个季度成本降低2亿多美元

当"中央采购"系统随风潜入IBM公司内部,并平稳运转后,效果立竿见影。以2000年第三季度为例,IBM公司通过网络采购了价值277亿美元的物资和服务,降低成本2.66亿美元。大概有2万家IBM供应商通过网络满足IBM公司的电子采购。基于电子采购,IBM公司降低了采购的复杂程度,采购订单的处理时间已经降低到1天,合同的平均长度减少到6页,内部员工的满意度提升了45%,"独立采购"也减少到2%。电子采购在IBM公司内部产生了效率的飞跃。

与此同时,供应商最大的感受是更容易与IBM公司做生意了。统一的流程、标准的单据,意味着更公平的竞争。集中化的采购方式更便于发展战略性的、作为合作伙伴的商业关系,这一点对生产性采购尤为重要。从电子采购系统的推广角度而言,供应商更欢迎简便快捷的网络方式与IBM公司进行商业往来,与IBM公司一起分享电子商务的优越性,从而达到一起降低成本、一起增强竞争力的双赢战略效果。简化业务流程方案实施后,在5年的时间里,总共节约的资金超过了90亿美元,其中40多亿美元得益于采购流程方案的重新设计。现在IBM公司全球的采购都集中在该中央系统之中,而该部门只有300人。IBM公司采购部人员总体成本降低了,员工出现了分流:负责供应商管理、合同谈判的高级采购的员工逐渐增多,而执行采购的人员逐渐电子化、集中化。新的采购需求不断出现,改革也将持续下去。

(资料来源:根据网络资料改编)

任务三　做好商品验收管理

【任务导入】

刘伟的门店越做越好,销售量也一直攀升,刘伟也为自己的改革能看到效果而长舒了一口气。这一天,刘伟像往常一样来到门店,这时负责补货的同事要把一商品上架,需要四件,但是仓库里只有三件,补货的同事叫来了刘伟,刘伟打开电脑系统,电子仓库里面显示该商品有五件在店,刘伟和同事经过仔细检查发现店内只有四件。那件商品哪去了?刘伟找出了该件商品的签收单,发现那天送货的时候,由于门店太忙,人手不够就直接把货先放下,自己安排一名店员签了字。而自己门店的盘点是一周做一次,现在才发现问题,补救难度很大。这件事该由谁负责?如何避免这样的事情发生?

【任务分析】

(1)验货管理需要掌握数量验收、质量验收、包装验收,以及要了解货物检验的一般方法,掌握应对验货过程中出现的一些常见问题的解决方法。

(2)对于在收货过程中发现的任何问题,要如实记录,并做到据实以报。

【知识导航】

验货操作是门店根据送货单核对实际到货的过程,相对于订货操作、拣货操作更为简单。验货管理是在商品正式入库之前,按照一定的程序和手续,对到库商品进行数量和质量的检查,以验证商品是否符合订货合同规定的一项工作。验收主要是对到货的数量和质量状态进行检查,防止仓库和货主遭受不必要的经济损失,同时对供货单位的商品质量和承运部门的服务质量进行监督。

验货作业按进货的来源,分为由连锁企业总部配送到门店的商品验收作业、由供应商直接配送到门店的商品验收作业和自行进货验收作业。

知识一　货物验收的基本要求

验货操作工作是一项技术要求高、组织严密的工作,关系到整个仓储业务能否顺利进行,所以必须做到及时、准确、严格和经济。

(1)及时。到库商品必须在规定的期限内完成验收工作。这是因为,商品虽然到库,但是未经验收的商品不算入库入账,不能供应给用料单位。只有及时验收,尽快提出检验报告,才能保证商品尽快入库,满足用料单位需要,加快商品和资金周转。同时,商品的托收承付和索赔都有一定的期限，如果验收时发现商品不合规定要求，要提出退货、换货或赔偿等要求，均应在规定的期限内提出，否则，供方或责任方不再承担责任，银行也将办理拒付手续。

(2)准确。验收的各项数据或检验报告必须准确无误。验收的目的是要弄清商品数量和质量方面的实际情况，验收不准确，就失去了验收的意义。而且，不准确的验收还会给人以假象，造成错误的判断，引起保管工作的混乱，严重者还可能危及营运安全。

(3)严格。仓库有关各方都要严肃认真地对待商品验收工作。验收工作的好坏直接关系到国家和企业利益，也关系到以后各项仓储业务的顺利开展，因此仓库领导应高度重视验收工作，直接参与人员更要以高度负责的态度来对待这项工作。

(4)经济。多数情况下，商品在验收时不但需要检验设备和验收人员，而且需要装卸搬运机具和设备及相应工种工人的配合。这就要求各工种密切协作，合理组织调配人员与设备，以节省作业费用。此外，验收工作中，尽可能保护原包装，减少或避免破坏性试验，也是提高作业经济性的有效手段。

知识二　货物验收的基本内容

货物验收的基本内容包括数量验收、质量验收和包装验收。

(1)货物数量验收。入库数量准确与否直接关系到配送中心的库存数量控制和流动资产管理，因此数量验收是进货作业中非常重要的内容。进行检验时依据送货单和有关订货资料，逐一对商品的品名、规格、等级、产地、牌号数量进行核对，以保证入库货物准确无误。常用的数量检验的方法有计件和计重两种方法。对于计件商品，一般依据科学的验收比率抽样调查的方式进行检验。计重商品一般采取过磅这一严谨的方式进行检验。

(2)质量验收。配送中心对入库货物进行质量检验主要是检验其质量指标是否符合规定，以便及时发现问题，分清责任，确保到库货物的质量。质量验收有感官检验法和仪器检验法两种。感官检验法主要是借助验收人员丰富的商品知识和实践经验，通过视、听、味、触、嗅觉来判断商品的质量。仪器检验法则是利用各种仪器设备，对商品的规格、成分、技术要求标准进行物理、化学、生物的分析及测定。

(3)包装验收。对包装检验时，首先是检验产品的外部包装是否受损来判断货物是否受损。其次是看包装是否符合有关标准，主要是看包装使用的材料、规格、制作工艺、标志、打包方式等。当需要对货物拆包检验时，一般应有两人以上在场同时操作，以明确责任。

知识三　货物检验的方法

货物往往整批、连续到库，且花色、品种、规格又很复杂，但为力求及时、准确地验收，每次(批)收货时，要检查大件数量及包装标准与入库凭证所列是否相符，包装外部有无异状。对于货物包装内部的细数和质量的验收，通常根据货物的不同特点、业务部门的要求、仓库设备条件以及人力的可能而定。

商品验收方式分为全验和抽验。在进行数量和外观验收时　般要求全验。在质量验收时，当批量小、规格复杂、包装不整齐或要求严格验收时可以采用全验。全验需要大量的人力、物力和时间，但是可以保证验收的质量。

当批量大、规格和包装整齐、存货单位的信誉较高，或验收条件有限的情况下，通常采用抽验的方式。商品质量和储运管理水平的提高及数理统计方法的发展，为抽验方式提供了物质条件和理论依据。

商品验收方式和有关程序应该由存货方和保留方共同协商，并通过协议在合同中加以明确规定。

【小资料】

抽样检验又称抽样检查，是从一批产品中随机抽取少量产品(样本)进行检验，据以判断该批产品是否合格的统计方法和理论。它与全面检验的不同之处在于后者需对整批产品逐个进行检验，把其中的不合格品拣出来，而抽样检验则根据样本中的产品的检验结果来推断整批产品的质量。如果推断结果认为该批产品符合预先规定的合格标准，就予以接收。

抽样检验的方法有三种，包括简单随机抽样、系统抽样和分层抽样。

简单随机抽样是指一批产品共有 m 件，其中任意 n 件产品都有同样的可能性被抽到，如抽奖时摇奖的方法就是一种简单的随机抽样。简单随机抽样时必须注意不能有意识抽好的或差的，也不能为了方便只抽表面摆放的或容易抽到的。

系统抽样是指每隔一定时间或按一定编号进行，而每一次又是从一定时间间隔内生产出的产品或一段编号产品中任意抽取一个或几个样本的方法。这种方法主要用于无法知道总体的确切数量的场合，如每个班的确切产量，多见于流水生产线的产品抽样。

分层抽样是指针对不同类产品有不同的加工设备、不同的操作者、不同的操作方法时对其质量进行评估时的一种抽样方法。在质量管理过程中，逐批验收抽样检验方案是最常见的抽样方案。无论是在企业内还是企业外，供求双方在进行交易时，对交付的产品验收时，多数情况下验收全数检验是不现实或者没有必要的，往往要进行抽样检验，以保证和确认产品的质量。验收抽样检验的具体做法通常是：从交验的每批产品中随机抽取预定样本容量的产品项目，对照标准逐个检验样本的性能。如果样本中所含不合格品数小于抽样方案中规定的数目，则判定该批产品合格，即为合格批，予以接收；反之，则判定为不合格，拒绝接收。所以，经过抽样检验认为合格的一批产品中，还可能含有一些不合格品。

【技能培养】

技能一　商品验收中问题的处理

在商品入库验收过程中，常见的问题及处理方法如下。

(1)数量不符。如果验收后发现商品的实际数量与凭证上所列的数量不一致，应由收货人在凭证上详细做好记录，按实际数量签收，并及时通知送货人和发货方。

(2)质量问题。初步验收时发现质量问题，应会同承运方清查点验，并由承运方编制商务记录或出具证明书，作为索赔的依据。如确认责任不在承运方，也应做好记录，由承运者签字，以便作为向供货方联系处理的依据。在拆包进一步验收时发现存在质量问题，应将有问题的商品单独堆放，并在入库单上分别签收，同时通知供货方，以划清责任。

(3)包装问题。在清点大件时发现包装有水渍、玷污、损坏、变形等情况时，应进一步检查内部细数和质量，并由送货人开具包装异常记录，或在送货单上注明，同时，通知保管员单独堆放，以便处理。

(4)商品串库。商品串库是指应该送往甲库的商品误送到乙库。当初步检查发现串库现象时，应立即拒收；如在验收细数中发现串库商品，应立即通知送货人办理退货手续，同时更正单据。

(5)有货无单。有货无单是指货物先达而有关凭证还没到达。对此应暂时安排场所存放，及时联系，待单证到齐后再验收入库。

(6)有单无货。存货单位先将单证提前送到仓库,但经过一段时间后,尚未见货,应及时查明原因,将单证退回并注销。

(7)货未到齐。往往由于运输方式的原因,同一批商品不能同时到达,对此,应分单签收。

【小任务】

某地工商部门曝光了一系列行业乱象,其中涉及某连锁超市的一部分商品。

情景一:在该门店原材料的库房中,有一批原材料已经过期。

情景二:超市上架的货物中,一批货物防腐剂检验超标。

情景三:个别工作人员没有经过培训就直接上岗。

情景四:对于不同商品的检验方法,没有明确说明。

请认真阅读上述材料,完成下列任务:

(1)结合案例资料分析该企业在货物验收方面的欠缺。

(2)该连锁企业应该如何做好货物检验?

技能二　收货流程管理

收货管理是指仓库对入库物资按一定的程序和手续,进行接运、收货、验收和办理入库手续工作。收货操作中要认真检查入库物资,确保数量准确,规格质量符合要求,包装完整无损,货物与单据相符;要手续简单,操作敏捷,有条不紊,入库迅速,并及时入账;认真检查监督运输部门应尽责任的执行情况,以便分清企业与供货单位、仓库与运输部门之间的责任。收货作业按进货的来源,分为企业总部配送到配送中心,配送中心再配送到门店的商品收货作业和供应商直接配送到门店的商品收货作业。

【小任务】

收货员一般在凌晨上班,这个时候,来送货的卡车挤满了外面的送货专用通道,所有收货员对送来的货物进行开箱检查、扫描、验收。按照公司规定,为保证产品质量,每一单货物都要达到1/3的拆箱率,这无疑加大了收货员的工作量。验箱员认为:他们一般是24小时收货,白天收本地供应商的货,晚上收从总部配送的货,一天150～180单,总部的货是2 000～3 000件,需要8小时不停地工作。

请思考:如果你是该超市收货人员,此种情况下,你怎么看待自己的工作?

1. 总部配送收货流程

(1)配送中心配送车到达后,收货部打印出配送商品收货单据。

(2)收货员应引导配送车停在指定位置,并迅速空出卸货场地,收货员卸车全程要求司机在场。

(3)对于整车配送,收货员打开车门后,应检查商品是否有倒塌现象,如发现商品倒塌应该与配送中心联系,并对全部配送商品进行明细验收。

(4)收货员卸货后,根据配送商品收货单据对配送商品清点板数验收,确认无误后,司机离开。

(5)收货员对配送商品进行明细验收,验收完毕后,将配送商品按类别存放在相应区域。如果有差异,联系配送中心检查原因并解决。

(6)收货部传单员将配送单据传给柜组和票据办。

2. 供应商配送收货流程

(1)供应商接到订货后，持送货单据和送货商品送货到收货部，直送商品必须由门店收货部指定的出入口出入。

(2)收货部接到收货单据，审核是否为公司所下订单，查询供应商是否有坏货退换，如有则先进行坏货退换。

(3)收货部根据送货单据，打印出收货单据(冻品类直接根据供应商的送货单据验收)，按照收货单据上的品种对商品予以验收，验收应遵循双人验收原则，一人持单据点数量，一人检查商品质量，同时不要一次验收几家厂商的商品。

(4)验收完毕，收货员将单据交给传单员，收货组长对已验商品进行抽检，收货员将已验商品存放于相应的验收商品存放位。拒收变质、损坏、过保或已接近保质期的商品，检验合格后，填制每日进货接收记录表。

(5)柜组对照商品验收单对验收商品进行抽检，抽检无误后在商品验收单上签名。

(6)传单员将送货单据和收货单据交柜组和票据办。

【小资料】

某超市收货注意事项

按订单收货，拒收订单上没有的和超出的商品。如收货部员工擅自违反此规定，防损员有权记录其姓名、工号，通知防损助理和收货部经理，办理退货并请该员工做出解释。在特殊情况下，需由超市集团总裁签字，同时尽快补办相关手续。

供应商应严格遵守“仓台管理原则”，不允许进入后场区域，一切工作只能在收货平台内进行，防损员有权对商品录入单进行审核，包括订单。

鲜食收货时必须有收货员和鲜食部门员工在场，质量不合格、无生产日期、无保质期的食品坚决拒收，称重时严禁供应商碰秤，并定期校正磅秤，防损员随时监督抽查。

供应商送入的促销赠品一律贴上促销品标签。赠品如果是捆绑的，必须在收货部进行收货，需要促销员和防损员监督；如果是在前台发放，由厂家人员、营业员、收货员及前台员工共同进行点数，防损员监督，单据一式两份，收货部、前台各一份，需要防损员的签字。

任务四　优化商品库存管理

【任务导入】

刘伟有位朋友目前在一家二线运动品牌专卖店工作。该专卖店的某款运动鞋，零售价格为 350 元。作为专卖店加盟商，按照产品的零售价格 5 折，从代理商那里拿货。在 3 月的产品订货会上，刘伟的朋友总共订了 1 000 双秋季运动鞋，这个数字是按照去年货品销售情况计算的。但没想到的是，按照今年秋季货品上市之后的实际销售情况，刘伟的朋友发现，其中 1/3 的产品是按照正价销售的，另外 1/3 是打折销售的，而剩下的 300 多双，直到冬季，也没有销售完。现在，刘伟的朋友担心的是，到底应该是在圣诞节、元旦期间进行大幅度的特价销售，还是留到下一个秋季再正价销售。刘伟的朋友听说刘伟的门店做得风生水起，就向刘伟求助。如果你是刘伟，你会给这位朋友什么样的建议?

【任务分析】

(1)库存压力对许多门店来说都是十分沉重的，而门店现金流也会因库存变得吃紧，门店店长必须要意识到，合理地处理好库存，就是门店的真正效益。

(2)店长在进行库存管理前，应该先盘点好本门店中所有的库存家底，采用科学方法进行库存管理。

【知识导航】

库存管理在企业经营管理中处于重要地位，原因是库存不仅影响着某一节点企业的成本，而且也制约着供应链的综合成本、整体性能和竞争优势。因此，这种演变使得企业不能以各自为政、局部最优的思想指导其库存管理，而应该更多地从供应链企业伙伴关系的角度考虑其库存管理战略，从而推动供应链库存管理思想和方法的进化，最终提高库存管理的效益。

合作伙伴关系对库存管理也提出了相应的目标和要求。合作伙伴关系把库存管理提升到整个供应链的层次，库存管理不再单是供应商、生产商个人的管理活动，合作伙伴共同参与库存的管理活动，他们对共同参与库存管理活动提出了实施的目标构架。因此供应链上各方基于此构架达成一致原则，在此基础上进行供应链的库存管理活动。理想的供应链库存管理是一种基于合作伙伴关系基础上的，强调信息共享、利益共享、风险分担的库存管理实现模式。

知识一　库存和库存费用

1. 库存

库存，指一切当前闲置的、用于未来的、有经济价值的资源。其作用是防止生产中断，稳定作用，节省订货费用，改善服务质量，防止短缺。库存也带有一定弊端：占用大量资金，产生一定的库存成本，掩盖了企业生产经营中存在的问题。

不同的企业对于库存管理，历来有不同的认识。概括起来主要有以下三种。

(1)持有库存。一般而言，在库存上有更大的投入可以带来更高水平的客户服务。长期以来，库存作为企业生产和销售的物资保障服务环节，在企业的经营中占有重要地位。企业持有一定的库存，有助于保证生产正常、连续、稳定进行，也有助于保质、保量地满足客户需求。维护企业声誉，巩固市场的占有率。

(2)库存控制保持合理库存。库存管理的目的是保持合适的库存量，既不能过度积压也不能短缺。让企业管理者困惑的是：库存控制的标准是什么？库存控制到什么量才能达到要求？如何配置库存是合理的？这些都是库存管理的风险计划问题。

(3)以日本丰田为代表的企业提出的所谓“零库存”的观点，主要代表是准时生产方式(JIT，Just In Time)。他们认为，库存即是浪费，零库存就是其中一项高效库存管理的改进措施，并得到了企业广泛的应用。

【小资料】

零距离、零库存——零运营成本

海尔公司认为，企业之间的竞争已经由直接的市场竞争转向客户的竞争。海尔 CRM 联网系统就是要实现端对端的零距离销售。海尔已经实施的 ERP 系统和正在实施的 CRM 系统，目的是要拆除影响信息同步沟通和准确传递的阻隔。ERP 是拆除企业内部各部门的墙，CRM 是拆除企业与客户之间的墙，从而能快速获取客户订单，快速满足用户需求。

传统模式的企业按照出产计划进行采购，因为不知道市场在哪里，所以为库存采购，在企业内部形成许许多多的“水库”。海尔公司实施信息化打点，经由三个 JIT 过程打通这些

“水库”，把它们汇成一条流动的河。JIT 采购就是按照计算机系统的采购打算，需要若干数量，采购若干数量。JIT 送料指各类零部件存放在海尔立体库，然后由计算机进行配套，把设置装备摆设好的零部件直接送到出产线。海尔在全国建有物流中心系统，无论在全国什么区域，海尔都可以快速送货，实现 JIT 配送。海尔的 e 制造是按照订单进行的多量定制。海尔 ERP 系统每天确切自动生成向出产线配送物料的 BOM，经由过程无线扫描、红外传输等现代物流设备的撑持，实现按时、定量、定点的三定配送；海尔独创的过站式物流，实现了多数量出产到多数量定制的转化。海尔电子事业部的美高美彩电也是海尔实施信息化打点、采用并行工程的典型案例。传统的开发过程是串行过程，部门之间彼此隔离，工作鸿沟分明，产品开发按阶段依次进行，导致开发周期长、成本高，这个过程需要 4～6 个月的时间。

海尔电子事业部为保证美高美彩电在 2000 年国庆节前上市，按照市场的要求，原定 6 个月的开发周期必须压缩为 2 个月。以 2 个月时间为总方针，美高美彩电开发项目组成立开发市场链，按信息化打点的思绪，组建了两个团队，一个是由各部门介入的、以产品为主线的多功能集成产品开发团队；另一个是由采购供给链为主线的外部协作团队。

在产品设计方面，美高美彩电就是经由过程手艺人员到市场上获得用户需求信息，并把信息转化为产品开发概念。在流程设计方面，经由过程内部流程的再造和优化，整合外部的优势资本在最短的时间内，以最低的成本满足了订单需求。在设计过程中，一个零部件设计出来后，物流就可以组织采购，而且物流介入到设计中，提高产品质量。最终海尔美高美彩电从订单到产品上市只用了两个半月的时间，缔造了产品开发的经典范例。

（资料来源：根据网络资料改编）

2. 库存费用

库存费用一般包括订货费、进货费和购买费。

(1)随库存量增加而上升的费用。

①资金成本。库存资源本身有价值，占用了资金。这些资金本可以用于其他活动来创造新的价值，库存使这部分资金闲置起来，造成机会损失。

②仓储空间费用。要维持库存必须建造仓库、配备设备，还有供暖、照明、修理、保管等开支。这是维持仓储空间的费用。

③物品变质和陈旧。在闲置过程中，物品会发生变质和陈旧，如金属生锈、药品过期、油漆褪色、鲜货变质。

④税收和保险。

(2)随库存量增加而下降的费用。

①订货费。订货费与发出订单活动和收货活动有关，包括评判要价、谈判、准备订单、通信、收货检查等，它一般与订货次数有关，而与一次订多少无关。

②调整准备费。加工零件一般需要准备图纸、工艺和工具，需要调整机床、安装工艺装备，这些活动需要的费用即为调整准备费。如果花费一次调整准备费，多加工一些零件，则分摊在每个零件上的调整准备费就少，但扩大加工批量会增加库存。

③购买费和加工费。采购或加工的批量大，可能会有价格折扣。

④生产管理费。加工批量大，为每批工件做出安排的工作量就会少。

⑤缺货损失费。批量大则发生缺货的情况就少，缺货损失就少。

(3)库存总费用。

计算库存总费用一般以年为时间单位，年库存费用包括以下四项。

①年维持库存费(holding cost),以 CH 表示。顾名思义,它是维持库存所必需的费用。包括资金成本、仓库及设备折旧、税收、保险、陈旧化损失等。这部分费用与物品价值和平均库存量有关。

②年补充订货费(reorder cost),以 CR 表示。与全年发生的订货次数有关,一般与一次订多少无关。

③年购买费(purchasing cost),以 CP 表示。与价格和订货数量有关。

④年缺货损失费(shortage cost),以 CS 表示。它反映失去销售机会带来的经济损失、信誉损失以及影响生产造成的损失。它与缺货多少、缺货次数有关。若以 CT 表示年库存总费用,则 CT＝CH＋CR＋CP＋CS。对库存进行优化的目标就是要使 CT 值最小。

知识二　入库作业流程

商品入库作业是指接到入库通知单后,进行的接运提货、装卸搬运、商品点验、检查质量、签发入库凭证、商品入库堆码、办理入库手续等一系列操作,主要有商品入库前准备、接运、验收和入库四个步骤(见图 2-6)。

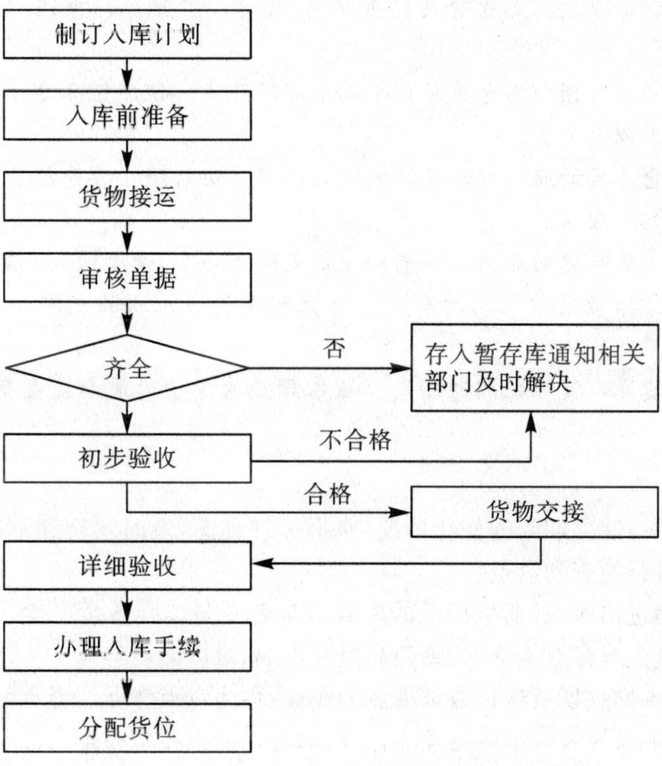

图 2-6　门店入库作业流程

知识三　在库作业管理

商品在库作业管理是指对商品进行合理的保存和经济的管理。商品在库管理的内容主要包括合理堆码、货账保管、盘点和商品保管养护等。

1. 商品堆码

商品堆码是根据商品的特性、形状、规格及包装质量等情况,同时综合考虑地面的负荷、存储要求,将商品分别叠堆成各种码垛。合理的码垛,对提高入库商品的储存保管质量、提高仓容利用率、提高收发作业及养护工作效率,都有着重要的作用。商品堆码中应注意的问题有以下几点。

(1)商品应面向通道进行保管。

(2)尽可能地向高处码放,提高保管效率。

(3)根据出库频率选定商品的堆码位置。

(4)同一品种应在同一地方保管。

(5)根据商品的重量安排保管位置。

(6)依据商品形状安排保管方法。

(7)遵循先进先出的原则。

【小资料】

堆码的五距

商品堆码要做到货堆之间,货垛与墙、柱之间保持一定距离,留有适宜的通道,以便商品的搬运、检查和养护。要把商品保管好,"五距"很重要。五距是指顶炬、灯距、墙距、柱距和堆距。

(1)顶距是指货堆的顶部与仓库屋顶平面之间的距离。留顶距主要是为了通风,平顶楼房顶距应在50厘米以上为宜。

(2)灯距是指仓库里的照明灯与商品之间的距离。留灯距主要是防止火灾,商品与灯的距离一般不应少于50厘米。

(3)墙距是指货垛与墙的距离。留墙距主要是防止渗水,便于通风散潮。

(4)柱距是指货垛与屋柱之间的距离。留柱距是为防止商品受潮和保护柱脚,一般留10～20厘米。

(5)堆距是指货垛与货垛之间的距离。留堆距是为便于通风和检查商品,一般留10厘米即可。

2. 在库货物盘点

为了摸清物品在储存期间的变化情况,掌握库存动态,及时发现和解决保管中的问题,必须对库存物品进行检查和盘点。

货品因不断地进出库,长期累积下的库存信息容易与实际数量产生不符的现象。或者有些产品因存放过久或存放不恰当,致使品质受影响,难以满足客户的需求。为了有效地控制货品数量,而对各储存场所进行数量清点的作业,称为盘点作业。盘点结果的盈亏往往差异很大,若公司未能及时有效地进行盘点作业,对公司的损益将有重大影响。

(1)盘点的目的。

①确定现存量,并修正账物不符产生的误差。通常物料在一段时间不断接收与发放后,容易产生误差,这些误差的形成主因有:库存资料记录不确实,如多记、误记、漏记等;库存数量有误,如损坏、遗失、验收与出货清点有误;盘点方法选择不恰当,如误盘、重盘、漏盘等。这些差异只有在盘点后才会察觉错误的起因,并予以更正。

②计算企业的损益。企业的损益与总库存金额有相当密切的关系,而库存金额又与库存量及其单价成正比。因此为了能准确地计算出企业实际的损益,就必须针对现有数量加以盘点。一旦发觉库存积压太多,即表示企业的经营受到压力。

③审核货品管理的绩效，使出入库的管理方法和保管状态变得清晰。如呆滞品、废品的处理状况，存货周转率、物料的保养维修，均可通过盘点发现问题，寻求改善的策略。

(2)盘点作业程序(见图 2－7)。

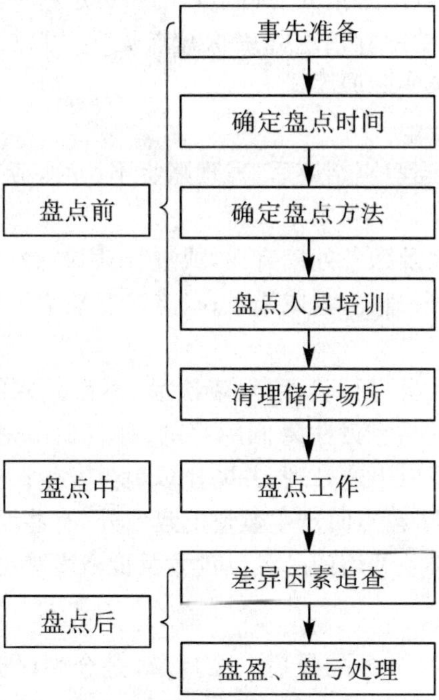

图 2－7　盘点作业流程图

(3)盘点的内容和方法。

①账面盘点法。账面盘点法是将每一种商品分别设立“存货账卡”，然后将每一种商品的出入库数量及有关信息记录在账面上，逐笔汇总出账面库存结余量。

②现货盘点法。现货盘点法是对库存商品进行实物盘点的方法。

③期末盘点法。期末盘点法是指在会计计算期末统一清点所有商品数量的方法。由于期末盘点是将所有商品一次盘点完，因此工作量大、要求严格，通常采取分区、分组的方式进行。分区即将整个储存区域划分成不同的责任区，不同的区由专门的小组负责点数、复核和监督，因此，一个小组通常至少需要两人分别负责清点数量并填写盘存单，复查数量并登记复查结果，第三人核对前两次盘点数量是否一致，对不一致的结果进行检查。等所有盘点结束后，再与计算机或账册上反映的账面数核对。

④定期盘点法。又称为闭库式盘点，即将仓库其他活动停止一定时间，对存货实施盘点。一般采用与会计审核相同的时间跨度。

⑤循环盘点法。循环盘点法是指在每天、每周盘点一部分商品，一个循环周期至少将每种商品清点一次的方法。循环盘点通常对价格高或重要的商品检查的次数多，而且监督应做到严密，而对价格低或不太重要的商品盘点的次数可以减少。循环盘点一次只对少量商品进行盘点，所以，超市加盟连锁店通常只需保管人员自行对照库存数据进行点数检查，发现问题按盘点程序进行复核，并查明原因，然后调整。也可以采用专门的循环盘点单登记盘点情况。

⑥抽样盘点法。抽样盘点法是由审查单位或其他管理单位所发起的突击性质的盘点，目的在对仓储管理单位是否落实管理工作进行审核。抽样盘点法可针对仓库、料件属性、仓库管理员等不同方面进行。

⑦临时盘点法。临时盘点法是指因为特定目的对特定料件进行的盘点等。超市加盟连锁店在经营中要得到最正确的库存情况并确保盘点无误，可以采取账面盘点与现货盘点平等的方法，以查清误差出现的实际原因。

(4)盘点结果的处理。

①盘点差异因素分析。当盘点结束后，发现账货不符时，应追查差异原因。一般可从以下几个方面入手。

因记账员素质较低，记账及账务处理有误，或进、出库原始单据丢失，盘点有误导致账货不符；因盘点方法不当，导致漏盘、重盘或错盘；盘点制度缺陷导致账货不符。

②盘点结果的处理。

依据管理绩效，对分管人员进行奖惩；对废次品、不良品减价部分，视为盘亏；存货周转率低，占用金额过大的库存商品宜设法降低库存量；盘点工作完成后，所产生的差错、呆滞、变质、盘亏、损耗等结果，应予以迅速处理，并防止以后再发生；呆滞品比率过大，设法找到原因，尽量降低其比率；商品除了盘点时产生数量的盘亏外，有些商品在价格上会产生增减，这些差异经主管部门审核后，必须利用商品盘点盘亏及价格增减更正表修改。

知识四　出库作业管理

物品出库业务是商品储存业务的最后一个环节，是仓库根据使用单位或业务部门开出的商品出库凭证，按其所列出的物品名称、规格、数量、时间、地点等项目，组织物品出库，登账、配货、复核、点交清理、送货等一系列工作的总称。

物品出库的主要任务是：所发放的物品必须准确及时、保质保量地发给收货单位，包装必须完整、牢固，标识正确清楚，核对必须仔细。

出库时，严格贯彻先进先出、推陈出新的原则，根据商品入库的时间先后，先入库的商品先出库，以保持库存商品质量完好状态。严格遵守仓库有关出库的各项规章制度。

物品出库要求做到及时、准确、保质、保量地将商品发放给收货单位，防止差错事故发生。工作尽量一次完成，提高作业效率，为用户提货创造各种便利条件，协助用户解决实际问题。

【技能培养】

门店是商品流向市场的“守门人”。如果商品购进后没走出商店的大门，那就成了存货，如果存货处理不好，那就很可能要“下地狱”。

技能一　存货过剩的原因分析

造成存货过剩的原因很多，但基本上都属于人为原因。因此，如果对存货过剩的原因有足够的重视，并针对每种原因采取适当的预防措施，那么对改善存货过剩的状况会有很大的帮助。以下是存货过剩的主要原因。

(1)预测市场有误，对未来市场做出了错误的判断，引进的商品不能获得顾客的认同，就会造成库存的积压。

(2)店员的销售能力较差，无法抓住顾客的真正需求而进行推销。无论是超市店员的销售能力还是广告促销能力，如果不及其他竞争者，市场的萎缩很快就会反映到存货的增加上。

(3)商品的规划不够合理,不能满足顾客的需求,商品组合、款式、规格没能针对市场的需求。

(4)商品品质参差不齐,不能满足顾客的要求。有瑕疵的商品,不但不能卖出去,而且即便销售了也会被顾客退回的。

技能二　店长有效控制存货的方法

“不识庐山真面目,只缘身在此山中”,不少门店经营了多年,却不知道有效控制存货的技巧。通常门店都会担心库存的积压,喜欢少量多次进货,宁可因库存不足减少一点销量,也不愿意多进货而积压库存。这就涉及有效控制存货的问题,只要有效控制存货,商店就可以卖出更多的货,而没有库存积压的风险。

(1)控制存货的有效策略。

①确定存货处理政策。当存货产生的时候,应有明确的存货处理政策,告诉店员多久之内、要用什么方法、通过什么渠道把存货处理完毕。

②找出造成存货增加的原因并加以预防及改善。较常用且简单的方法为“鱼骨图”或称“要因分析图”,它能帮助我们像剥丝抽茧一样把造成存货增加的原因找出来。

【小资料】

鱼骨图由日本管理大师石川馨先生所发明,故又名石川图。鱼骨图是一种发现问题“根本原因”的方法,也可以称为“Ishikawa”或者“因果图”。其特点是简捷实用,深入直观。它看上去有些像鱼骨,问题或缺陷(即后果)标在“鱼头”外。在鱼骨上长出鱼刺,上面按出现机会多寡列出产生问题的可能原因,有助于说明各个原因之间是如何相互影响的。

问题的特性总是受到一些因素的影响,我们通过头脑风暴法找出这些因素,并将它们与特性值一起,按相互关联性整理而成的层次分明、条理清楚,并标出重要因素的图形就叫特性要因图、特性原因图。因其形状如鱼骨,所以又叫鱼骨图(以下称为“鱼骨图”),它是一种透过现象看本质的分析方法。鱼骨图也用在生产中,用来形象地表示生产车间的流程。

制作鱼骨图分两个步骤:分析问题原因和结构、绘制鱼骨图。

第一,分析问题原因和结构。

a. 针对问题点,选择层别方法(如人、机、料、法、环等)。

b. 用头脑风暴法分别对各层、各类别找出所有可能原因(因素)。

c. 将找出的各要素进行归类、整理,明确其从属关系。

d. 分析选取重要因素。

e. 检查各要素的描述方法,确保语法简明、意思明确。

第二,鱼骨图绘图过程。

a. 填写鱼头(按为什么不好的方式描述),画出主骨。

b. 画出大骨,填写大要因。

c. 画出中骨、小骨,填写中小要因。

d. 用特殊符号标识重要因素。

使用步骤如下几点:

a. 查找要解决的问题。

b. 把问题写在鱼骨的头上。

c. 召集同事共同讨论问题出现的可能原因，尽可能多地找出问题。

d. 把相同的问题分组，在鱼骨上标出。

e. 根据不同问题征求大家的意见，总结出正确的原因。

f. 提出任何一个问题，研究为什么会产生这样的问题。

g. 针对问题的答案再问为什么，这样至少深入五个层次（连续问五个问题）。

h. 当深入到第五个层次后，认为无法继续进行时，列出这些问题的原因，而后列出至少二十个解决方法。

（资料来源：根据网络资料改编）

③加强商品的规划能力。只有明确商品定位，对目标市场的需要有充分的认知及数据的支持，才能规划出满足市场需要的商品。

④提升销售能力。销售能力的提升有赖于不断地学习与训练。

⑤存货分类管理。存货分类管理做得越好，对存货的销售越有帮助。例如，存货按品质可分为可售品、瑕疵品、报废品；按销售记录可分为畅销品、滞销品、一般商品等。

（2）控制存货的方法。

①合理的正常库存控制。假定商店每日正常出库量为 120 件，即日最低安全库存量为 160 件，如果商店经验是每 6 天向供货商订一次货，而路途运输时间是 7 天，那么合理的正常库存控制数应该是：$120\times(6+7)+160=1720$（件）。合理库存控制数计算公式如公式（2-1）所示。

$$\text{合理的正常库存控制数}=\text{日均销量}\times(\text{订单间隔天数}+\text{运输天数})+\text{日最低安全库存量} \tag{2-1}$$

这仅仅是一个标准的参考数，具体情况还应考虑以下变量：如遇到国庆节等长假，必须考虑节假日促销情况，情况好的话可能是正常日销量的两三倍，所以节前要做好充分的库存准备；如在某一时间厂家有订货优惠政策时，一般可以考虑多订些货，虽然超出了正常库存，但只要商店能负担，就可以多订，同时留有余地，不能贪多，以免因政策或市场变动造成积压。

②ABC 分类库存管理法。在众多的库存商品中，不是每种商品的比重和管理方法都相同，根据“20/80”管理法则，一般规律是：仅占销量 20%的商品却占了销售利润的 80%，我们把这类商品命名为 A 类商品；占销量 40%～60%的商品，销售利润占 15%，我们把这类商品命名为 B 类商品；而占销量 30%～40%的商品，销售利润却只占了 5%，我们把这类商品命名为 C 类商品。

虽然不同的行业、不同的市场情况并不一定完全符合上述比例，但是我们依然可以参考这种方法将商品进行 ABC 分类库存管理，如在进货资金的倾斜上、库存商品的数量上、库存商品的摆放上，A 类商品应摆放在进出最方便的地方。

任务五　做好商品安全防损

【任务导入】

最近刘伟参加了公司组织的店长管理能力提升班，其中的一课让刘伟很受触动。教师讲到，公司各个门店的损耗最低为 4%，最高为 10%，按照每个店平均年营业额 300 万元计算，单就损耗一项，损耗最低的店就比损耗最高的店多出了18万元利润。低头看了一下自己门店的损耗数据为5.5%，刘伟本来觉得损耗控制得还算不错，但是自己的店比损耗最低的店一年少了近5万元利润，这可相当于一个有经验的老员工一年的工资收入啊。刘伟陷入了深深的思索中。如何降低损耗？你能给刘伟一些建议吗？

【任务分析】

(1)连锁门店经常会面临各种损耗的困扰。部分损耗是由于商品管理的失误、商品质量的问题，但是大多数损耗产生的原因要归于管理的问题，如顾客偷窃事件、员工偷窃等。

(2)损耗管理并不容易，它牵扯了较多人为的疏忽，而商品损耗的产生会对企业的经营产生不良影响，各个门店应当有针对性地采取措施，加强管理，堵塞漏洞，尽量使各类损失减到最少。

【知识导航】

知识一　损耗产生的原因

所谓损耗，是指门店接收进货时的商品零售值与售出后获取的零售值之间的差额。损耗会受到一个或几个因素的影响，门店作业出现其中的任何一个因素，都会减少利润额，从而增加损耗。连锁企业门店商品损耗产生的原因主要包括以下几个方面。

1. 由于员工的不当行为所造成的损耗

(1)收银员的行为不当所造成的损耗。

(2)验收不当所造成的损耗。

(3)作业手续上的不当所造成的损耗。

(4)商品管理不当所造成的损耗。

(5)盘点不当所造成的损耗。

2. 由于顾客不当行为所造成的损耗

(1)顾客不当的退货。

(2)顾客将商品污损。

(3)顾客将商品打碎。

(4)顾客将不购买的孤品进行藏匿。

3. 偷窃造成的损耗

(1)员工偷窃所造成的损耗：随身夹带、皮包夹带、购物袋夹带、偷吃或使用商品等。

(2)顾客偷窃造成的损耗：随身夹带商品、皮包夹带、将包装盒留下，拿走里面的商品等。

【小任务】

5月上旬的一个上午，麦德龙一个顾客针对收银台偶尔出现的商品与条码不符的情况进行了跟踪。卖场进口的越南黑布林上贴有商品标签，该顾客拿掉标签后去计量台称重，计量员没有看到标签，就按照普通布林的价格给该顾客计了价(一斤进口黑布林15元，而一斤普通黑布林只卖4元)。该顾客去收银台买单，收银员也未发现，离开超市时，门口的防损员也没有发现，该顾客将调包后的黑布林轻而易举地带出了商场。试想，如果有不诚实顾客将价格不一的同类商品混装起来按低价打价买单，必将造成商场商品的流失，从而影响门店利润。

请思考：如何避免不诚实顾客的偷梁换柱行为？

4. 由于供应商的不当行为所造成的损耗

供应商不当行为所造成的损耗包括：误记交货单位（数量）、供应商套号，以低价商品冒充高价商品、混淆品质等级不同的商品、擅自夹带商品等。

5. 由于意外事件造成的损耗

(1)自然意外事件：水灾、火灾、台风和停电等。

(2)人为意外事件：抢劫、夜间偷窃和诈骗等。

知识二　超市小偷的作案手法剖析

1. 狸猫换太子

这是小偷在超市行窃时惯用的一种招数，小偷在货架旁趁超市防损员不注意时，将 8 元多一盒的牙膏包装外壳去掉，然后将牙膏放进 2 元一支的牙膏盒子内，在结账时，付了低价牙膏的钱，却窃走了高价牙膏。业内人士将此招称为“狸猫换太子”。

2. 藏身

这通常是在冬天时才使用的招数。福州某超市曾出现过有小偷穿着价格不菲的高档皮衣，在超市里偷拿小物品的事件。这种“大款小偷”让超市管理者“大跌眼镜”，由于穿得厚，他们偷拿小商品的时候，超市管理员除了不易发现外，还不太敢相信这“大款”居然也会偷。这一招还是孕妇小偷惯用的招数，当然孕妇可以是假的，只是肚子显得大而已，利用肚子大的条件，可以把东西往肚子下面装。

3. 裤裆夹带

使用此招数的一般多为女性，夏天一袭长裙，除了裙衣宽大，货物往里一塞较为隐蔽外，女性小偷平时还得练习双腿夹物走路“不显山不露水”的基本功。

4. 旧单充单

“夫妻”或两朋友一块逛超市，两人同时选一样的商品。但出超市买单时，却拿出其中一份，一人买完单后，出超市时将单交给另一人，另一人折回超市，将还未买单、但已包装好的商品拿出。超市门口的验货员一旦疏忽大意，小偷便用旧单堂而皇之地拿走商品。

5. 掏空

小偷对超市内的监控设备比较了解，他们一般会选择一些监控死角且较为隐蔽的地方，撕掉小商品带条形码外包装，只拿里面的商品，然后将空盒子放回原处。据一个超市管理员说，这样即使被发现，商品来源也很难说清楚。

6. 挖洞埋塞

使这招的人，一般多为家庭妇女，在生鲜超市，买一斤海蛏，却在货篮里再放上二三两花蛤，售货员过完秤装进塑料袋后，小偷将塑料袋挖开一个小洞，然后将货篮里没过秤的东西塞进去。

7. 套穿

买衣物时，往更衣室里多拿几件内衣、多拿几双袜子，进了更衣室随意更换。大的叠小的，一双重一双，出了更衣室以后，谁也不会将衣服撩起来检查，殊不知，小偷内衣叠内衣，袜子套袜子，也不知穿了多少走了。这一招除了在更衣室外，还有一个作案场所，就是卫生间，小偷将商品放在卫生间隐藏起来，然后伺机拿走。

8. 声东击西

这一招用在超市管理人员较少的地方，小偷在货架上“选购”商品，然后“不小心”将商品掉落在地，趁管理人员弯腰拾物的时候，其同伙就可以采取行动了。

9. 活活弄死

把活的海鲜弄死，然后等待，以死海鲜的价格买走。

10. 贵装贱

300多元一台的复读机，趁管理人员不留意时偷偷塞进米袋子里，从从容容地找管理人员过秤，然后以1元钱一斤大米的价格，“买”走了价值300多元的复读机。

11. 藏包

时髦小女孩背个小背包逛超市，超市规定是可以的，可进了超市后，小背包就不再是时髦饰物，反成作案工具了。小女孩趁管理人员不注意，偷偷将商品放在包里。

【技能培养】

业内人士普遍认为，若能将连锁门店在2%以上的商品损耗率降到1%，则其经营利润可以增长100%，所以防损工作对门店来说是一项非常重要的工作，现在很多连锁企业都在努力做到全员防损，各个门店必须根据损耗发生的原因，有针对性地采取措施，加强管理，堵塞漏洞，尽量使各类损失减到最小。具体管理措施如下。

技能一　重点区域管理措施

大卖场由于面积较大、员工众多、顾客人流复杂，使防损工作具有一定的难度。大卖场内商品损耗较为突出的一些重点区域必须重点管理。

(1)收银出口处的管理。收银出口处必须设立安保员岗位，在营业时间内实行不间断的值班制度，可在收银口处设立电子防盗监控系统。监管要点有以下四个方面：收银出口处的监管在于正确、快速、满意地解决收银和防盗措施；维护好收银出口处顾客的秩序，保持收银通道畅通，保证所有顾客能从进口进、出口出；监管人员要了解卖场中的商品情况，当班时保持思想集中；注意收银区前手推车是否堵塞，设备是否损坏。

(2)员工出入口处的管理。员工出入口处要设置安保员岗位。只要员工通道打开，安保员就要实行连续执勤制度。员工出入口处可安装防盗电子门用来防止员工偷盗商品的行为，设置密码锁储物柜为外来人员暂时安全存放物品。

(3)收货口的管理。收货口应设置安保员岗位，只要收货通道打开，安保员就要实行连续值班制度。收货口卷帘闸门设置防盗报警系统。

(4)精品区的管理。精品区及其出口处应设置安保员岗位，营业时间实行连续值勤制度。精品区出口处设置电子防盗门系统和门禁系统。

(5)大家电商品提货的管理。大家电检测提货处应设置安保员，营业时间实行不间断值勤制度。大家电检测提货口设置防盗报警系统，如未经密码许可强行打开，则报警。其监管要点有：提货的大家电商品，必须由安保员检查签字；安保员检查顾客是否有收银发票，发票是否有异常，商品品名、型号、货号、数量是否一致，已提商品的发票是否盖有提货章，商品的包装是否良好，顾客是否站在规定的提货台区域外；监督内提人员是否对出门的商品进行了检查登记。

【小任务】

某超市连锁门店营业到凌晨1点钟，下班后门店把夜间安全工作事宜交接给了夜值班的防损员。夜班防损员在值班巡查的过程中，发现门店后面的一扇门被打开了，防损员惊讶之余进行了细查，才知后门已经被人撬开，防损员立即把此事报告给了门店店长，店长立即赶到现场，并把该事件上报给营运部及安全管理部门。

第二天，营运部及安全管理部门在协同警方共同侦破此案件后初步断定：昨晚在门店作案的小偷，在门店打烊之前就躲在门店里面的某一角落，等门店工作人员下班后避开店内所有监控录像，撬开了办公室装现金的柜子并把现款占为己有，再撬开后门扬长而去。营运部及安全管理部门一同协查，门店晚间"清场记录表"有相关人员巡场记录签名；查夜班防损员也有半小时巡查的记录；店长晚间下班也有把现金锁入抽屉，一切都按照规定流程去操作，为何还会发生此类现金被盗事件？

同学们分组讨论，看看门店防损有哪些不足？如何改进？

技能二　损耗防范措施

1. 商品上架及撤架过程中的损耗防范措施

针对商品的保管和陈列方法不当、商品标价错误、商品鲜度管理疏忽等原因造成的商品损耗，要求做好如下作业。

(1)做好商品陈列中的损耗预防。

(2)加强商品标价的管理。

(3)加强商品鲜度管理。

2. 商品运营过程中的防损注意事项

(1)提高收银作业的质量。

(2)做好商品的验收作业。

(3)规范盘点作业。

(4)加强员工日常作业管理。

(5)贯彻会计处理制度。

【项目训练】

一、训练任务：为校园连锁实训超市制作商品结构表

1. 场景设置

某连锁超市计划在校园内开设一家100平方米的便利店。作为该店的商品规划人员，请结合校园现有特点，为该店制订商品组织结构表，要求设计为大分类＋中分类＋小分类三级层次。请结合该商品组织结构表，进一步确定牙膏小分类的品项数、价格带、包装规格、品牌、功能等，最终完成牙膏的单品配置。完成后请与已经开业的校园超市比较其商品组织结构表的异同点，并说明原因。

注：在教学过程中，教师可以给每位同学指定不同的小分类，如洗发水、方便面等，尽量将门店的小分类全部配置完成。

2. 训练步骤

(1)根据给定场景，实训指导教师组织全体同学共同讨论业态特征以及商圈特征，分析目标顾客的需求结构。

(2)将学生分组,每5~8人为一组,以小组为单位来完成商品组织结构表。考虑到学生对商品知识的缺乏,建议学生除上网查询资料外,还应进行市场考察,以了解理论知识的缺乏。

(3)每个小组根据设定场景的业态特征与商圈特征进行商品大分类、中分类、小分类的确定,并制表。

(4)单品数、价格带、品牌及规格的确定。根据场景设定的业态情况来决定小分类的单品数,如洗发水,市场上至少有3 000个单品,功能包括去屑、黑发、营养、柔顺等。近年来,随着消费者对头发重视程度的增加,又涌现出了直发、防晒等功能。作为大卖场,由于需要满足的功能比较全面,所以这些功能的洗发水都会有,单品数应该在250个左右;作为标准超市这些功能有所减少,单品数下降到了180个左右;作为便利店大概就只剩下柔顺、去屑、营养功能的几十个单品。同样价格带、品牌及规格也需要一一确定。

(5)学生以小组为单位制作商品组织结构表,并说明制作理由,实训指导教师做出点评。

二、案例分析:宝洁和沃尔玛商品品类实践成果

1962~1987年期间,宝洁和沃尔玛都企图主导供应链,实现自身利益最大化。沃尔玛采用强势的价格策略,竭尽所能压低进货价格,并声称,任何一家企业都必须接受其价格政策。宝洁也不能例外,其态度更是强硬,一直凭借强大的营销实力,企图严格控制下游的经销商和零售商,迫使沃尔玛贯彻其制订的营销战略和规定。沃尔玛和宝洁自身长期的优越感导致了双方之间产生交流障碍并且关系恶化,沃尔玛以清退下架的做法威胁宝洁,宝洁也以停止供货进行反击,双方的口水战以及笔墨官司更使得他们的争斗进入白热化阶段。然而,双方的"冷战"导致双方关系和利益都在交战中受到了重创。一方面宝洁产品的销售在国内受到了很大影响;另一方面沃尔玛经常被曝出"压榨供应商""恶性竞争"的丑闻。

1987年7月,宝洁公司副总裁路·普立特切特(Lou Pritchett)决定改变双方尴尬境地,于是通过朋友的关系以旅游的形式与沃尔玛的老板山姆·沃尔顿(Sam Walton)进行会晤。双方在彼此心存好感的基础上达成了意向性的合作框架,形成了一致的企业未来发展的设想,并明确了下一步双方管理人员进行具体磋商的方案。这次会晤为宝洁和沃尔玛缓解了紧张的关系,为开创新的合作关系揭开了序幕。

1987年下半年,宝洁和沃尔玛开始了新合作关系的历程。双方组成由财务、流通、生产和其他各职能部门组成的70人的专门合作团队,沃尔玛公司借助先进的信息技术实行信息共享,对整个业务活动进行全方位的协作管理。1989年,沃尔玛针对宝洁公司的纸尿裤产品构筑了JIT型的自动订发货系统,双方企业通过EDI和卫星通信、MMI(Manufacture Management Inventory,制造商管理库存)系统、EFT(Electronic Funds Transfer,电子资金结算)系统等信息手段做到了连续自动补货、电子结算,大大缩短了商品流通的时间和传统财务结算的烦琐程序,取得了合作关系的实质性突破。

宝洁和沃尔玛在品类管理方面的合作成果显著,表现在双方实施品类管理合作之后,供应链成本大大降低,销售额显著提升,库存大幅下降,沃尔玛采购的宝洁产品的库存保持在一个很低水平,而库存周转速度却提高了,供应商到货率保持在较好的水平。宝洁在沃尔玛的份额提高了20%。项目开始后的10年时间,单位库存下降了25%,销售人员减少了

30%，库存下降了15%。合作之初宝洁在沃尔玛公司的销售额为3.5亿美元，现在超过了100亿美元。宝洁的经理总结说："由于双方都把注意力集中在消费者身上，因此我们发展得非常顺利，销售额明显增长。"

（资料来源：根据网络资料改编）

请思考：

(1)沃尔玛和宝洁在供应链延伸中如何实现利益最大化？

(2)沃尔玛和宝洁从利益竞争到战略合作的基础是什么？

项目三　如何进行门店的员工管理

【知识目标】

了解门店的组织架构和岗位职责；掌握门店员工配置的基本原理和方法；掌握门店员工招聘的渠道、程序和方法；掌握门店员工培训与辅导的内容与方法；掌握门店员工绩效考核的内容与流程。

【素能目标】

提高店长对人才的甄别能力、培训和辅导员工的能力、绩效考核员工的水平和质量；具备专业的职业精神和职业道德、良好的沟通能力和激励能力。

任务一　确定门店的组织结构和岗位职责

【任务导入】

刘伟所在的连锁门店为了提高门店管理效率，在整个公司推行门店流程的精细化管理，要求每个店长根据门店实际情况设计自己门店的组织结构，并梳理清楚每个岗位的岗位职责和工作流程，并要求店长上交一份《岗位职责说明书》，遇到问题可以随时咨询公司人力资源部。刘伟深知公司这项改革对提高门店管理意义重大，如果真的推行下来，就可以避免门店中某些大家都不喜欢干的工作无人干的情况。所以，刘伟心中还有点小激动，已经跃跃欲试了，于是她先给负责此项工作的人力资源部刘菲打电话了解清楚公司的详细要求和具体细节，又给正在做人力资源的大学好友打电话请教如何设计组织结构和如何撰写岗位职责说明书。如果你是刘伟的好友，你将会怎样指导刘伟？

【任务分析】

所谓组织架构设计，也就是通过对达成组织目标而必须完成的事务工作进行分析、分解，并设置分别承担事务工作相对独立而又相互依存的单位、部门和岗位，进而以此为基础界定这个组织中成员相互之间关系的性质，以及每个成员的地位和作用。在一个特定的组织中，成员相互之间关系的性质，以及由这种性质决定的每个成员的地位和作用，直接取决于每个成员个人在为这个组织目标的达成上承担的事务工作的大小和多少。其所承担的事务工作越多，与组织目标达成的关系越紧密，他在这个组织中的地位就越高，作用也就越大。

岗位职责指一个岗位所要求的需要完成的工作内容以及应当承担的责任范围。岗位，是组织为完成某项任务而确立的，由工种、职务、职称和等级内容组成。职责，是职务与责任的统一，由授权范围和相应的责任两部分组成。

优秀的店长不仅要理顺门店的组织结构，同时也要掌握如何根据门店的营业面积、经营情况、岗位要求进行人员配备和工作分配，给予员工具体的职责和权利，清楚每个岗位的工作要求和工作流程，使店员进入工作角色，为完成工作目标发挥作用。

【知识导航】

门店究竟需要设置哪些必要的工作岗位？需要哪些人员才能保证正常运营？这其实是

每一位经营者和管理者都应该在脑海中思考和规划的。门店的经营和管理要实现效益最大化，科学地设计门店组织结构和确定岗位职责就显得尤为重要。

知识一　单店岗位组织结构

组织结构是一个组织内各构成要素以及它们之间的相互关系，主要涉及企业部门构成、基本岗位构成、基本的岗位设置、权责关系、业务流程、管理流程及企业内部协调与控制机制等。

不同的组织结构有着不同的功能与效率。最新现代管理研究成果认为，一家企业是否表现出色、是否可持续发展，最重要的是看企业的组织结构是否能让平凡的员工通过不平凡的努力，创造不平凡的业绩，反之则会让优秀的员工做出平凡的业绩。在管理中为什么会出现“1+1 >2”或者“1+1 <2”的现象呢？根本原因就在于组织结构的不同，要素组合在一起的方式不同，从而造成了要素间配合或协同团队的差异。

门店的工作人员通常情况下可分为管理人员和普通员工两大类，其中前者的岗位数和人数要明显少于后者。根据门店实际规模大小和经营性质的不同，岗位人员设置的数量和层级也不一样。如店长这个职位在一些大型连锁店中就可设置为店长和副店长，各个不同岗位还可能配置主任、主管、组长等管理干部，而导购还会根据业绩表现和资历分为高级导购、中级导购和初级导购等层级。但小型门店岗位设置要简单，如果设置这么多层次则不便于管理。单店岗位组织结构图，如图 3-1 所示。

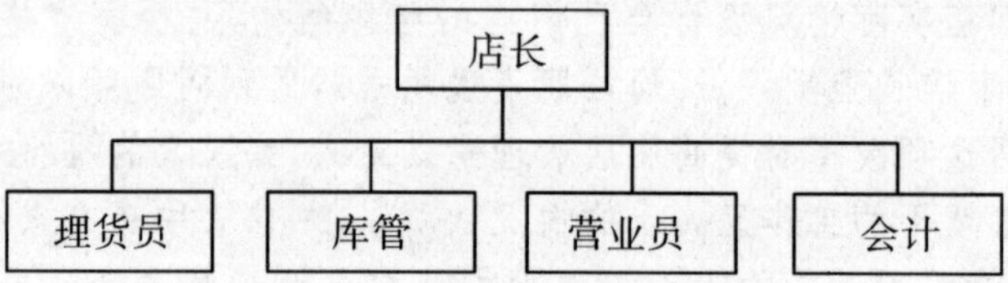

图 3-1　单店岗位组织结构图

【小资料】

有一次在中关村的家乐福购物，顾客在收银处等待结款时，发生了一件事情。A 道的收银员发现一个货品的条形码不全，需要糕点促销人员的帮助。糕点促销员离 A 道的收银台很远，只见收银员张口，喊出来的声音非常小，糕点促销员根本听不见。而收银员喊了两声就脸红了，不好意思在这么多顾客的注视下再喊了，可她又不能离开收银台去找促销员。顾客都等得着急了。此时紧挨着的 B 道收银员空出手来，一手拿过那个糕点，扯着脖子，挥动手臂，大喊两声“蛋糕、蛋糕”，声音很洪亮，一听就是个性子直爽的女孩。糕点促销员立马听到有了回应。事情解决了，B 道收银员又开始麻利地收银了。可见性格互补的员工安排在一起，能解决一些意想不到的难题。

另外，在岗位搭配上，还要考虑性别的搭配，俗话说“男女搭配，干活不累”。一般来说，各个区域男女员工的搭配比例为：食品：男 75%，女 25%；生鲜：男 50%，女 50%；百货：女 75%，男 25%。

知识二　连锁店岗位组织结构

一般具备一定规模的连锁店设置如下岗位：门店经理、店长、店长助理、会计、出纳、营业员（包括收银员和导购员等）以及理货员、库管员、验收员、配货员、保洁员等岗位，如图 3-2 所示。

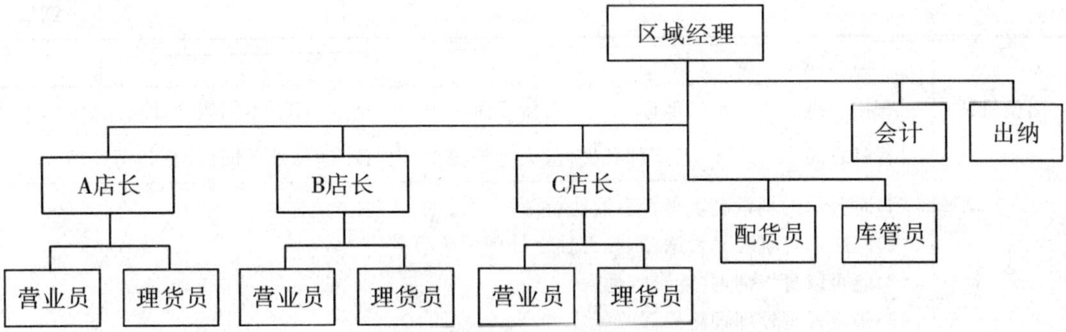

图 3-2 连锁店岗位组织结构图

对于在一个区域内有 5 家分店以上的直营门店，一般都应该设置一名区域经理（运营经理）进行监管。

【技能培养】

技能一 门店店长的岗位说明

店长是门店经营管理的负责人，是组织、协调与激励门店全体员工，做好门店作业活动的执行者。接受营运管理部经理的指令，服从管理公司的管理、监督，完成管理公司下达的各项经营指标，见表 3-1。

表 3-1 门店店长岗位说明书

<table>
<tr><td rowspan="3">岗位机制</td><td>部门</td><td>门店</td><td>职位</td><td>门店店长</td><td>职级</td><td></td></tr>
<tr><td>直接上级</td><td>片区经理</td><td>直接下级</td><td colspan="3">店助、本门店全体员工</td></tr>
<tr><td>晋升方向</td><td colspan="5">营运部各岗位/人力资源部各岗位/商品部各岗位/分公司经理</td></tr>
<tr><td>任职资格</td><td colspan="6">身体健康、品行优良，性格外向，良好的商品销售技能。具备良好的人际关系处理能力、教导下属的能力，执行力强，能吃苦耐劳，在本行业有 5 年以上工作经验，3 年以上店长经验</td></tr>
<tr><td>岗位职责</td><td colspan="6">（1）执行上级政策。遵守公司各项规定，执行上级指示，完成公司下达任务，如营业目标、毛利、费用及利润目标等。了解品牌的经营方针，依据品牌的特色和风格执行销售策略
（2）应急情况处理。加强防火、防盗、防工伤、安全保卫的工作；维护店内各种设备的正常运转、消防设施的检核、区域卫生的落实等
（3）店员管理。根据店铺规模确定店铺人员设置。安排店员工作、人员的选拔和考评
（4）店员的辅导与培训。负责对店员的日常培训与业务辅导和新员工的入职培训等工作
（5）财务管理。负责盘点、账簿制作、现金交接的准确无误；做好各项报表的管理
（6）商品管理。负责货品补齐，商品陈列；商品价格变动、商品的采购、调退货、盘点等
（7）活动管理。定时按要求提供周围品牌在商场的公关推广活动；制订各种活动的计划。激发导购工作热情，调节货场购物气氛
（8）信息管理。了解竞争对手销售情况，登记并提供每天店内客流量资料。与消费者建立良好的关系，尽量满足其需求
（9）其他日常经营管理工作。除上述之外的，负责门店的其他日常运营管理工作。如协助公司处理与改善门店运作的问题、协助经理与所在商场的沟通与协调等</td></tr>
</table>

续表

<table>
<tr><td rowspan="3">岗位机制</td><td>部门</td><td>门店</td><td>职位</td><td>门店店长</td><td>职级</td><td></td></tr>
<tr><td>直接上级</td><td>片区经理</td><td>直接下级</td><td colspan="3">店助、本门店全体员工</td></tr>
<tr><td>晋升方向</td><td colspan="5">营运部各岗位/人力资源部各岗位/商品部各岗位/分公司经理</td></tr>
<tr><td>工作指标</td><td colspan="6">(1)对公司的规章制度是否有效执行
(2)门店销售氛围是否浓厚,能否独立处理门店事务
(3)能否以身作则,并能影响他人
(4)是否妥善处理顾客投诉
(5)对门店损益控制是否合理
(6)是否有效合理控制门店日常经营费用
(7)是否能根据门店实际情况合理控制人员调配等工作
(8)门店陈列是否合理,企划活动执行力及门店道具使用是否规范
(9)能否准确有效掌握门店进、销、存、滞情况
(10)对门店设备、道具使用维护是否合理
(11)其他本职工作是否及时高效完成
(12)在任职当月或当年有无重大过失</td></tr>
<tr><td>编制</td><td></td><td>审核</td><td></td><td>批准</td><td colspan="2"></td></tr>
<tr><td>日期</td><td></td><td>日期</td><td></td><td>日期</td><td colspan="2"></td></tr>
</table>

店长的管理内容大部分是复杂的例行事务,因此,店长只要把握店内作业环节的重点,就能基本保证店铺作业的正常进行(见表 3-2)。

表 3-2 店长每日工作流程

<table>
<tr><th>时间段</th><th>作业项目</th><th>作业重点</th></tr>
<tr><td rowspan="4">8:00—9:00</td><td>展会</td><td>当日主要事项的布置
服务理念的灌输</td></tr>
<tr><td>职工出勤状况确认</td><td>出勤、仪容仪表及工牌检查</td></tr>
<tr><td>卖场、仓库状况确认</td><td>商品陈列、补货、促销及清洁卫生状况检查
后场仓库检查</td></tr>
<tr><td>昨日营业状况确认</td><td>营业额
来客数
客单价
顾客购物品项数
未完成销售预算的部门
询问昨日晚间有无投诉等突发事件</td></tr>
<tr><td rowspan="2">9:00—10:00</td><td>开门营业状况检查</td><td>各部门人员、商品、促销等
店门开启、地面清洁、灯光照明、购物车、购物篮等就绪</td></tr>
<tr><td>各部门作业计划重点确认</td><td>促销计划
商品计划
出勤计划
其他</td></tr>
</table>

续表

时间段	作业项目	作业重点
10:00—11:00	营业问题点追踪	营业未达到销售预算的原因分析与改善 电脑报告时段商品销售状况分析,指导有关部门限期改善
	卖场商品态势追踪(巡视卖场)	缺品确认指定人员追踪 重点商品、季节商品、热销商品所占货架陈列面积确认
11:00—12:30	库存状况确认	仓库库存品种、数量及管理状况了解
	营业高峰状况确认	各部门商品销售情况及促销活动效果 服务台加强促销活动宣传
12:30—13:30	午餐	
13:30—15:30	竞争店调查	同地段竞争店与本店营业状况比较 竞争对手正在进行的促销活动
	部门会议	如何达到今日的营业目标
	员工培训	新入职促销员工培训 门店自行组织定期在职员工培训
	工作记录及各种计划、报告撰写与准备	人员变化、请假、培训、顾客意见等 月、周计划,营业会议竞争对策等
15:30—16:00	时段、部门营业额确认	日营业目标达成情况、各部门营业额确认及高峰时段销售情况及分析
	全卖场巡视、检查	卖场人员、商品卫生、理货员补货、促销等情况
	要货单审核	对各组的要货单进行审核签字确认
16:30—18:30	营业高峰情况掌握	货架商品种类及数量情况、收银台顾客付款结算情况 配合促销广播 明日工作计划
18:30—21:00	当大营业情况的确认	做出当日总结 第二天销售预算
	营业结束前巡视	了解畅销、滞销商品 了解缺货、欠货情况
21:00—21:30	关店后货场情况	商品丰满度 店内清洁卫生工作

技能二　店长助理(副店长)的岗位说明

店长助理即店长日常工作中的助手,同时也是店长岗位的直接后备补充人选。协同店长制订好门店工作计划以后,店长助理就要协助店长按照计划深入各个具体环节中,细致地逐项安排落实,并检查追踪、反馈实际的作业情况,做到拾遗补阙。店长不在店内时,由店长助理代行店长职务，负责门店全面管理工作，并与店长轮执早、晚班(见表3－3)。

表3－3　门店店助岗位说明书

<table>
<tr><td rowspan="3">岗位机制</td><td>部门</td><td>门店</td><td>职位</td><td>店助</td><td>职级</td><td></td></tr>
<tr><td>直接上级</td><td>店长</td><td>直接下级</td><td colspan="3">本门店全体员工</td></tr>
<tr><td>晋升方向</td><td colspan="5">店长/管理公司各岗位</td></tr>
<tr><td>任职资格</td><td colspan="6">身体健康，品行优良，性格外向，良好的商品销售技能。具备良好的人际关系处理能力，教导下属的能力，执行力强，能吃苦耐劳，热爱本行业，并有丰富经验</td></tr>
<tr><td>岗位职责</td><td colspan="6">(1)店内员工招聘工作，对部门岗位空缺的推荐
(2)负责执行协作规划员工培训工作及培训讲师
(3)协助店长，提供考核绩效并提出改进方法
(4)负责门店人事资料的整理、记录、搜集反馈和存档工作
(5)确保有关人事规定的顺利执行
(6)落实员工薪资福利及正确发放
(7)协助总部、人力资源部(人事预算的控管)
(8)负责监督、检查店内员工执行规范的情况
(9)熟悉营运的工作流程
(10)负责收银备用金的管理
(11)完成店长交办工作</td></tr>
<tr><td>工作指标</td><td colspan="6">(1)对公司的规章制度是否有效执行
(2)门店销售氛围是否浓厚，能否有效协助店长处理门店事务
(3)能否以身作则，并能影响他人
(4)是否妥善处理顾客投诉
(5)对门店损益控制是否合理
(6)门店陈列是否合理，企划活动执行力及门店道具使用是否规范
(7)能否准确有效掌握门店进、销、存、滞情况
(8)对门店设备、道具使用维护是否合理
(9)其他本职工作是否及时高效完成
(10)在任职当月或当年有无重大过失</td></tr>
<tr><td>编制</td><td></td><td>审核</td><td colspan="2"></td><td>批准</td><td></td></tr>
<tr><td>日期</td><td></td><td>日期</td><td colspan="2"></td><td>日期</td><td></td></tr>
</table>

技能三　门店营业员的岗位说明

门店营业员又称为导购，是门店终端的专业顾问，其主要职责为销售商品，给顾客提供最专业的销售服务等，具体见表3－4。

表 3-4 门店营业员岗位说明书

<table>
<tr><td rowspan="3">岗位机制</td><td>部门</td><td>门店</td><td>职位</td><td>职员</td><td>职级</td><td></td></tr>
<tr><td>直接上级</td><td>店长</td><td>直接下级</td><td colspan="3"></td></tr>
<tr><td>晋升方向</td><td colspan="5">店助/店长/管理公司各岗位</td></tr>
<tr><td>任职资格</td><td colspan="6">男女不限，年龄 18～27 岁，初中或以上学历，积极主动，性格开朗，善于沟通，能吃苦耐劳。具备良好的执行意识与团队精神，热爱本行业，有相关工作经验者优先</td></tr>
<tr><td>岗位职责</td><td colspan="6">(1)讲究职业道德，遵守门店规章制度
(2)清洁环境，打扫门店各处卫生，以最清新漂亮的姿态迎接顾客光临
(3)仪表整洁，积极用心做好导购员服务流程：待机、迎接、提示、介绍、体验服务、劝说、推荐、附加销售、付款、送客；用优质的服务树立起公司的良好声誉
(4)坚持“诚心待客从微笑开始、热情服务从小事做起”服务理念
(5)虚心学习专业知识，努力提高自己的销售水平，争取优秀业绩，同时兼顾团队协助，实现团队目标
(6)公物的爱护及维护，公共环境的保护及维护，有较强的防损意识
(7)虚心接受店长及店长助理正确的指导，服从店长及店长助理的安排及配合，使工作高效地完成
(8)班会参与性强，做好各时段准备工作（营业、打烊工作）
(9)积极配合门店完成接货及补货工作，严格按“门店整理标准”做好门店整理工作
(10)随时关注顾客信息，虚心接受顾客批评投诉，有疑难快速上交店长及店长助理妥善处理
(11)熟悉商品知识，耐心解答顾客有关提问，向顾客提供专业服务
(12)及时完成店长或店助分配的其他工作</td></tr>
<tr><td>工作指标</td><td colspan="6">(1)是否遵守门店各项规章制度
(2)是否认真对待本职工作
(3)是否具备团队意识
(4)能否做到微笑服务
(5)对门店货品熟悉程度
(6)销售能力
(7)上级交代的其他任务完成情况</td></tr>
<tr><td>编制</td><td></td><td>审核</td><td></td><td>批准</td><td colspan="2"></td></tr>
<tr><td>日期</td><td></td><td>日期</td><td></td><td>日期</td><td colspan="2"></td></tr>
</table>

技能四 门店收银员岗位说明

收银工作是门店经营管理的一个重要环节，只有实现专业化的操作，才能最大限度地保证收银工作的准确无误。收银员的工作流程可分为营业前、营业中和营业结束后三个部分。见表 3-5。

表 3-5 门店收银岗位说明书

<table>
<tr><td rowspan="3">岗位机制</td><td>部门</td><td>门店</td><td>职位</td><td>职员</td><td>职级</td><td></td></tr>
<tr><td>直接上级</td><td>店长</td><td>直接下级</td><td colspan="3"></td></tr>
<tr><td>晋升方向</td><td colspan="5">店助/店长/管理公司各岗位</td></tr>
<tr><td>任职资格</td><td colspan="6">女性，年龄 18～27 岁，未婚，身高 158cm 以上，形象端正，反应敏捷，有亲和力。中专以上学历，具备一定的财务知识，财会专业优先</td></tr>
<tr><td>岗位职责</td><td colspan="6">(1)负责收银工作，在收银中必须运用收银员服务四部曲，收银结账快捷、准确
(2)熟悉商品价格，掌握财务方面知识
(3)负责领取销货单并妥善保管，接受财务人员指导及突击检查
(4)负责将每日营业额及时存入指定银行，存款时必须由检票员随同保卫，保证钱款安全
(5)在收银过程中实行间隔性有效播音及信息反馈
(6)做好收银区保洁工作
(7)按照操作规程使用并维护好店内音响设备
(8)及时完成店长及店长助理安排的其他工作</td></tr>
<tr><td>工作指标</td><td colspan="6">(1)是否遵守门店各项规章制度
(2)是否认真对待本职工作
(3)是否具备团队意识
(4)能否做到微笑服务
(5)对门店货品熟悉程度
(6)门店各类单据是否熟练
(7)工作效率是否高效
(8)上级交代的其他任务完成情况</td></tr>
<tr><td>编制</td><td colspan="2"></td><td>审核</td><td></td><td>批准</td><td></td></tr>
<tr><td>日期</td><td colspan="2"></td><td>日期</td><td></td><td>日期</td><td></td></tr>
</table>

技能五 门店理货员岗位说明

卖场内每位工作人员均有其应负的工作职责，理货员负责营业场所内的商品管理，其工作职责具体见表 3-6。

表 3-6 门店理货员岗位说明书

<table>
<tr><td rowspan="3">岗位机制</td><td>部门</td><td>门店</td><td>职位</td><td>经理</td><td>职级</td><td></td></tr>
<tr><td>直接上级</td><td>店长、营业主管</td><td>直接下级</td><td colspan="3">本部门职员</td></tr>
<tr><td>晋升方向</td><td colspan="5">店助/店长/管理公司各岗位</td></tr>
<tr><td>任职资格</td><td colspan="6">男女不限，年龄 18～27 岁，初中或以上学历，积极主动，性格开朗，能吃苦耐劳。具备良好的执行意识与团队精神，热爱本行业，有相关工作经验者优先</td></tr>
</table>

续表

<table>
<tr><td rowspan="3">岗位机制</td><td>部门</td><td>门店</td><td>职位</td><td>经理</td><td>职级</td><td></td></tr>
<tr><td>直接上级</td><td>店长、营业主管</td><td>直接下级</td><td colspan="3">本部门职员</td></tr>
<tr><td>晋升方向</td><td colspan="5">店助/店长/管理公司各岗位</td></tr>
<tr><td>岗位职责</td><td colspan="6">(1)熟悉货品相关知识
(2)保障库存商品销售供应,及时清点货架并补充货源
(3)按要求摆放货品,做到排面整齐美观,货架丰满
(4)保证销售区域的每种货品都有正确的价格牌
(5)整理库存区,做到商品清楚,码放安全,规律有序
(6)保持销售区域的卫生(包括货架、商品)
(7)认真核对货物品种、数量、规格、等级、型号等
(8)新商品须在到货当日上架,所有入库商品必须穿好价格牌,上好防盗扣对出库待运货物提前进行包装,并在出库货物外包装上写好收货人与收货日期
(9)事先整理好退货物品,办好退货手续
(10)补货理货时不可打扰顾客挑选商品
(11)及时平息及调解顾客纠纷
(12)微笑服务,礼貌用语
(13)负责其他上级领导交办的工作事宜
(14)对本职工作过失承担责任</td></tr>
<tr><td>工作指标</td><td colspan="6">(1)是否遵守门店各项规章制度
(2)是否认真对待本职工作
(3)是否具备团队意识
(4)能否做到微笑服务
(5)对门店货品熟悉程度
(6)货品整理归类能力
(7)上级交代的其他任务完成情况</td></tr>
<tr><td>编制</td><td></td><td>审核</td><td></td><td>批准</td><td colspan="2"></td></tr>
<tr><td>日期</td><td></td><td>日期</td><td></td><td>日期</td><td colspan="2"></td></tr>
</table>

任务二 配置与招聘门店员工

【任务导入】

刘伟所在的门店转眼间就到了旺季,客流量人增,门店 6 个人每天忙得昏天黑地,员工底下也怨声四起,有些店员竟然有了辞职的念头。刘伟觉得长期这样下去不是办法,肯定会影响门店的服务水平和质量。于是,刘伟在汇报工作中,就提出了想再招 2 个人的建议。老板听完汇报后,问了刘伟一系列她从没想过的问题:你为什么觉得门店再招 2 人就刚好满工作量?你是如何配置的?你觉得你的门店需要招聘什么岗位?必须具备什么样的条件和能力?你将怎样才能招聘到一个合适的员工?刘伟带着老板一系列的问题,在网上查找相关资料后,又亲自向自己的智囊恩师前任店长请教如何才能招聘到适合的员工。如果你是前任店长,你会如何回答?

【任务分析】

人员配置是组织有效活动的保证。对一家门店来说,目标的确定为门店活动明确了方向;企业结构的建立提供了实现目标的条件。但是,由于人员配置不适当而导致企业结构不均衡,不仅不能成为实现企业目标的保证,而且还会影响企业的生存发展。因此,人员配置无疑是关键问题。

招聘看起来很简单,但是想要为企业招聘到优秀的员工还是需要一定的功底和准备工作的。招聘工作处于人力资源管理价值链的前端,这意味着假如企业在招聘选拔这一关犯了错误,将会在后期为这一错误付出巨大的代价:工资、培训费、工作不力造成的损失、沟通成本、辞退成本,还有招到一个更合适员工的机会成本。

有效招聘实际是指组织或招聘者在适宜的时间范围内采取适宜的方式实现人、职位、组织三者的最佳匹配,以达到因事任人、人尽其才、才尽其用的互赢目标。它主要体现在以下五个方面:一是能及时招聘到满足企业所需的人员;二是被录用人员的数量、质量、层次和结构符合企业的要求;三是招聘成本符合最小化原则;四是人岗匹配、人事相宜;五是离职率低。

能否招聘到合适的人员,不仅关系到门店后备人才的储备,而且影响到企业的稳定运行。如何提高招聘的有效性,已不仅仅是人力资源部门所必须面对的问题,也成为企业高层及用人部门主管关注的焦点。

【知识导航】

门店员工配置是指门店根据自己的组织结构,科学、合理地为每个岗位安排相应数量的员工,以合适的员工去完成组织结构中各个职位规定的各项任务,从而保证整个门店经营目标和各项任务的完成。

知识一 门店员工岗位配置的基本原理

优秀的店长要掌握如何根据门店的营业面积、经营情况、岗位要求进行人员配备和工作分配,给予员工具体的职责和权利,使店员进入工作角色,为完成工作目标发挥作用。

1. 门店工作人员配置

(1)根据店面经营情况定岗定编。

一家门店需要多少岗位,要根据店面面积大小、经营种类多少、经营货物的性质、门店的档次等合理安排岗位编制。避免盲目录用员工,造成人力资源的浪费及机构臃肿的现象发生。一项调查资料表明:对于零售超市一般是120～400平方米的门店,每100平方米配一名员工;400～2500平方米门店每36平方米配备一名员工;2500平方米以上的门店,每28平方米配备一名员工。

而对饭店来讲,则根据安排桌椅的数量及用餐速度来合理分派员工。例如,作为快餐行业的成都小吃,平均一名顾客只要一份饭或菜,而且平均用餐时间仅为10分钟,客流量频繁,消费额少而频次高,所以单位店面安排的员工数量就比西餐厅要多。西餐厅因为客人就餐时间长,每桌消费的饭菜数量多且加工起来麻烦,所以相对来说单位店面安排的员工数量就较少。

(2)根据工作量来推算所需岗位。

作为店长,首先确定各部门内必要的工作,将这些必要的工作分配到各个部门的员工,然后记录担任者一个月工作所需要的总时间，从而计算出此业务需要多少人。例如，某门店一天的客流量为 1 000 人，购买商品的客户为 30%，1 名收银员 1 天可以接待 100 名顾客，那么该门店需要设置 3 个收银员岗位。

再比如，有两家快餐店，面积一样，经营品种一样，但是甲快餐店同时经营着送餐业务，而乙快餐店不经营送餐业务，只经营来店就餐，那么两家的岗位需求也是不一样的。

(3)根据销售指标来确定岗位。

店长也可根据总公司确定的门店销售指标来估算需要的店员数目。计算公式如式(3-1)和式(3-2)所示。

$$总店员数=总目标营业额\div每人目标营业额 \tag{3-1}$$

$$总店员数=总目标利润额\div每人目标利润额 \tag{3-2}$$

而每人目标营业额和每人目标利润额的制订，需要根据以往店员的平均销售额，再增加相应的比例而确定。例如，某专卖店去年一年平均每人月销售额为 1 万元，今年总公司计划增加销售额 20%，可以算出今年该专卖店每人月目标销售额为 1.2 万元。

2. 门店工作分配的原则

没有不合格的员工，只有不合格的分派。因此，店长在分配工作时，要“人适其事，事得其人，人尽其才，才尽其用”。

(1)根据岗位要求选择合适人选。

店长在分配工作时，要根据岗位要求选择合适的人选。在安置员工前，要详细了解不同岗位的工作内容、在门店工作中的地位和作用、对店员素质技能的要求等。同时，店长还要尽可能地了解该候选者的文化程度、教育水平，掌握该人选的性格特征、气质类型、兴趣所在、工作能力、健康情况，甚至还了解其家庭背景、社会关系等，从而把符合该岗位要求的员工安排到适合的岗位上，提高用人的准确性，减少失误。

同时，符合岗位要求的员工也必须同时对这份工作感兴趣。只有从事喜欢的工作，人的工作效率才能提高。从事自己喜欢的工作，工作本身就能给人带来一种满足感，增加乐趣，提高效率。相反，从事自己讨厌的工作，工作就成了人的负担，使人从心里抵触、逃避工作，马马虎虎，敷衍了事，给门店经营造成危害。

对于那些大家都不喜欢的苦活、累活等工作，可通过给予比较优厚的待遇或提供其他照顾条件，作为员工牺牲个人利益的补偿，尽量使企业的每一项工作都有人愿意干。

【小资料】

某儿童用品店专门经营儿童玩具租赁业务，刚开始为了提高店铺的形象，招聘了大批年轻女孩子，还专门定制了漂亮的工服。可是上岗后，频频出现顾客投诉问题。有的抱怨其服务态度不好，有的埋怨一些玩具保护措施没有跟上。后来经过店长的细心观察，他发现这批年轻的女孩子由于没有看护小孩的工作经验，根本不清楚玩具的某些特性会伤害到小孩，所以就无从开展保护工作。而且她们对小孩缺乏耐心，尤其是不知道怎么应付哭闹的小孩。时间一长，就对这个工作起了厌烦的情绪。根据这个情况，店长果断地解雇了这批年轻的女孩子，转而招聘了一批有小孩看护经验、年龄在 35 岁以上的中年女性。由于她们熟悉儿童的秉性，工作起来得心应手。再加上她们非常喜欢孩子，充满母爱，所以对小孩特别细心。顾客们的投诉少了，表扬增加了。

(2)工作分配要“求稳不求速”。

店长在确定岗位人选过程中,要“求稳不求速”。不要一空出某工作岗位,就急急忙忙地随便抓个人就上。这样仓促的决定,不仅不利于门店工作的顺利移交,而且会因为人选的不当,而使门店受到不应有的损失。

【小资料】

曾有某超市一个电工突然提出离职,店长没有经过深思熟虑就安排某持有电工证的店员补上这个工作岗位。一天,店内因设备发生故障,造成营业期间的大面积停电。该电工找不出问题,束手无策,给超市造成了重大的经济损失。原来该店员获取电工证书后根本就没有从事过实际的电工工作,再加上时间久远,早已将原来学过的电工知识还给老师了。后来,该店长被总公司以失察缘由罚一个月奖金。

因此,店长在进行人员安排时,一定要做大量调查了解工作,还要对员工在新岗位的工作进行一定时间的试用,通过试用来考察员工是否适合新岗位的工作。经过试用,证明胜任的员工,应当保持一定的稳定性,不要轻易调整他们的岗位。

(3)岗位合理搭配,优势互补,使“1+1 >2”。

每个人各有所长也各有所短,取他人之长补己之短,避免短处对工作的影响,通过个体之间取长补短而形成整体优势,实现组织目标的最优化。门店的每一个岗位都不是孤立存在的,将各个岗位的员工适当组合,能够释放出比单个员工简单相加更大的能量。而员工组合不当的团队,工作绩效还比不上个人成绩的简单相加。店长在安排员工时,应优化组合,形成员工能力的互相补充,人才结构科学化,相互配合,建立良好的人际关系,促进组织内的团结协作,提高工作效率。

知识二 门店员工招聘的渠道

人员招聘是门店人事管理工作的重要一环,它直接关系到门店能否继续发展壮大。招聘工作的成败在很大程度上取决于有多少合格的应聘者来应聘,应聘的人数越多,企业选择到合适人员的可能性就越大,因此招聘渠道的合理选择非常重要。对大型的连锁企业来说,门店员工招聘渠道可分为内部招聘和外部招聘。

1. 内部招聘

门店员工内部招聘主要有两种方式:一种是内部员工推荐,另一种是内部员工选拔。内部员工推荐,是指选择某些职位向员工公布,员工向店长或者门店人事部门推荐,推荐成功者将获得奖励。通过内部员工推荐应聘者,同时制订鼓励政策发动员工参与到招聘和推荐活动中来,快捷有效,避免时间和资源的浪费。这不但降低了招聘成本,还可以吸引到更高质量的员工。

内部员工选拔是指通过内部晋升、工作调换、工作轮换、人员重聘等方法,从店铺内部人力资源储备中选拔出合适的人员补充到空缺或新增的岗位上去的活动。

(1)提拔晋升。

当内部出现空缺职位时,可以从下一级职位的员工中选择胜任该岗位的优秀员工予以提拔。这种方式能有效地激励员工,而且内部提拔的员工对本单位的业务工作比较熟悉,能够尽快适应新工作。

(2)工作调换。

工作调换也称“平调”,是在内部寻找合适人选的一种基本方法。这样做的目的是填补空缺。它还可以使内部员工了解公司内其他部门的工作。

(3)工作轮换。

工作轮换和工作调换有些相似但又有区别。工作调换时间往往比较长，而工作轮换则通常是有时间界限的。工作调换是单独、临时的，而工作轮换往往是两个以上、有计划进行的。工作轮换可以是门店内部管理员工或普通员工有机会了解单位内部的不同工作，给那些有潜力的员工提供可能晋升的条件，同时也可以减少部分员工由于长期从事某项工作带来的职业倦怠感。内部招聘渠道的优缺点分析对照，见表 3－7。

表 3－7　门店内部招聘渠道优缺点

招聘渠道		优　点	缺　点	适合岗位
内部	员工推荐	1. 对岗位要求了解准确，推荐成功率高 2. 成本低	可推荐人员素质及数量受推荐人交际圈限制	中、低端岗位
	内部竞聘	1. 对工作流程非常了解，岗位适应期较短 2. 有较好的激励示范作用 3. 成本低	1. 受内部人才资源限制 2. 竞聘人员综合素质与岗位需求的吻合度较低	所有岗位
	内部任命	1. 对候选人长期考察，岗位适应期较短 2. 效率高，有一定的激励作用 3. 成本低	1. 受内部人才资源限制 2. 某些时候可能对其他员工产生消极影响	所有岗位

2. 外部招聘

外部招聘的渠道很多，每一个渠道各有特点，适用情境也会有差异。具体见表 3－8。

表 3－8　外部招聘渠道优缺点

渠道类别		优　点	缺　点	整体分析及使用建议
网络招聘	企业网站	花费最少	点击率是关键	点击率不高的情况下可以作为一种守株待兔的方式，点击率较高人群适合可行性就高多了
	专业招聘网站（如前程无忧、智联招聘、中华英才网等）	1. 可随时发布招聘信息 2. 发布后管理方便 3. 受众面广 4. 周期长、简历数量大 5. 花费较低	1. 简历筛选量大 2. 应试率较低，岗位针对性不强	1. 一般岗位可首选此渠道发布，是目前企业最常用的渠道 2. 不太适合资深专业人员和高级管理岗位
	相关论坛、QQ群等发信息	人群针对性强	1. 需要一定的人力和时间 2. 诚信度不太高	1. 一般不太提倡这种招聘方式 2. 专业性很强职位的招聘，可以在此专业论坛发招聘信息

续表

<table>
<tr><th colspan="2">渠道类别</th><th>优 点</th><th>缺 点</th><th>整体分析及使用建议</th></tr>
<tr><td rowspan="3">校园招聘</td><td>学校信息栏海报</td><td>花费很少</td><td>不够正规，没有校方的肯定与支持</td><td>大四上学期中旬，即 9～10 月实施比较合适</td></tr>
<tr><td>学校组织招聘会</td><td>花费很少</td><td>竞争力比较大，知名企业、大企业更占优势</td><td>1. 时刻保持与校方就业办联系，随时准备参加
2. 有时效性，一般是每年 11 月至次年 1 月</td></tr>
<tr><td>校企联合专场</td><td>人数能得到极大满足，也能提高企业知名度</td><td>花费相对较大，对知名企业、大企业批量招聘更适用</td><td>1. 适合批量招聘
2. 最好在校方准备招聘会前期举行
3. 需要做一些企业宣讲的准备工作</td></tr>
<tr><td rowspan="2">现场招聘会</td><td>大型招聘会</td><td rowspan="2">效率较高，可快速淘汰不合适的人选，控制应聘者的数量和质量</td><td rowspan="2">1. 花费较高，要投入一定的人力和场地
2. 有效周期短
3. 受展会主办方宣传推广力度影响，求职者的数量和质量难以有效保证</td><td rowspan="2">1. 适用于普通型人才的招聘
2. 如果没有大量的岗位需求和合适的大型招聘会(如每年春季的大型招聘会)，建议不参加</td></tr>
<tr><td>人才市场招聘会</td></tr>
<tr><td rowspan="4">媒体广告招聘</td><td>电视媒体</td><td colspan="2" rowspan="2">如中央电视台举办的《绝对挑战》知名企业招聘栏目、湖南电视台举办的《超级女声》节目、天津卫视的《非你莫属》，这些都是企业市场营销的重要方式</td><td rowspan="2">不适合中小企业操作</td></tr>
<tr><td>广播媒体</td></tr>
<tr><td>杂志周刊</td><td>保存性好</td><td>时效性差</td><td>一般不适合招聘广告的投放</td></tr>
<tr><td>报纸</td><td>传播范围广</td><td>1. 花费较高
2. 时效性短</td><td>1. 普通企业招聘效果不够理想，不建议使用
2. 知名企业、大企业可以尝试</td></tr>
</table>

续表

渠道类别		优　点	缺　点	整体分析及使用建议
猎头公司招聘	猎头	1. 周期长、针对性强，可以保证招聘效果 2. 利用猎头公司储备人才库、关系网络在短期内快速、主动、定向寻找企业所需要的人才	花费很高，通常为被猎成功人员年薪的 20%～30%	1. 适用于中高层管理人才，以及难招的岗位和稀缺人才的招聘 2. 要注意让猎头公司了解自己企业的用人特点和需求，建议长期使用一家猎头公司 3. 注意避免猎头公司挖自己企业的人
网猎招聘	新形式，网络招聘与猎头的结合体，让网友向网站荐人才，网站经过评估推荐给企业	1. 相对于猎头公司招聘费用较低 2. 轻松获得高质简历	—	可留意一些网上咨询公司和招聘网站，如中华英才、中人网猎

【技能培养】

门店进行人员招聘工作需要有一整套既定的程序，只有严格按照相应的招聘程序开展工作才能确保聘用人员的质量。

技能一　确定岗位人员需求

确定人员需求是招聘工作的前提，店长必须清楚地了解门店的岗位和人员需求情况，只有这样，才能制订出符合门店实际需要的招聘计划。

1. 确定需要招聘的职位

在确定需要招聘的职位时，需要考虑的因素包括：急需填补岗位空缺的部门、职位及其工作内容、职责和权限；店员的流动情况和流动所占的比例；门店和部门的人员结构比例和人才梯队建设情况。门店员工招聘中，有些职位并不是非招不可的，还有一些替代招聘的方案。

2. 确定各职位的任职资格

这需要店长考虑的因素包括：应聘职位的年龄、性别、外貌、学历和受教育（培训）情况、工作经验、专长、以往的履历和业绩、个性、兴趣爱好、知识技能等。

3. 确定需要招聘的人数

需要考虑空缺职位所需的人员数；掌握求职人数和空缺职位的合理比例，以确定人员招聘的规模。店长确定好人员需求后，填写“人员需求申请表”，并上交给公司人力资源部，见表 3－9。

表 3-9 人员需求申请表

填写时间：

<table>
<tr><td>申请部门</td><td colspan="2"></td><td colspan="2">部门经理</td><td colspan="2"></td></tr>
<tr><td rowspan="2">申请原因</td><td colspan="6">□员工辞退 □员工离职 □新增业务 □新设部门</td></tr>
<tr><td>说明</td><td colspan="5"></td></tr>
<tr><td rowspan="9">需求计划说明</td><td>职务名称</td><td>工作描述</td><td>所需人数</td><td>最迟上岗日期</td><td colspan="2">任职条件</td></tr>
<tr><td rowspan="4">职位 1</td><td></td><td rowspan="4"></td><td rowspan="4"></td><td>专业知识</td><td></td></tr>
<tr><td></td><td>工作经验</td><td></td></tr>
<tr><td></td><td>工作技能</td><td></td></tr>
<tr><td></td><td>其他</td><td></td></tr>
<tr><td rowspan="4">职位 2</td><td></td><td rowspan="4"></td><td rowspan="4"></td><td>专业知识</td><td></td></tr>
<tr><td></td><td>工作经验</td><td></td></tr>
<tr><td></td><td>工作技能</td><td></td></tr>
<tr><td></td><td>其他</td><td></td></tr>
<tr><td>台请/人</td><td colspan="6"></td></tr>
<tr><td rowspan="2">薪酬标准</td><td>职位 1</td><td>基本工资</td><td></td><td>其他待遇</td><td colspan="2"></td></tr>
<tr><td>职位 2</td><td>基本工资</td><td></td><td>其他待遇</td><td colspan="2"></td></tr>
<tr><td>部门经理意见</td><td colspan="2">签字：</td><td colspan="4">日期：</td></tr>
<tr><td>人力资源部意见</td><td colspan="2">签字：</td><td colspan="4">日期：</td></tr>
<tr><td>总经理意见</td><td colspan="2">签字：</td><td colspan="4">日期：</td></tr>
</table>

技能二 制订招聘计划

招聘计划是否完善，直接影响招聘工作的成效，因此，每次招聘之前，店长应指导相关人员制订详尽、可行的招聘计划并予以监督审核，而后才能正式开始招聘工作（见表 3-10）。招聘计划的基本内容应包括以下六个方面：

1. 招聘的准备工作

所确定的招聘职位、人数和要求等信息（附职务说明书或聘用标准）；最终的聘用标准以及招聘面试方案（如需要笔试还需准备笔试的内容）、面试考官等。

2. 发布招聘广告的渠道

根据前面所讲到的外部招聘中的各种方式选择适合门店具体情况的媒体渠道，可以是一种，也可以是多种。

3. 招聘成本的预估

主要是结合所选择的招聘方式对招聘过程中广告投放、资金设备投入等所产生的成本进行初步预估和评价,力争尽量降低成本。

4. 甄选考查方式

通常有以下四种考查方式。

①笔试:通过在规定时间段内完成答卷的形式对应聘者进行考查,是对应聘者的业务知识和语言文字能力的专项考查,能够着重评价应聘者掌握专业知识情况和思考能力。

②面试:通过面对面问答交谈的形式对应聘者进行的考查,能在较短促和集中的时间段内综合考查应聘者的各项能力,尤其能展现出应聘者的沟通和表达能力、应变能力等素质。

③实地测验:通过设计情境的形式对应聘者进行即兴考查,重点考查应聘者的实际操作能力和工作适应能力。

④心理测验:是对人的智力、潜能、气质、性格、态度、兴趣等心理素质进行有效测评的方法,在测评中主要采用心理量表来完成。

5. 日程安排

日程安排包括面试过程中招聘信息发布的日期,应聘者的初选日期、笔试时间、面试时间、复试时间,新员工的入职日期,招聘工作的总结或评估日期。

6. 招聘工作所必需的文件资料

招聘工作所必需的文件资料包括招聘广告的内容和形式、应聘登记表的内容和形式等各招聘工作所需的资料文件,如表 3-10 所示。

表 3-10　招聘工作计划表

单位名称:　　　　　　部门名称:　　　　　　填表日期:　　年　　月　　日

<table>
<tr><td rowspan="3">招聘计划</td><td>岗位名称</td><td colspan="3">人员数量</td><td colspan="3">人员要求</td></tr>
<tr><td></td><td colspan="3"></td><td colspan="3"></td></tr>
<tr><td></td><td colspan="3"></td><td colspan="3"></td></tr>
<tr><td>发布时间</td><td colspan="7"></td></tr>
<tr><td rowspan="2">发布渠道</td><td>发布方式</td><td colspan="6">□报纸　□网站　□专业/行业杂志　□人才中介机构　□人才市场
□猎头　□其他</td></tr>
<tr><td>发布安排</td><td colspan="6"></td></tr>
<tr><td rowspan="2">招聘工作预算</td><td>项目</td><td></td><td></td><td></td><td></td><td></td><td>共计</td></tr>
<tr><td>金额</td><td></td><td></td><td></td><td></td><td></td><td></td></tr>
<tr><td rowspan="5">招聘小组
成员分工</td><td>职务</td><td colspan="2">姓名</td><td colspan="2">所属部门</td><td colspan="2">工作职责</td></tr>
<tr><td>组长</td><td colspan="2"></td><td colspan="2"></td><td colspan="2"></td></tr>
<tr><td>副组长</td><td colspan="2"></td><td colspan="2"></td><td colspan="2"></td></tr>
<tr><td>成员 1</td><td colspan="2"></td><td colspan="2"></td><td colspan="2"></td></tr>
<tr><td>成员 2</td><td colspan="2"></td><td colspan="2"></td><td colspan="2"></td></tr>
</table>

说明:此表用于人力资源部门开展招聘工作以前的计划,由人力资源部填写,通知相关部门。

【小资料】

上海屈臣氏日用品有限公司招聘公告

公司行业:批发、零售　　公司性质:合资(非欧美)　　公司规模:500人以上

公司简介:

屈臣氏是亚洲享负盛名的保健及美妆零售商,业务遍布亚洲及欧洲11个地区,包括中国(中国内地、香港、台湾及澳门)、新加坡、泰国、马来西亚、菲律宾、印度尼西亚、土耳其及乌克兰,经营超过4 800家店铺,其中超过1 400家提供专业药房服务。凭借多年的积累与成绩,屈臣氏早已在同业中突围而出。

屈臣氏在中国内地360多个城市拥有超过2 200家店铺和逾4 500万名会员,是国内为大众所熟知的保健及美妆产品零售连锁店。屈臣氏在质量与创新方面建立了相当声誉,为顾客提供舒适的购物环境,从而赢得顾客的高度信赖。

屈臣氏一直全心全意在保健及美妆产品零售业中耕耘,为顾客提供个性化的咨询及建议,配以多元化的产品种类,令顾客每天都能"LOOK GOOD, FEEL GREAT"。屈臣氏在亚洲深受消费者欢迎,同时在欧洲乌克兰亦被认可为颇受追捧的保健及美妆产品零售商。屈臣氏在保健与美妆行业中拥有超过25年的经验,为消费者与行业带来更多优质、专业及贴心的服务。

屈臣氏是屈臣氏集团旗下引领保健及美妆潮流的旗舰品牌。有关屈臣氏集团及旗下品牌资料,详情请浏览:www. watson. com。

招聘职位:见习助理店长。

招聘人数:6人。

岗位职责:带领店铺管理团队实现销售和利润的最大化,提供指导、培训,以确保所辖店铺的顾客服务、店铺陈列、库存管理以及店铺行政工作的高标准执行;保证所有公司制度得到持续的贯彻,同时一直努力降低店铺成本。

薪资待遇:面议

工作地点:上海

学历要求:大专及以上学历

职位要求:

(1)了解卖场日常管理(安全、清洁、POP、订收货、报表等)。

(2)了解连锁店铺的收银管理、促销管理、货品管理(货架、陈列、库存等)。

(3)掌握员工管理技巧(工作安排、员工培训等)。

(4)1年以上卖场管理经验或外资餐饮连锁企业餐厅管理经验。

(5)良好的沟通能力及团队合作精神。

(6)具有上进心及吃苦耐劳的工作态度。

联系人:华东区人力资源部

电子邮箱:wayne. he@watson. com. cn

邮政编码:200032

地址:上海肇嘉滨路789号25楼A(B1 —2)

技能三　人才甄选

研究表明,同一岗位上最好的员工比最差员工的劳动效率要高三倍,这意味着在人员进

入企业之前，需要有一个良好的辨别、甄选过程，挑选出有相应技能、知识和经验，同时又愿意投身企业工作的人。因此，人员筛选是招聘过程中最关键，也是技术性最强的一步。

1. 初步筛选

初步筛选的总原则是以硬性条件或标准，如学历、工作年限、从业经历等，初筛应聘资料，筛选出不符合职位要求的求职者。但是，在实际执行过程中，要适当变通。简历初选由人力资源部负责招聘的人员根据应聘者简历进行初步筛选。

【小资料】

简历筛选要注意以下三个要点。

①简历并不能代表个人的工作能力，但可以通过简历大致地了解应聘者的情况，初步判断出是否需要安排面试。应尽量避免通过简历对应聘者做深入评价。

②工作经历比学历重要(职位不同，考察侧重点不同)。应聘者过往的工作经历最能反映出他的需求特征和能力特征。从应聘者的工作经历中还可以反映出他的价值观和价值取向。

③要善于发现简历上的疑点。发现应聘者工作空当的真正原因、应聘者频繁换工作的原因、应聘者离职的真正原因。

2. 笔试或测验

不同职位性质的人才甄选在形式上会有所不同，一般管理职位和内部竞聘会侧重于采用笔试的方式，而一般店员的招聘多直接采用即兴测验的方式。

3. 面试

招聘面试的基本目的：给主考官和应聘者双方进一步了解的机会，从而做出最佳决策。由于面试时间有限，一次精心准备的面试可以达到事半功倍的效果。当你招聘一个重要职位的时候，你可能要经过人力资源部门的初试、用人部门的专业面试、人力资源部门的行为能力测试以及公司高层管理人员的复试四个阶段。一般职位招聘至少要完成人力资源部门初试和用人部门的专业面试两个阶段，主要关注工作的动机、性质和行为等，还包括一些与应聘职位相关的专业知识和能力。

门店店长在招聘选人过程中常用的面试方法有以下几种。

情景模拟。情景模拟是更具有挑战性的测试，它模拟一种工作或生活情景，通过无领导小组这种竞争性的情景，要求应聘者在这种特殊情景下，通过与小组其他应聘者的竞争、冲突和合作的多种复杂情景，来客观考察应聘者的心理素质和潜在能力。

如在帮助企业招聘销售管理人员的面试过程中，可以模拟一定的情境。假如，客户使用的是诺基亚手机，你是摩托罗拉手机的推销商，那么你怎么让他放弃使用诺基亚手机呢？在这样的一个情景中，对应聘者进行测试。

通过这样的测试可以观察应聘者的应变能力，以便确定应聘者是否具有销售潜质，这一点可以作为录用的一个参考。

即兴演讲。可以给应聘者安排一个题目，让其稍做准备进行即兴演讲，从而观察和了解应聘者的应变能力、反应理解能力、语言表达能力、言谈举止、风度气质和思维方式等。此种方法对于销售人员、管理人员、培训师、公关关系人员等职位的招聘都可以使用。

无领导小组面试法。无领导小组面试法是指安排一组互不相识的应聘者(通常为6～8人)组成一个临时任务小组，并不指定任务负责人，请大家就给定的任务进行自由讨论，并拿出小组决策意见。测试者对每个被试者在讨论中的表现进行观察，考察其在自信心、口头表达、组织协调、洞察力、说服力、责任心、灵活性、情绪控制、处理人际关系、团队精神等方面的能力和特点。

【小资料】

某企业招聘营销策划人员，对于营销策划这个岗位需要的关键能力是创新能力。在几十个应聘者中有一个人胜出了，此应聘者毕业于清华大学，各方面都很优秀，该企业的招聘者感觉比较满意。但是，在最后一轮面试中采取无领导小组面试方法，每6～8人为一组，每个小组提出一个问题由大家讨论，这个应聘者凭借其灵活思维直奔问题本质，但是，在接下来的小组讨论中，他表现得极其恃才傲物，无视其他成员。他的表现给招聘者留下了无团队意识的印象。团队合作精神是企业在招聘时比较看重的素质之一，也是策划人员的必备素质之一。因此，这位候选人便被排除在外。

由以上案例可以看出，无领导小组面试法能测试出应聘者的不足之处。无领导小组面试过程中，面试官要通过以下六个方面考察应聘者。

第一，考察应聘者参与有效发言的次数。

第二，应聘者是否有缓和紧张气氛、说服别人、调解争议的能力，并使众人的意见达成共识。

第三，应聘者能否提出自己的见解和方案。

第四，应聘者能否倾听别人的意见，在别人发言的时候，不强行打断别人。

第五，应聘者是否具备语言表达、分析问题、概括或者归纳总结的能力。

第六，应聘者反应的灵敏性、发言的主动性。

以上是面试过程中的几项基本标准，企业可以根据实际情况做相应的增加或者减少。

行为面试法。行为面试是通过一份结构化的问卷对应聘者进行面试，旨在发现应聘者在过往经历表现出来的素质（或关键能力）与目前职位要求素质（或关键能力）之间的吻合程度，从过去行为预测未来行为，以此确定应聘者是否适合该职位的一种方法，是一种以行为、事件为基础的面试。

设计行为面试题目。在设计面试题目时，应注意以下两个问题：一是设计问题时要考虑职位所要求的通用的能力素质标准、专业的胜任素质标准以及企业文化层面上的胜任素质标准；二是在设计面试题目的时候一定要使用STAR工具，也就是说设计的问题要能够使应聘者回答做了什么？怎么做的？结果是什么？STAR面试法的基本假设是一个人过去的行为可以预测这个人将来的行为。

S(situation)，即某项应聘者从事过的事件所处的背景。

T(task)，即该应聘者为完成上述事件所承担的工作任务。

A(action)，即该应聘者为完成上述工作任务所采取的行动。

R(result)，即该应聘者在完成上述工作任务后得到的结果。

首先，要了解应聘者工作业绩取得的背景(situation)。通过不断提问与工作业绩有关的背景问题，可以全面了解该应聘者取得优秀业绩的前提，从而获知所取得的业绩有多少是与应聘者个人有关，多少是和市场的状况、行业的特点有关。

其次，要详细了解应聘者完成的业务工作中有哪些工作任务(task)，每项任务的具体内容是什么样的。通过这些可以了解应聘者的工作经历和经验，以确定其所从事的工作与获得的经验是否适合现在所空缺的职位。

再次,了解该应聘者为了完成工作任务所采取的行动(action),即了解其是如何完成工作的,都采取了哪些行动,所采取的行动是如何帮助他完成任务的。通过这些,可以进一步了解他的工作方式、思维方式和行为方式。

最后,关注结果(result),每项任务在采取行动之后的结果是什么,是好还是不好,好是因为什么,不好又是因为什么。

这样,通过 STAR 式发问的四个步骤,一步步将应聘者的陈述引向深入,挖掘出应聘者潜在的信息,为企业更好地决策提供正确和全面的依据,既是对企业负责(招聘到合适的人才),也是对应聘者负责(尽可能地展现自我、推销自我),获得一个双赢的局面。

设计行为面试追问大纲。让应聘者讲述自己的经历,描述事件的细节和在该事件中的角色。

【小资料】

销售人员行为面试问卷设计

通用集团招聘销售管理人员。通用集团对于该职位应聘者的要求是责任心和创新精神,那么在行为面试过程中应该设计哪些问题?如何设计追问大纲?

通用集团的企业文化强调责任心和创新精神,那么在面试过程中要对这两项进行测试,这是设计行为面试环节的核心。以下是通用公司设计的相关问题。

(1)当你遇到极其刁蛮的客户时,你如何处理并满足客户的需求?

(2)当你接管了一个新的客户群时,如何才能使这些客户成为你的固定客户?

(3)和已存在的老客户打交道以及和新客户打交道,你更喜欢哪一种?

以上仅仅是通过行为面试来测试应聘者,那么在实际招聘面试的过程中,不可能仅用一种方法来测试,而是同时采用其他方法来测试。

以招聘销售管理人员为例,销售管理人员一定要能够影响客户,使客户接受他的产品,并最终签销售单。落实在行为表现上就是要说服别人,那么对于此项考察的关键点就应是:①预先准备必要的信息来支撑自己的观点;②努力理解客户,传递适合客户的信息,有效说服和影响他人。如果在面试过程中,应聘者表现出了以上能力,那么这个人便在候选之列。

技能四 行为面试法的实际应用

1. 影响力的行为面试

影响力是销售管理人员所必须具备的一项素质,这种影响力涵盖三个方面,分别是影响上级领导、影响客户以及影响他的同级和下级。那么在设计行为面试题目上则可以设计以下问题。

(1)在工作中为了让自己的上级能够顺利地接受和支持你的某个项目方案,你曾经采取过哪些措施?请描述一下。(通过这个问题可以将其放在过去的情境当中来观察他的行为。)

(2)你是如何鼓励下属确保本部门工作目标完成的?

(3)你是如何影响大客户签下最大一笔销售单子,请举例,并说明当时的情景是什么样的。目标任务是什么?为了完成这样的目标和任务你采取了什么样的行动方案?最终的结果是什么?

通过上述三个问题，面试官便对于他是否有影响力有了一定的把握。

2. 团队合作精神的行为面试

作为一个销售管理人员，一个非常重要的素质是具有团队合作精神，这种素质要求应聘者能够团结同事，密切配合同事完成工作任务。它的关键考察点就是在团队中尽可能地彼此支援和配合，以作为团队中的一员而自豪；明确自身在团队中扮演的角色，发挥自己的特长为团队做贡献；以欣赏信任和支持的心态对待团队伙伴，共同为团队目标做出努力。具备以上标准之后，在面试当中便可以根据应聘者的关键行为，推测其是否具备团队合作精神。用行为面试的方法进行测验，可以设计以下几个问题。

(1)你如何与相关部门的人员建立协作关系？或者请你讲一下你所在的部门与其他部门因部门间工作协调而发生矛盾的经历，你是如何处理的？你在处理过程中起到了什么作用、担当了什么样的角色？

(2)当你负责的部门接受了一项重要的工作，你把工作交给你的员工去实施方案。请描述一下通常情况下他们是如何工作的？

第一个问题是测试应聘者和其他部门之间的团队合作是如何协调的，第二个问题测试其在部门内部的协调能力。如果在回答这两个问题时，应聘者表现出企业所要求的关键行为，那么就可以判断其具有团队合作精神。

3. 决断能力的行为面试

如果是销售总监，那么他需要具备决断能力。决断能力是把精力放在相关的或重要的目标上做出帮助自己和他人不断前进的决策。它关键的考察点就是为自己和他人确定事情的优先次序，在混乱或者复杂的环境里能够积极有效地工作，能够快速地应对琐碎的事情。如果应聘者表现出以上行为，那么就可以判断其具备较强的决断能力。通过行为面试法测试应聘者的决断能力，可以设计以下问题。

请描述你所做过的最能体现你工作能力的一件事，当时的情况是什么样的？采取的决策是什么？结果是什么样子？

4. 执行力的行为面试

执行力比较强的人具备采用创新性的、严格规范的管理行为，高效率地实施计划，取得成果的能力。此外执行力比较强的人行动力也比较强。要制订可行性的计划，首先要理解上级的意图并且能够传达给下级。并且能用最合理的方式利用资源将计划执行下去。计划执行的过程中还能监控和指导计划执行。

行为面试的问题如下：请你描述一下你落实得最好的一项任务，当时的背景是什么？目标任务是什么？为了完成这样的目标和任务你采取的方案是什么、对策是什么、结果是什么？

通过以上这些关键行为的表现，可以了解应聘者是否具备这样的素质。但是，作为一个销售人员具备这几个能力素质还不够，还要具备市场调研能力、渠道开拓能力、自信力、承受力以及抗压能力等。如果对于以上各项能力的测试都按照标准的体系进行的话，那么应聘者的失败率会大大降低。

除了以上各项能力之外，至关重要的还有企业核心价值观和企业精神。对于此项素质的行为面试可以通过以下问题测试：请举例说明你在过往的工作中最能体现你的创新与责任心的工作案例。

【小资料】

门店店长面试中的"经典七问"

以往工作中你的职责是什么？——如果描述不清，可见即使有相关工作经验，其系统性及全面性也值得怀疑。

请讲一下你以往的工作经历。——考察应聘者的语言组织及表达能力。

你以往的工作经历中最得意、最成功的一件事是什么？您的长处是什么？——从应聘者的回答中，可了解其是注重个人成功还是注重团队协作。

你感觉还有哪方面的知识、技能或能力需要提升？——"提升"一词比较委婉，一方面考察应聘者态度是否坦诚；另一方面，可使日后的员工培训更有针对性。

对于新的工作岗位你有什么设想？如何开展工作？——这涉及员工的职业生涯设计，更有关员工工作的稳定性。

你离职的原因是什么？——这是必须要问的问题，涉及员工和组织的融合性。

你对薪金待遇和福利有什么要求？——这个问题的重要性更是不必多言。

门店店长面试中倾听的技巧。

倾听是有效面试的根基。遵循"20/80 法则"，也就是说在面试的过程中，80%的时间是应聘者在回答问题，20%的时间是面试官在提问问题。面试时要防止的倾听陷阱，如以下几点。

打断谈话：面试过程中不要随意打断应聘者的回答。

显得太忙：不要在面试过程中打电话、找文件，这样显得对应聘者不尊重。

只挑想听的听：面试过程中不可拣自己想听或感兴趣的听。

忽略非语言信号：面试过程中要注意应聘者肢体、神态等非语言信号。

只看细节，不看全景。

5. 录取试用

对于人力资源部和用人部门共同决定录用的应聘者，公司要向应聘者下达录取通知书。图 3-3 为员工录用工作流程。

一般而言，新员工在面试合格后，要经历试用期的考核，见图 3-4。原则上，没有相关经验的员工试用期为 1～3 个月，具体依签订合同的期限为准。期满考核合格者，才能正式聘用。表现优良者，可适当缩短试用时间。

6. 招聘工作的评估

一般情况下，在一次招聘工作结束之后，需要对此次的招聘工作进行评估总结，分析整个过程的得失，同时对门店的人力资源状况进行全新的考量，为以后的招聘工作和人事管理工作打下基础。

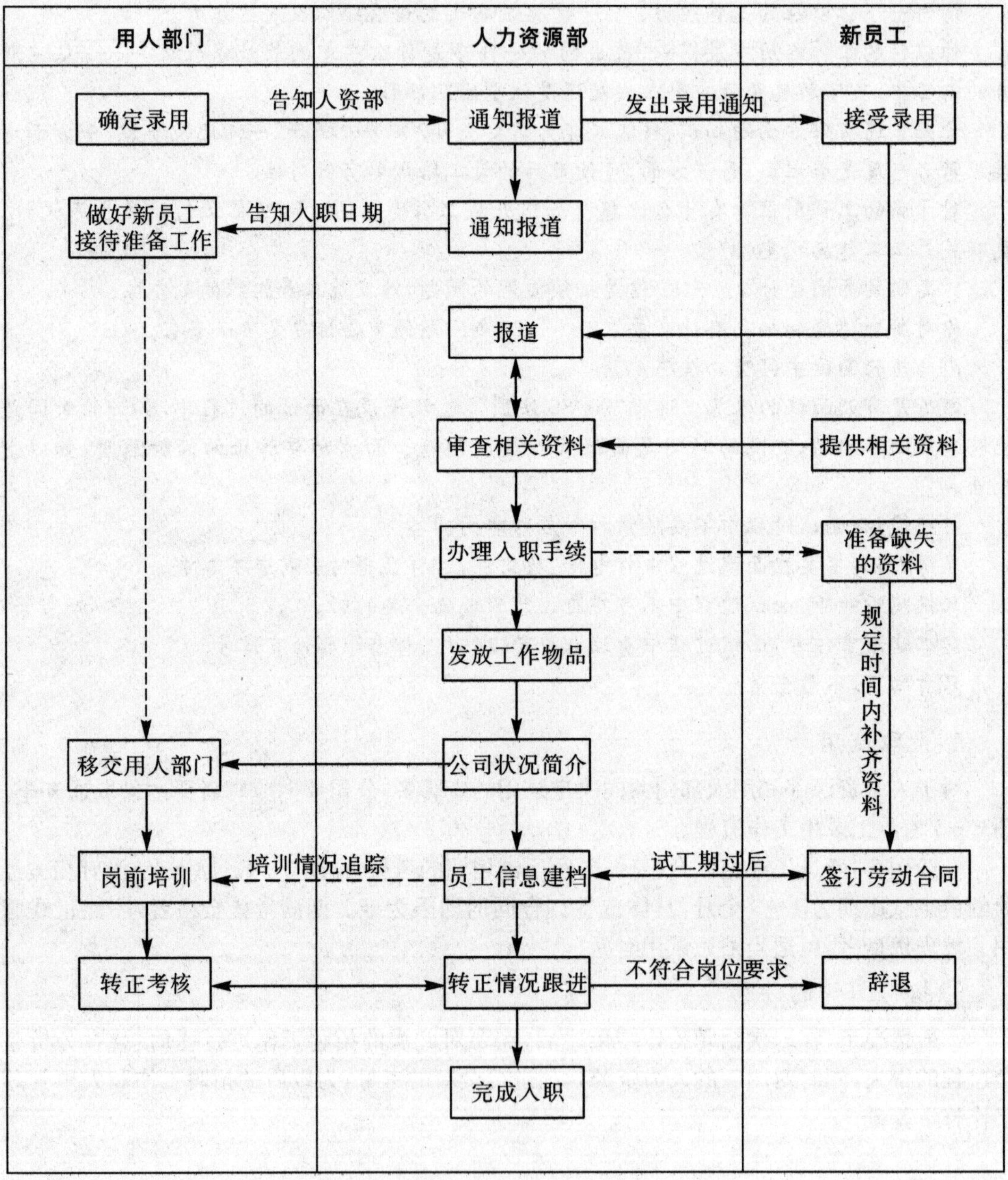

图 3-3　员工录用工作流程

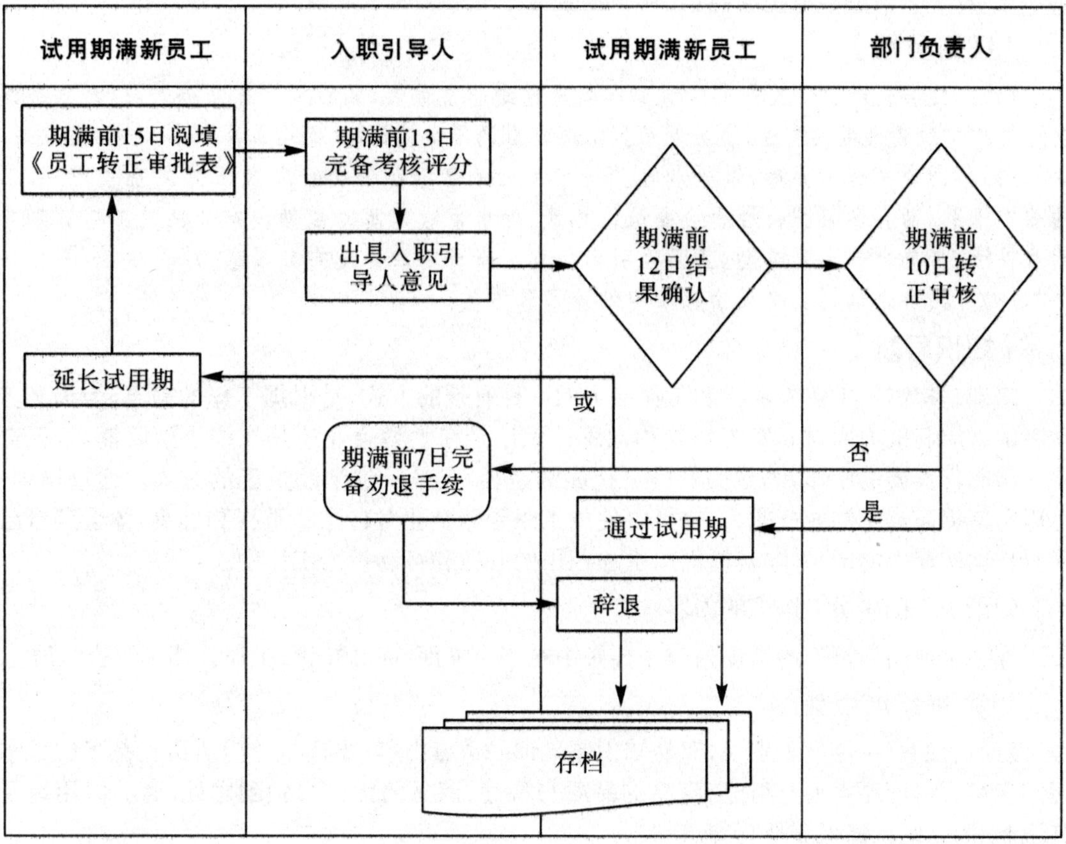

图 3-4　员工试用期考核工作流程

任务三　培训和辅导门店员工

【任务导入】

在刘伟和人力资源部的共同努力下，从应聘的 12 名应聘者中挑选了 2 名，一名店长助理，一名导购员。两天后两名新员工都按时上班了，刘伟先对他们进行了新员工培训，简单介绍了门店的基本情况，详细讲解了门店的工作制度和要求，包括着装和仪容等要求，特别强调上班要化淡妆，不能浓妆艳抹，但是培训后的第 2 天，新招的导购员还是浓妆艳抹地来上班，刘伟看见了非常生气。

新员工上班的第 2 天，刘伟就给导购指定了本店非常优秀的销售冠军当这名新员工的带教师傅，刘伟则是店长助理的带教师傅。一周下来，新导购对自己的带教师傅很有意见，说带教师傅教她不用心，有点应付她，而且讲得非常快，根本来不及记笔记。刘伟找那个导购师傅了解情况，原来是在员工带教方面，她有着难言之隐。门店员工流动性较大，在带教时，她花费大量时间和精力带教新员工使其尽快上手，好不容易新员工掌握情况，可以上手了，但是新员工却走了！时间长了，她在带教过程中总担心因带教严厉导致员工离职，在带教过程中总有这种后怕心理。所以也不想花费那么多时间和精力去辅导新员工了。

刘伟在培训中也有以下的困惑：这种后怕心理，她该如何处理呢？门店管理制度培训了很多遍,员工还是会屡教不改,这让刘伟很苦恼。请帮艾米支支招。

【任务分析】

(1)一线店长对于带教员工这项工作既感觉到非常重要,又感觉到非常痛苦,这种心态既会影响相关负责人带教质量,还会使新员工感觉自己不受重视,反而增加离职率,恶性循环。

(2)俗话说:"近朱者赤,近墨者黑。"一名用心的带教师傅会让新员工感到备受重视,工作更有干劲,而且学习积极性也会高涨。相反,如果带教师傅的带教没有让新员工感觉到有用和鼓励,带教也就形同鸡肋,毫无吸引力!那么新员工就会没有归属感。

(3)带教和培训员工必须遵循一定的流程和方法。

【知识导航】

培训是提高员工业务素质和工作能力的一种有效的方式,是根据工作的需要,为提高劳动者的素质和能力而对其实施培养和训练。无论是在大型企业还是在中小型店铺,培训都是一项非常重要的工作,既是提升员工技能的途径,也是一种激励员工的方式。通过培训,可以迅速提高员工的业务能力,也可以使员工感受到企业对自己的重视和尊重,体会到自己通过培训所获得的成长体验,进而以更加积极的心态和行动投入工作中。

知识一　门店员工培训的内容

连锁企业门店员工的培训内容主要集中在三个方面:商品知识、工作技能和综合素质。

1. 商品知识培训

对门店的每一位员工来说,商品知识是培训的重点内容,要让每个门店员工都了解并掌握门店经营的商品类型与组成、商品的品质与特性、商品的优点与独到之处、商品的用途及其限制、商品的维修保养技巧等。

2. 工作技能培训

门店员工的工作技能培训通常包括服务技能培训和店务作业技能培训。

服务技能培训目的在于帮助员工按照规范统一的服务准则为顾客提供各种服务,提升员工与顾客之间的人际互动能力,其主要内容是门店的服务规范,如如何迎送顾客、如何观察顾客、如何与顾客交谈、如何应对顾客的投诉等。

店务作业技能培训的目的在于帮助员工按照规范统一的程序开展各种店务作业,创造富有生机的门店氛围。其内容主要是店务作业规范,如商品整理、包装和陈列技巧、票据处理和收银技巧等。

3. 综合素质培训

综合素质培训的目的在于提高员工的综合能力并挖掘其潜力,为员工的发展提供机会,丰富员工生活。其培训内容较为广泛,可能涉及工作态度、心理健康、企业文化、职业道德、社会伦理、职业发展规划以及时间管理、情绪管理等自我管理的能力等。

知识二　员工培训的方式

对员工进行培育要掌握一定的方式,一般来说,主要有职前培训、在职培训、脱岗培训、自我培训四种方式。四种方式各有优缺点,它们分别适应不同的对象,有不同的培训内容。门店应根据自己的实际情况,灵活采用适合自己的培训方式,以保证良好的培训效果。

1. 职前培训

职前培训主要针对新员工。培训的内容主要有两个方面:一个是基础教育,主要包括门店的规章制度、企业文化、基本的商品知识；另一个是技能培训，主要包括着装、服务用语、操作技巧、顾客服务技能等。对于新员工，基础教育的培训时间一般不少于一周，国外连锁企业的培训时间更长(见表 3－11)。

表 3－11　新员工辅导流程

时间	具体内容	新员工	带教师傅	店长	日期
第一天(C班)	新员工自我介绍(优点和缺点)，给老员工介绍新员工，提高店铺员工的凝聚力				
	安排有经验的老员工作为师傅带教新员工，责任落实到个人				
	给新员工准备店铺管理手册				
	品牌资料，公司资料				
	品牌商品的编码规则及解说				
	商品的构成、功能介绍及销售语言模板				
	熟悉商品的大类情况				
第二天(C班)	熟悉商品的单价				
	给新员工讲解店铺的工作流程，中午接班事项(今日销售目标、点货、公司通知事项、店铺陈列、库房整理，重点熟悉店铺及库房商品的摆放位置)				
	店铺有销售氛围时，新员工要认真听取老员工介绍货品的方式方法，协助取货、包装				
	学习业务技能(取货速度，叠板、包装)				
第三天(C班)	店长根据新员工 3 天以来的工作能力、态度及掌握情况确定是否可以继续试用				
第四天(正常倒班)	掌握简单的电脑知识(查询、做收银)				
	考核商品的基础知识及卖点				
	带教师傅给新员工制订目标，让其独立销售，积累销售经验，努力完成当天任务				
第五天	说明店铺商品的陈列规范及出样标准				
	带教师傅给新员工制订目标，让其独立销售，积累销售经验，努力完成当天任务				
	巩固电脑系统知识				
第六天	带教师傅给新员工制订目标，让其独立销售，积累销售经验，努力完成当天任务				
	进行电脑操作				
第七天	店长与新员工沟通，进行带教总结，确定是否留用				
店长随时关注新员工的工作状况，每天对前一天的学习内容掌握程度进行了解和总结，了解新员工的工作状况及心态，及时给予鼓励和帮助					

直营部意见：　　　　　　　　　　　　　　　　　　日期：

2. 在职培训

在职培训又称“工作现场培训”或职工教育，意思是在工作现场内，上司和技能娴熟的老员工对下属、普通员工和新员工们通过日常的工作，对必要的知识、技能、工作方法等进行教育的一种培训方法。它的特点是在具体工作中，双方一边示范讲解、一边实践学习。有不明之处可以当场询问、补充、纠正，还可以在互动中发现以往工作操作的不足、不合理之处，共同改善，也称为“职场内培训”。

【小资料】

跨国公司的在职培训法

有些跨国公司的在职培训是：公司成立一个技术管理委员会，部门领导把本部门的专业知识、技能、流程编写出来，然后汇集到人力资源部，再把各个部门编写的一些手册装订成册，形成公司员工指导手册，或者岗位技能培训书。任何一个员工入职，都会依据培训书中的内容对其进行培训。员工指导手册后面还附有练习题、测试题，如果不进行培训，就完成不了这些题目，就是培训不合格，员工岗位培训合格后，才能上岗。

工作一段时间，管理者通过观察新员工学到的知识是否应用在工作中，并对知识进行管理，搜集员工错误的案例，然后编订成册，以后新员工入职就会有“前车之鉴、后事之师”，避免员工在同一个地方犯错。在职培训做得仔细，有利于管理者及时跟进培训并形成员工指导手册、岗位技能培训书。这就是公司的知识管理，或者经验智慧的一种呈现。

3. 脱岗培训

脱岗培训是指员工暂时脱离工作岗位到学校或其他培训机构参加为期较长的培训。门店脱产培训的对象主要是管理员工。脱岗培训的目的主要有两个：一是管理员工理论上得到较高的提升，开阔视野，了解国内外同行业的最新动态，一般到高等院校和培训机构学习；二是为了学到一些较为先进的管理经验和实操技术、专业知识，一般到优秀的连锁企业学习，加盟店管理员工的培训则是到总部接受系统培训。

4. 自我开发

自我开发指鼓励员工利用业余时间进行学习与提高，如函授大学、电大以及社会上的各种培训，通过自我开发，员工可以获取相应的资格证书，增强职业竞争力。自我开发也可以纳入门店培训体系中，对员工进行自我开发而产生的费用，可以凭员工在职期间获取的从业资格证书或者学历学位证书给予适当的资助。

【技能培养】

技能一　卓越店长辅导员工六个步骤方法

一名成功的店长，不仅要维护店铺形象，更需要运用自身的智慧，鼓励与教育并施，帮助员工成长，实现自我价值的提升，步入卓越店长进阶之路。店长辅导技术分为以下六个步骤。

1. 步骤一：解读意义

这里的解读意义不是解读现在进行的事情对于对方的意义，而是解读对于自己的意义，不是可以帮对方解决多少问题，而是可以为自己解决多少问题，从自己角度出发。比如说，老师在上课的时候，不会去告诉学生做错了什么，而是告诉学生过去曾经做错过了什么；不会去告诉学生会得到什么好处，而是告诉学生因为某种改变而得到了什么样的好处。

尽量以他人的正确作为正面的教材，以及自身的错来作为反面教材，将自己过去所发生的事件与对方分享，让对方感同身受。这个意义和好处店长是一定要说的，只是看用什么样的角度和方式去说，同样的内容，换种方式去诠释，对方的反应会大不相同，吸收的质量也会不一样。

【小资料】

店长指导"80后""90后"员工的误区

店长对"80后""90后"员工指导存在一些错误的看法，主要体现在六个方面。

(1)只讲任务，不讲目标。很多店长在交代员工任务时，通常只讲任务，不讲目标。比如，"小刘，明天上午你去接待一下李总。"对于接待标准要求却未提及，比如，费用、预算等详细信息。

(2)只讲原则，不讲方法。"小刘，客人来了以后，一定要令客人满意，要把卫生搞干净。"对于什么是令人满意，有什么具体方法，怎样才能令客人满意等问题，管理者都没有讲清楚，想要证明卫生搞好，要有验证的依据，比如，用一张纸巾在墙上擦一下，要看不到灰尘。

(3)只讲要求，不讲标准。"接待客人，一定要让他们吃好。"在管理者的言语中没有体现标准，对于预算费、用什么车、在哪里吃饭都没有说清楚。

(4)只讲结果，不讲过程。过程决定结果，如果过程有错误，结果怎么可能正确？所以店长既要看过程，也要看结果。

(5)只讲事情，不讲人情。"小刘，明天的客户拜托你来接待。"小刘说："领导，明天我要陪家人去医院。""不行，有重要客人来，你怎么能不去？"这就是"只讲事情，不讲人情"，不顾及员工的感受。

(6)只讲权力，不讲责任。"小刘，昨天接待事情怎么出了这么多问题，客人向我们投诉，怎么回事？"出了问题店长就怪罪员工，从来不检讨自己的行为。实际上，下属出错，店长也有相应的责任。因此，在面对问题的时候，店长要多考虑自身的问题，而不是推卸责任。

2. 步骤二：你做我看

你做我看的目的是要预先铺垫破除对方"我懂""我知道"的自以为是的心态。店长不要一开始就告诉对方怎么做，而是先让对方在最真实的状态下把自己的能力以及优缺点完全展现出来，这样传授者可以借此先搜集目前对方的能力水平以及过去经验做法的相关信息。比如，我们在教育员工表格填写的时候就可以先问对方："这表格你一般都是怎么填写的，我们先来填写看看"，不要让对方只是用口陈述，可以让其动笔填写。

3. 步骤三：我做你看

我做你看是要让对方知道彼此的差距，从差距中总结找出我们接下来教育对方的方向。当店员现场已经将表格填写完毕后，作为带教的店长也要将同样的表格、任务在对方面前再填写一次，然后把最终结果给对方确认。但是值得店长注意的是，要想呈现的结果是最佳的，那么前期预先做好店铺的准备工作是必不可少的，应当根据带教店铺目前的商品、人员、陈列、业绩状态等，把同样的表格提前先填写一次，在教育员工表格应该如何填写的同时也可以让员工知道我们对于店铺的了解，包括数据、分析、总结、解决方案、计划安排等，将自己良好的沟通能力及动手实操能力展现在员工面前，让其心服口服。虽然店长所带教的内容是有一定道理的，但是对方有没有愿意听、能不能接受都会直接影响到最终教完之后的效果。

4. 步骤四：寻找差距

将员工填写的表格和店长填写的表格放在一起，大家开始寻找差距，最好这时候店长是扮演启发者的角色而不是教育者的角色。因为有差距是肯定的，也是应该的，如果员工所填写的内容与店长填写的差距越大，就代表店长过去教得不到位，应该做出深刻的检讨。但要注意的是，寻找差距的目的是要让店员知道接下来努力的方向，而不是透过差距的比较把优秀的光环建立在店长自己身上。在这个环节上非常忌讳店长拿着两份结果说教，对比着每一点差距，到最后，员工会尴尬无比。

5. 步骤五：解读内容

解读内容的意思就是分析差距是如何形成的，接下来应该如何缩小，做哪些事情和动作可以拉近距离等，这个环节是由店长对员工进行讲解教育，传递思维、知识和技术，以店长解说为主，以员工听和提问为辅。所以它考验的是店长“说”的功底，应当做到以下五点。

(1)说故事不说道理。

(2)有褒有贬。

(3)谈行为不谈个性。

(4)深入浅出。

(5)强化好处。

因此要达到良好的沟通效果，管理者在沟通之前最好可以站在执行者的角度思考和总结出所要传达的内容，这样可以让沟通更具说服力，除了可以清晰表达如何做之外，更重要的是可以让对方清楚为什么要这样做。

6. 步骤六：实操演练

说不如做，所有的理论和内容陈述完毕后，接下来就是动手实操了。所以店长在带教快要结束时，要保持耐心，坚持完成演练。许多店长在后续追踪的现场辅导里，会对员工的不足之处给予指导，但是在给予指导之后也是经常会少了一个更高效的环节，那就是让他在你的面前按照最新的标准重新做一次。且不说他们之后会不会运用，可能当他们转身接待下一位顾客的时候，店长之前所指导的内容已经忘记了。

其实员工带教是一项细活，需要有耐心，因为省事的后果可能就是你必须再另外找时间把之前所有教过的知识全部再教一次，这样反而会更浪费时间和精力。

建议店长不要只填写表格然后交给员工，最好还是可以跟员工一起动手做，同时也可以让员工理解我们的管理思维，需要考虑哪几方面的问题，每个环节需要让员工弄清楚为什么，只有这样由大家共同商讨出来的结果，才会被大家认可。

任务四　评估与考核门店员工

【任务导入】

眼间就到了年底，公司向店长下发了《门店年终考核方案》，组织店长对每个店的员工进行年终考核，公司对店长级别以上管理人员采取360考核法，对员工主要用关键指标考核法(KPI)。刘伟当上店长快一年了，虽然每月都有对员工打分，但是年终这种重要的绩效考核还是第一次做，心里唯免有几分紧张。刘伟知道考核会影响员工的绩效工资，做不好会影响员工士气，还会让员工对她有意见，这让刘伟更觉得有压力。刘伟暗下决心，无论如何一定要做好这次绩效考核工作，否则以后的工作更难开展。

如果你是刘伟，该如何做好这次年终考核呢？

【任务分析】

(1)绩效考核指企业在既定的战略目标下，运用特定的标准和指标，对员工的工作行为及取得的工作业绩进行评估，并运用评估的结果对员工将来的工作行为和工作业绩提出正面引导的过程和方法。

(2)绩效考核是绩效管理过程中的一种手段。本质上是一种过程管理，而不是仅仅对结果的考核。它是将中长期的目标分解成年度、季度、月度指标，不断督促员工实现、完成的过程，有效的绩效考核能帮助企业达成目标，也是每位店员日后晋升和发展的重要依据。

(3)绩效考核是一个不断制订计划、执行、检查、处理的 PDCA 循环过程，体现在整个绩效管理环节，包括绩效目标设定、绩效要求达成、绩效实施修正、绩效面谈、绩效改进、再制订目标的循环，这也是一个不断发现问题、改进问题的过程。

【知识导航】

通过绩效考核，店长可以判断员工的表现是否称职，是否达到预定目标，是否可以胜任更高层次的工作，是否需要培训和辅导等，同时确保店员的工作业绩和门店目标保持一致，做出职务晋升和奖励的决定。

知识一　门店全面绩效考核的内容

门店全面绩效考核的内容是指对店员的“德”“能”“勤”“绩”四个方面进行整体的考核。当然，在具体考核中也有主次之分，“能”和“绩”是重点考核的内容。

1.“德”

“德”主要是指员工的工作态度和职业道德。主要包括为人是否正直，是否有责任感，是否为顾客着想等。店长在对员工进行考察时，应以客观、公平、公正为原则，除了自己观察外，还应收集顾客的意见和反映其他店员的意见。

2.“能”

“能”主要指工作人员从事本岗位工作的能力，即分析和解决问题的能力以及独立工作的能力等。具体地说，它主要包括学识水平、工作能力和身体素质等三个方面。考核内容包括对本岗位知识和技能的掌握程度、市场拓展能力、沟通能力、工作效率、工作热情五个方面。

3.“勤”

“勤”是指勤奋精神。它主要包括店员的工作积极性、纪律性、责任感、出勤率四个方面，具体地说，就是是否具有良好的工作态度、事业心、工作责任感和服务精神；是否肯学肯钻，任劳任怨；是否达到规定的出勤率。

4.“绩”

“绩”就是店员对公司的实际贡献，即完成工作的数量和质量。它主要包括：人员是否按时、按质、按量完成本职工作和规定的任务，在工作中有无突出成绩等。

知识二 门店常用的绩效考核的内容和方式

绩效考核要注重过程和结果的结合，要注重长期和短期的频率，同时绩效考核要对应相应的薪酬待遇，让门店员工作为销售一线人员能够及时得到激励和提升才是最重要的。

一般而言，绩效考核门店的员工分为管理团队的绩效考核和普通员工的绩效考核，不同的对象绩效考核内容和方法都有差异。管理团队采取月度(季度)关键绩效考核指标(KPI)绩效考核法和年度能力素质绩效考核法；而员工采取每天个人目标绩效考核法及季度能力素质绩效考核法。

1. 门店管理团队的考核

门店管理团队主要对象是店长、商品管理人员和客户服务助理人员等。个别小规模的门店团队采用的是店长负责制，管理的团队主要就是店长了。根据门店销售完成、利润实现、商品管理、顾客服务、员工培训、企业宣传和信息搜集等职能来设计其绩效考核指标(KPI)，其设计原则是：以门店销售额最大化为根本导向，通过绩效管理、商品管理和顾客管理，实现门店利润最大化。

门店管理团队月度绩效考核指标包括：日均销售指标和月均毛利率指标，同时也包括“为了结果而设立的过程控制”绩效考核指标，如商品管理指标和客户服务指标(可以用客户投诉、商品满足率等考核)。重大加减分项主要看是否有突出的事迹或者恶劣的行为需要加减分，如客户投诉、公关危机、客户表扬信等。

门店管理团队年度的能力素质绩效考核指标则可以通过 360 度绩效考核打分的方式来进行。值得注意的是，由于门店分散在各地，店长的直接上级无法观测到被考核者的行为，而店长的下级——店员往往碍于面子不愿意给出中肯的评价，因此年度的能力素质绩效考核指标只是参考指标，用于评估该人员的未来发展潜力，所以在绩效考核中，不应权重过高，以 20%～30%为宜。

2. 门店员工的绩效考核

门店员工的绩效考核主要依靠目标绩效考核加上工作态度绩效考核，目标绩效考核可以采用日均销售任务指标作为绩效考核依据。日均销售任务指标是指以自然月份为绩效考核周期，将每月的总销售分解到每天的日均销售目标绩效考核法。

工作态度绩效考核则需要店长每个月针对不同店员进行工作态度评分，由于门店店员流动性相对比较大，因此比较客观的快频率的工作态度绩效考核可以帮助企业快速地甄选和了解个人的努力程度。

【技能培养】

技能一 门店员工的绩效管理的步骤

绩效管理是一个完整的系统，绩效管理的过程通常被看作是一个循环的过程。这个循环的周期通常分为六个步骤，即确定绩效目标、制订绩效计划、绩效实施与管理、绩效评估、绩效反馈与面谈、绩效改进与提高。

1. 确定绩效目标

(1)什么是绩效目标。

所谓绩效目标，具体地讲，是指员工未来绩效所要达到的目标，它可以帮助员工关注那些对于企业更为重要的项目，鼓励较好地计划以分配关键资源(时间、金钱和能量)，并且激发为达到目标而做的行动计划准备。而员工个人绩效目标又来源于企业、部门的总体目标的分解和传承,即通过一种专门设计的过程使目标具有可操作性,这种过程一级接一级地将目标分解到组织的各个单位。组织的整体目标被转换为每一级组织的具体目标,即从整体组织目标到经营单位目标,再到部门目标,最后到个人目标。而个人绩效目标的制订又来自个人的工作计划,从年度计划到季度计划,最后分解到月度计划(见图 3－5)。

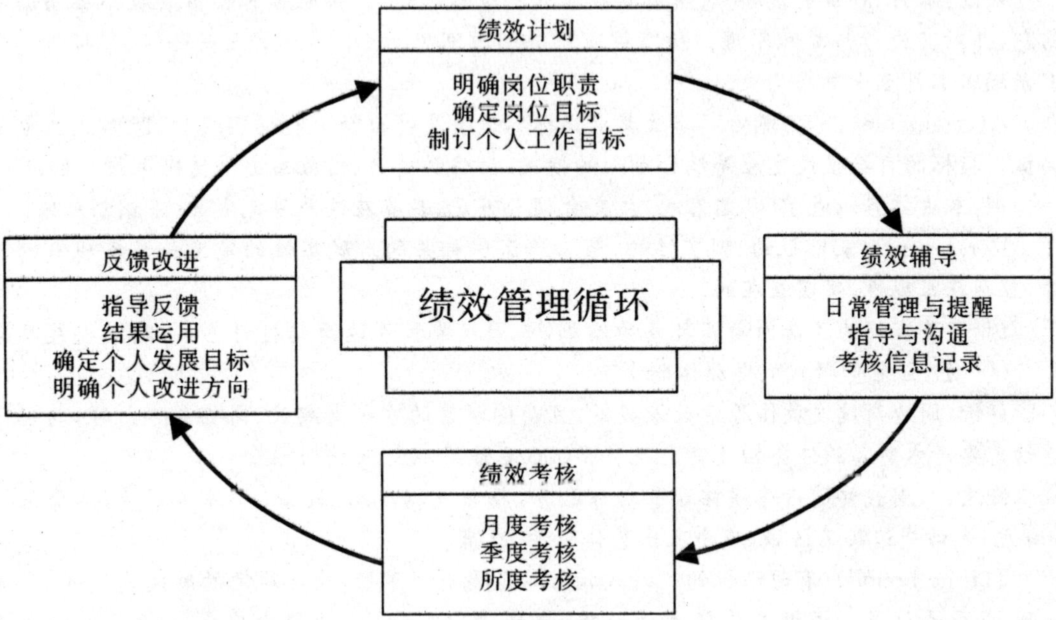

图 3－5　门店员工绩效管理的步骤

(2)绩效目标制订方法。

①根据企业战略目标进行分解出本店的主要目标。

②基于本店要达成的目标,明确员工个人的岗位职责使命,即个人承担的工作任务。

③依据员工个人工作任务制订工作计划。

④按照 SMART 原则,从个人工作计划中提取关键绩效指标(分为量化指标和定性指标)。

【小资料】

制订目标应遵循的 SMART 原则

S(specific):明确的、具体的。绩效指标要清晰、明确,让考核者与被考核者能够准确地理解目标;目标设置要有项目、衡量标准、达成措施、完成期限以及资源要求。

例:我本月要新增客人 30 名。

评价:新增销售有很多种途径,如售体验卡、寻找商圈合作、举办商圈沙龙、顾客转介绍、做商业广告等。

修改:本月 30 日前,我要出售 100 张内含 98 元的体验卡,并且针对体验客人设计出首次成交卡项和良好的体验服务,需要 100 个体验套装,100 个美容师单位工作时间,以 30%的成交率来达成 30 名新顾客的目标。

M(measurable):可量化的。使制订人与考核人有一个统一的、标准的、清晰的、可度量的标准，杜绝在目标设置中使用形容词等概念模糊、无法衡量的描述。比较好、还不错这种词都不具备可量化性，将导致标准的模糊，一定要用数字化的。

例：本月要进一步地维护和开发新顾客。

评价："进一步"是一个既不明确也不容易衡量的概念，到底指什么？达到一个什么程度？

修改：本月 30 日前，我要对所有新顾客的档案进行建立，按照顾客档案表收集填写所有信息，并对其进行归类和掌握。所有被我服务的顾客做到 90 %以上五星好评，零投诉。所有新顾客本月至少进店两次。

A(attainable)：可实现的。绩效考核指标都必须是付出努力能够实现的，既不过高也不偏低。指标的目标值设定应是结合个人的情况、岗位的情况、过往历史的情况来设定的。

例：本次拓客新进了 30 名客人，成交金额 6 万元，我要在这个月完成 30 万销售业绩。

R(relevant)：实际性的、现实性的，与工作岗位相关的。现实性的定义是具备现有的资源，且存在客观性、实实在在的。

例：某美容师为了店内新客数量的增加，本周我要和周边商铺打好关系，赠送小礼品需要 2 000 元，让他们帮我们发放体验卡。

评价：周边商铺发放体验卡效果极低，且商圈联盟的方式周期长，需要长期打理，与当下急切需要产生新客的任务相违背。花费 2 000 元作用不大，代价太大。

修改：本周我要进行路演拓客售卖体验卡，物料包括气球、缎带、卡片印制等，总费用约 800 元，走访周边某某区域，我个人出售体验卡 20 张。

T(time bound)：有时限性的。绩效指标都是要有时限性，要在规定的时间内完成，时间一到，就要看结果。根据工作任务的权重、事情的轻重缓急，拟定出完成目标项目的时间要求。

例：我们会在今后的一段时间内一直把拓宽客源作为主要工作任务，为店里带来大量的客源。

评价：一段时间，有时间限制，但没有明确的时间限制。

修改：我们会在未来的半年内一直把拓宽客源作为我们的主要任务。每 3 个月做一次路演拓客，共计两场。每个月第 2 周是针对银行拓客新进的会员做特别服务。每 2 个月都会和周边商铺进行一次联谊沙龙，共计 3 场。

(3)制订绩效标准。

设定了绩效目标之后，就要确定评价绩效目标达成的标准。没有明确标准的目标不是真正意义上的绩效目标，SMART 原则是最常用的区分一个标准是否符合要求的工具。因此，设计绩效标准时应注意以下六个问题。

①考核标准的压力要适度。

②考核标准要有一定的稳定性。

③标准的设定应分出层次。如我们可以将标准分为优秀、良好、合格、需改进和不合格五个水平。而我们将合格作为绩效考核的基准水平，它的作用在于判断被考核者的绩效是否能够满足基本的要求。

④在制订标准的时候，一定要注意与员工的沟通。

⑤绩效考核标准的确定，应由店长与员工共同来确定完成。

⑥制订的绩效标准应符合 SMART 原则。

一个完整的绩效指标及其标准一般包括四个构成要素，即指标名称、指标的操作性定义、等级标志、等级定义，见表3-12。

表3-12　绩效指标及其标准

指标名称	销售收入增长率				
指标的操作性定义	该绩效周期里，销售收入较上一周期增长的百分比				
等级标志	A	B	C	D	E
等级定义	＞20％	15％～20％	10％～15％	5％～10％	＜5％

2. 制订绩效计划

绩效计划是绩效管理的起点，绩效管理成功与否在很大程度上取决于绩效计划制订的及时性与合理性。在制订绩效计划过程中，管理者与员工根据企业的战略经营计划、本部门目标、员工所在岗位的职责共同分析、探讨员工本年度的工作任务、应达到的程度、衡量的标准以及工作完成的时限，达成共识并签订绩效合约。绩效计划不仅使员工清楚地知道工作的努力方向，而且也将成为绩效考核的指标。

员工绩效计划的制订过程实质上是考核者与被考核者充分沟通的过程，明确关键绩效考核指标、工作目标及相应的权重，参照过去的绩效表现及企业的业务目标设定每个关键绩效指标的目标指标及挑战指标，并以此作为决定被考核者薪酬、奖惩、升迁的基础，见表3-13。

表3-13　员工绩效计划的组成要素

被考核者的信息	通过填写职位、工号及级别，可将绩效计划及考核表格与薪酬职级直接挂钩，便于了解被考核者在企业中的相对职级及对应的薪酬结构，有利于建立一体化人力资源管理体系
考核者信息	便于了解被考核者的直接负责人和管理部门，通常，考核者是按照业务管理权限来确定的，常为上一级正职
关键职责	制订绩效计划及考核内容的基本依据，提供查阅、调整绩效计划及考核内容的基本参照信息
绩效计划及考核内容	包括关键绩效指标与工作目标完成效果评价两大部分，它用以全面衡量被考核者的重要工作成果，是绩效计划及考核表格的主体
权重	列出按照绩效计划及考核内容划分的大类权重，以体现工作的可衡量性及对企业整体绩效的影响程度，便于查看不同职位类型在大类权重设置上的规律及一致性
指标值的设定	对关键绩效指标设定目标值和挑战值两类，以界定指标实际完成情况与指标所得绩效分值的对应关系。对工作目标设定的完成效果评价则主要按照工作目标设定中设置的考核标准及时间进行判定
绩效考核周期	绩效计划及考核表格原则上以年度为周期。针对某些特定职位，如销售人员、市场人员等，根据其职务和应完成的工作目标等具体工作特点，以月度或季度为考核周期，设定相应指标
能力发展计划	以具体技能的方式，将企业对个人能力的要求落实到个人，让员工明白为实现其绩效指标需要发展什么样的能力，如何发展，形成持续不断、协调一致的发展道路

3.绩效的实施与管理

一份好的绩效计划并不代表将来能够形成好的工作绩效。店长需要对员工绩效进行管理,保证员工沿着计划前进。因此绩效实施也是绩效管理中占用时间最长的一个环节,因为不仅绩效计划能否落实和完成要依赖它,同时它也为绩效考核提供重要的依据。双方都应在此阶段给予充分关注。绩效计划顺利进行的有效手段是绩效沟通,即在计划实施的过程中,店长与员工既要解决员工在完成指标过程中遇到的问题,同时对由于客观环境或条件的变化导致的异常指标进行合理的调节和完善。

【小资料】

绩效沟通十忌

一忌面无表情。作为一名倾听者,管理者应通过自己的身体语言表明对下属谈话内容感兴趣,如点头、微笑并辅之以恰当的目光接触等,以表示正在用心倾听。这样会形成良好的信任氛围,有利于员工真实想法的表达。

二忌不耐烦的动作。如看手表、翻报纸、玩弄钢笔等,这些表明你很厌倦,对交谈不感兴趣,从而导致员工随便发表一些看法,匆匆结束交流,很可能导致你无法获取最重要的绩效信息。

三忌盛气凌人。交谈时尽量以开放的姿态进行交流,必要时上身前倾,面对对方。这样的话会让员工心理非常舒服,感觉得到了尊重。

四忌随意打断下属。在下属尚未把话说完之前,尽量不要做出反应。在下属思考时,先不要臆测,应仔细倾听,让下属把话说完,再发言。当然,必要时可以给予一定的引导和评论。

五忌少问多讲。尽量淡化管理者的角色,让员工感觉与上司是“帮助者”或“伙伴”的关系。管理者在与员工进行绩效沟通时应遵循“80/20 法则”:80%的时间留给员工,20%的时间留给自己,而自己在这 20%的时间内,有 80%的时间在发问,20%的时间才用来“指导”“建议”或“发号施令”。需要注意的是,管理者要多提问题,及时引导员工进行思考。

六忌用“你”沟通。在绩效沟通中,应多使用“我们”,少用“你”,如“我们如何解决这个问题?”“我们的这项任务进展到什么程度了?”或者说“我如何才能帮助你?”等,以营造信任的氛围。

七忌笼统反馈。管理者应针对员工的具体行为或事实进行反馈,避免空泛陈述。如“你绩效计划的落实很不好”或“你的出色工作给大家留下了深刻的印象”等,这些模棱两可的反馈不仅起不到激励或抑制的效果,反而易使员工产生不确定感。

八忌对人不对事。在进行绩效沟通时,管理者应做到对事不对人,要善于从员工的角度出发,为员工提供帮助与支持,不能说员工“没能力”“失信”或“差劲”等,而应当客观陈述事实及对该事实的感受。

九忌指手画脚地训导。当下属在执行绩效计划时出了问题,管理者应避免训导,尽可能用平和的态度和员工一起分析问题的原因,避免说“你应该……,而不应该……”或“你怎么搞成这样啊?”等让下属感到不平等的话。

十忌“泼冷水”。当员工犯了错误后,最好等其冷静后再做反馈,避免“泼冷水”,从而打击员工自信心。当然,如果员工做了一件好事则应及时给予表扬和激励。

(资料来源:根据网络资料改编)

4. 绩效评估

绩效考核或评估工作在整个绩效管理流程中占据较为重要的位置，前期的铺垫在这一环节得到结果性的呈现。双方依据绩效合约、在工作中的实际表现对考核期内的员工进行结果考核和工作行为评估。绩效考核讲求用数据和事实说话，因此店长需要在平时做好证据的收集工作。

5. 绩效反馈与面谈

绩效管理的过程并不是为绩效考核打出一个分数就结束了，管理者还需要与员工进行一次甚至多次面对面的交谈。通过绩效反馈面谈，双方可实现以下目的：一是对被考核者的表现达成一致的看法，使员工认识到自己的优点，并指出有待改进的缺点和不足；二是制订绩效改进计划；三是协商下一个绩效期间的目标与绩效考核标准。最后，将绩效考核结果做如下应用：薪酬的调整与分配；员工的培训与开发；员工职位的变动；为其他过程提供反馈信息，如人力资源规划、工作分析等。

(1)绩效面谈与反馈的流程及操作细则。

绩效面谈与反馈的流程及操作细则如表 3-14 所示。

表 3-14　绩效面谈流程及操作细则

<table>
<tr><th colspan="2">面谈流程</th><th>面谈内容</th><th>要求及标准</th></tr>
<tr><td rowspan="5">面谈前的准备</td><td>事件准备</td><td>对下属在绩效周期中哪些表现感到满意
准备真情流露表扬的事件
能够让下属感受到是帮助其成长而不是形式上的沟通</td><td>真诚为基础
从上级角色转化为平级角色的过程</td></tr>
<tr><td rowspan="4">情绪准备</td><td rowspan="4">充分预计下属可能出现的情绪波动并做好相应的方案
预估面谈中可能出现的重大分歧点，做好事前沟通或持有有力证据
分析下属的性格特点和工作表现</td><td>对优秀员工
①多了解做得好的，怎么做的
②了解其个人发展和锻炼成长机会
③不应承诺加薪</td></tr>
<tr><td>对表现较差员工
①避免把自己置身事外
②分析差的原因，一起努力(如我想听听你的想法，能不能谈一下)</td></tr>
<tr><td>情绪激动的员工
①冷静地听
②表明自己的态度，不想吵
③重申谈话目的
④共同分析问题产生的原因</td></tr>
<tr><td>防御心里的员工否认自己业绩差</td></tr>
</table>

续表

面谈流程		面谈内容	要求及标准
面谈前的准备	物品的准备	“员工行为表现台账”(1～5 强制分布) 上月/季“改善计划进度表…月度激励评分表” “员工工作态度自评表” 员工月度/季度《述职报告》 下属个人的《职业规划方案》 “绩效考核财务数据分析表” 财务数据《薪酬方案》——当期/往期“薪酬统计表” 员工晋升/晋级的升迁记录及调动 休假记录 《岗位说明书》	资料真实、齐全 统计数据全面、客观 过程记录完整、翔实
	物品的准备	“员工自评表” 往期“绩效考核表” 准备好向上级提出的问题 往期《述职报告》 安排相关工作	客观地与上级达成一致 达成下期绩效 可能改变：上级对下级的评价；下级绩效的改变 具有不确定性，不能在时间节点上再次提出要求的问题
	应急预案	绩效目标的分析	绩效目标的合理性 绩效目标的考核办法 绩效目标的达成
预约面谈		上级提前 3 天主动邀约下级	告知面谈下属准备的材料 选择非办公的安静的环境
		确定双方的时间以及面谈地点	
碰面		营造轻松的环境	握手—询问工作安排是否妥当—平行或者 90 度让座—沏茶
		询问是否可以开始	开始后上级主动将手机关机
		明确面谈的目的	面谈是加强沟通，彼此了解的过程 通过此过程帮助下属总结经验、认识自我，从而明白自己工作中的不足 通过面谈双方确认上个绩效周期的实际工作情况和遇到的困难 下属通过双方的分析制订并达成下一个周期的绩效计划

续表

<table>
<tr><th colspan="2">面谈流程</th><th>面谈内容</th><th>要求及标准</th></tr>
<tr><td rowspan="9">面谈主题</td><td rowspan="5">评估上期激励结果</td><td>“员工自评表”</td><td>帮助其分析诉求达成原因</td></tr>
<tr><td>“月度激励评估表”</td><td></td></tr>
<tr><td>“改善计划进度表”</td><td>回顾上期制订目标的背景、资源、时效以及下级当时的认知度
回顾相关绩效辅导</td></tr>
<tr><td>形成二次改善计划及目标考核的条件或者放弃</td><td></td></tr>
<tr><td>《员工述职报告》、“员工自评表”、《员工定期总结》</td><td>激励：发现亮点，最好是员工自己都未发现的，从而引出双方都认同的行为，然后再指出其可提升之处</td></tr>
<tr><td rowspan="4">制订下期绩效计划</td><td>《绩效考核的财务分析表现》从公司愿景出发谈公司的未来</td><td>使下属明白我和你在一起，我们是一起为公司的明天奋斗</td></tr>
<tr><td>询问下属的需求和建议</td><td>解决问题</td></tr>
<tr><td>形成“月度激励评分表”</td><td>量化考核</td></tr>
<tr><td>询问双方是否高度一致</td><td>双方答案确定</td></tr>
<tr><td colspan="2">总结</td><td colspan="2">你上月的绩效考核分是________，你的成绩是________，希望你能保持下去的同时继续努力，使自己的工作更上一层楼</td></tr>
</table>

(2)绩效面谈的两个重要技巧。

绩效面谈是一项管理技能，有可以遵循的技巧，掌握得好，可以帮助店长控制面谈的局面，推动面谈向积极的方向发展。下面介绍两个技巧供参考。

①BEST 法。所谓 BEST 法，是指在进行绩效面谈的时候按照以下步骤进行。

a. B(behavior description)描述行为：先干什么事。

注意事项：不要涉及性格问题，你的赞扬与批评都应针对具体的事情，使店员明白优势与差距在哪里。

例：店员为了盘点而加班到深夜，这时你不能仅仅说员工加班很辛苦，表现很好之类的话，而是要把员工做的具体事特别点出，比如“小王，长时间加班，你的敬业精神很可贵，盘点工作做得又快又准。”这样，小王就会感受到不仅加班受到了表扬，盘点工作也做得很好，受到了赏识。店员对绩效评估的质疑，店长或督导也必须以具体的事实进行申辩或解释。

b. E(express consequence)表达后果：干这件事的后果是什么。

做完行为描述，最好能讲出这个行为所带来的结果，这样可以让被评估者对这些问题有更深入的认识。

BE 公式：这个行为是……这样会导致……

例如：因为你提前了 5 天完成任务，为我们会所节省了 5 万元利息费用，这很了不起，我想问问，你为什么做这么好呢，有什么经验可以分享给我们吗？

c. S(solicit input)征求意见：问员工觉得应该怎样改进。

注意事项：认真聆听，不要随意打断别人的讲话。对好的建议应充分肯定，也要承认自己有待改进的地方。

d. T(talk about positive outcomes)着眼未来：以肯定和支持做结尾并鼓励。

注意事项：不要翻旧账，避免面谈冲突、对抗。指出员工不足之处，不要批评，要共同分析原因并制订改进计划。

②汉堡原理(Hamburger Approach)。所谓汉堡原理，是指在进行绩效面谈的时候按照以下步骤进行。

a. 先表扬特定的成就，给予真心的鼓励。给其真诚的赞美，有助于建立融洽的气氛。

b. 然后提出需要改进的"特定"的行为表现，诚恳指出不足，提出让员工能够接受的改善建议，消除员工的抵触情绪，表达出对员工的信赖和信心。

c. 最后以肯定和支持结束，和员工一起制订绩效改进计划，表达出对员工未来发展的期望。

汉堡原理的作用在于提醒店长，绩效面谈的作用是帮助员工改善绩效，而不是抓住员工的错误和不足不放，因此，表扬优点，指出不足，然后肯定和鼓励，才是最佳的面谈路线。

【小资料】

"你在组织、培训档案管理等工作方面做得不错，不但按照考核标准完成了工作，而且还做了不少创新，如在某项工作中提出了某些建议，这些建议对我们门店的培训管理起到了很大的帮助作用，值得提倡。""前面我们谈的是你工作中表现好的方面，这些成绩要继续发扬，另外，我在你的考核中也发现了一些需要改进的地方，如培训效果评估，这项工作一直是我们门店的难点，以前做得不好，你在工作中也存在这个问题，比如，很多培训没有做效果评估，有的培训做了评估，但都停留在表面，这样就容易使培训流于形式，不利于员工素质的提升，我想听听你对这个问题的看法。""我是这么想的，关于培训效果评估……""嗯，不错，我同意你对这个问题的想法，那么我们把它列入你的改进计划，好吗?"

6. 绩效评估结果的使用

绩效评价结果可用于员工报酬的分配和调整、人员处分、降级、调配，是门店人员培训与开发决策、门店招聘计划决策的重要依据，可作为选拔和培训的"效标"。

因此，绩效管理是一个过程，即首先明确企业要做什么(目的和计划)，然后找到衡量工作做得好坏的标准进行监测(构建指标体系并进行监测)，发现做得好的(绩效考核)，进行奖励(激励机制)，使其继续保持，或者做得更好，能够完成更高的目标。

更为重要的是，发现不足的地方(经营检讨)，通过分析找到问题所在，进行改正，使工作做得更好。这个过程就是绩效管理过程。

技能二　门店绩效考核常用的方法

所谓绩效考核方法，是对员工在工作过程中表现出的工作业绩、工作能力、工作态度以及个人品德等进行评价，并用之判断员工与岗位的要求是否相称的方法，它是绩效管理的重点。绩效考核的方法有很多种，每种方法都有其优点和局限性，有其特定的应用条件和范围。

1. 交替排序法

交替排序法，是根据绩效考评要素，将员工从绩效最好到最差进行交替排序，最后根据序列值来计算得分的一种考评方法(见表 3-15)。这是一种运用得最为普遍的绩效考核方法之一，操作方法如下。

(1)列举出所有需要进行评价人员的名单，然后去掉不是很了解的人员名单，不了解就无法对其进行评价。

(2)选择一个被评价要素，并列出在该被评价要素上，哪位员工的表现是最好的，哪位员工的表现又是最差的。

(3)再在剩下的人员名单中挑出最好的和最差的。以此类推，直到所有必须被评价的员工都被列出。

这种方法的优点是简单实用，其考评结果也令人一目了然。缺点是容易对员工造成心理压力，在感情上也不易被接受，而且员工之间的差别程度并无很好的衡量尺度。此外，如果被排列的人数太多，这一排序结果往往缺乏实用性。

表 3-15　使用交替排序法的员工考核表

排序所依据的绩效考核要素：________	
针对你所要考核的每一种绩效要素，将需要考核的所有员工姓名都列举出来。将绩效最高的员工姓名列在第 1 行的位置上；将次差的员工姓名列在第 19 行的位置上。将这一交替排序继续下去，直到所有的员工都被排列出来。	
绩效排序最高的员工	
1.________	11.________
2.________	12.________
3.________	13.________
4.________	14.________
5.________	15.________
6.________	16.________
7.________	17.________
8.________	18.________
9.________	19.________
10.________	20.________
	绩效排序最低的员工

2. 强制分布法

强制分布法也称为“强制正态分布法”“硬性分配法”，该方法是根据正态分布原理，即俗称的“中间大、两头小”的分布规律，预先确定评价等级以及各等级在总数中所占的百分比，然后按照被考核者绩效的优劣程度将其列入其中某一等级。强制分布法适用于被考核人员较多的情况。

如要求考核者将 10%的人评定为最高分那一级；20%的人评定为次高分那一级；40%的人评为居中的那一级，再将 20%的人评为次低分那一级；最后将 10%的人评为最低分那一级，如图 3-6 所示。

(1)优点。

①等级清晰、操作简便。等级划分清晰，不同的等级赋予不同的含义，区别显著；并且，只需要确定各层级比例，简单计算即可得出结果。

②刺激性强。“强制分布法”常常与员工的奖惩联系在一起。对绩效“优秀”的重奖，绩效“较差”的重罚，强烈的正负激励同时运用，给人以强烈刺激。

③强制区分。由于必须在员工中按比例区分出等级，会有效避免评估中过严或过松等一边倒的现象。

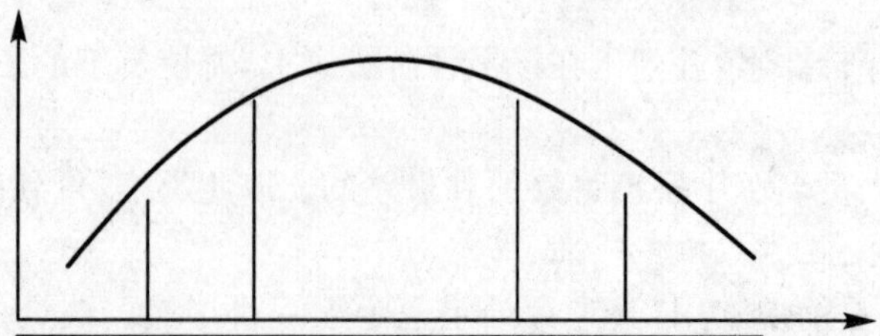

优秀	良好	中等	较差	最差
110%	20%	40%	20%	10%

图 3-6　强制分布法

(2)局限性。

①如果员工的业绩水平事实上不遵循所设定分布样式，那么按照考评者的设想对员工进行硬性区别容易引起员工不满。

②只能把员工分为有限几种类别，难以具体比较员工差别，也不能在诊断工作问题时提供准确可靠的信息。

3. 关键事件法

关键事件法是一种通过员工的关键行为和行为结果来对其绩效水平进行绩效考核的方法，一般由主管人员将其下属员工在工作中表现出的非常优秀的行为事件或者非常糟糕的行为事件记录下来，然后在考核时点上(每季度或者每半年)与该员工进行一次面谈，根据记录共同讨论并对其绩效水平做出考核。其主要原则是认定员工与职务有关的行为，并选择其中最重要、最关键的部分来评定其结果。表 3-16 为运用关键事件法对厂长助理进行工作绩效评价的实例。

表 3-16　关键事件法应用示例

岗位:厂长助理		
工作职责	**工作目标**	**关键事件**
生产计划时间表的安排	充分利用工厂中的人员和机器设置，及时完成订单生产	采用新的生产计划安排系统；上个月将订单的延误率降低了 15%；上个月将机器设备的利用率提高了 10%
原材料的采购和库存控制	在保证充足的原材料供应的前提下，使库存成本降到最低	上个月导致库存成本上升了 20%；A 类和 B 类零部件的采购过剩 15%；C 类零部件的采购则短缺了 20%
机器的维修保养	不出现因机器故障而造成的停产	在工厂中建立了一套新的预防性机器维护保养系统；由于及时发现机器部件故障而防止了机器损坏

(1)关键事件法的主要优缺点见表 3-17。

表 3-17　关键事件法的优缺点

优　点	缺　点
有理有据	有积累小过失之嫌
及时反馈,可提高员工绩效	不可单独作为考核工具
成本很低	费时
应用范围广泛	遗漏了平均绩效水平

(2)关键事件法应注意的事项有以下几种。

①调查的期限不宜过短。

②关键事件的数量应足够说明问题,事件数目不能太少。

③正反两方面的事件都要兼顾,不得偏颇。

【小资料】

安妮是公司的物流主管,负责客户从海外运过来的货物清关、报关,并把货物提出来,然后按照客户的需求运到客户那里,负责整个物流的顺利进行。

这家公司规模很小,共有 20 名员工,只有安妮一人负责这项工作。物流工作除了她没人接手。一月刚进行完考评后,二月就发生一件事情:她 80 多岁的祖母,在半夜里病逝了。她从小由祖母养大,祖母的病逝使她很悲伤。她为料理祖母后事,人很憔悴,也病了。碰巧第二天,客户有一批从美国进来的货,并要求清关后,在当天 6 点之前准时运到门店,而且这是一个重要的客户。安妮怎么做呢?她把家里的事放在一边,第二天早上 9 点钟准时出现在办公室,经理和同事都发现,她的脸色铁青,精神也不好,一问才知道家里出了事。但是,安妮什么话也没说,一直做着进出口报关、清关的手续,把货从海关提出来,并且在下午 5 点就把这批货发出去了,及时运到了客户那里。门店事情处理好后,她就下班走了,可公司下班时间是 6 点,她提前走了,回去处理祖母的后事去了。

这是一个关键性事件。如果这件事情她的部门经理没有发现,不记下来,或者人力资源部也没有发现,那在其他员工的眼里,6 点下班,她 5 点就走了,会被认定是早退。但是,如果部门经理善于观察,发现了这件事情,问清楚是怎么回事,她置个人的事情于不顾,首先考虑公司的利益,为了不让客户受损失,克服了种种困难出现在办公室里,提前完成了任务。这是要加分的一件事情,就应当把这件事情记录下来。

4. 目标管理法

(1)目标管理法的概念。

目标管理体现了现代管理的哲学思想,是领导者与下属之间双向互动的过程。目标管理法由员工与主管共同协商制订个人目标,个人目标依据企业的战略目标及相应的部门目标而确定,并与它们尽可能一致;该方法用可观察、可测量的工作结果作为衡量员工工作绩效的标准,以制订的目标作为对员工考评的依据,从而使员工个人努力目标与组织目标保持一致,减少管理者将精力放到与组织目标无关的工作上的可能性。

(2)目标管理法实施的基本过程。

①建立一套完整的目标体系。实行目标管理,首先要建立一套完整的目标体系,将目标

任务向下细分转化，构成一种锁链式的目标体系，上下级的目标之间形成一种“目的—手段”的关系。

②制订目标。所有的管理人员参与决策，并为组织中的每一个成员指定具体的目标，在制订目标时，尽量尊重目标制订者的愿望，使人们增强责任感和提高工作的兴趣，而非自上而下地摊派工作任务。

③运用 SMART 原则对各种指标进行量化处理，以保证各种指标具有可衡量性，SMART 原则即：具体性（specific）、可度量性（measurable）、可实现性（attainable）、现实性（realistic）、时限性（time bound）。

④确定时间范围并组织实施。要有明确的完成目标的时间范围，目标既定，时间既定，店长就应放手把权力交给下级成员，而自己去抓重点的综合性管理。

⑤对绩效进行评估并提供反馈。对各级目标的完成情况，定期进行检查、评价，并听取员工的反馈，使得目标管理进入下一轮循环过程。对于成果评定的结果，不仅应该给予相应的奖励和表彰，还应把个人成果反映到人事考核上，作为晋级、提升的依据。

（3）优点。

目标管理法的评价标准直接反映员工的工作内容，结果易于观测，所以很少出现评价失误，也适合于对员工提供建议，进行反馈和辅导。由于目标管理的过程是员工共同参与的过程，因此，员工工作积极性大为提高，增强了责任心和事业心。

（4）缺点。

目标管理法没有在不同部门、不同员工之间设立统一目标，因此难以对员工和不同部门间的工作绩效做横向比较，不能为以后的晋升决策提供依据。

5.360 度考核法

（1）360 度考核法的概念。

360 度考核法是近年来人力资源管理常用的一种评价方法，也叫 360 度反馈法或多源评价法。它是指在一个组织中，通过所有了解和熟悉被评价者的人，即由同事、上级、下属、顾客以及其他部门人员作为评价者来评价员工绩效，然后对来自多方位的信息进行综合分析和判断，形成最终评价结果。

（2）实施过程。

①发起。员工或经理均可发起，双方都采取一种主动的方式，有利于双方的有效合作。

②落实考核评估人员，准备考核评估。在落实考核评估人员中，员工和经理应就考核评人员达成一致，以避免双方对评估结果的误解。经理和员工分发考评表格给评估人员。

③进行考核评价。考评人员根据有关评估标准填写 360 度评估表，并把评估表交给经理。人力资源部应把握评估标准的一致性，并做好标准的制订与监督。

④经理搜集并总结资料数据，这些数据信息为经理如何有效管理员工提供了依据。

⑤经理和员工经过讨论就发展的行动达成一致。按照开诚布公的原则，经理将结果告知员工，并与员工讨论业绩，以发展的眼光对待结果。人力资源充当顾问的角色，并在意见不一致时从中协调。

⑥评估总结，制订行动计划。360 度全方位总结，并存入员工考核档案。

⑦促进员工发展。行动计划是员工能力发展的一部分，只有员工能力的发展，才能不断推动员工绩效改进，并能成功地开始下一轮考核。

(3)优点。

运用心理学、心理统计学、社会学、组织行为学、管理学、人力资源管理理论等多学科的理论和技术，多角度、多来源地对组织及个人绩效做出评价。该模式是对传统模式的挑战，具有传统模式所没有的优势。这种评价方式可以提供全面、公正、真实、客观、准确、可信的信息。从员工个人角度看，通过评价，可以了解自己在职业发展中存在的不足，从而激励个人努力工作，创造更好的业绩；从组织角度看，可以从更多的渠道了解被评者的绩效信息，对其做出客观的评价。而且360度评价结果有多种用途，因为信息来源多，使得其评价结果比其他评价方法更准确、可信，可以被广泛应用在奖励、薪酬管理、职务晋升以及个人职业开发等各种管理实践中。

(4)缺点。

实施成本高，搜集和处理的信息量大，对评价进行专门的训练等。此外，因为评价信息来自站在不同角度、处于不同职位的所有评价者，可能发生不同评价者之间的意见冲突。同时，如何保证评价的客观性，有效剔除不客观的信息和评价，以及如何将评价信息与个人绩效提升有机结合等，都是比较敏感和重要的问题。

6. 关键业绩指标考核法

关键业绩指标(key performance indicators，KPI)，是通过对组织内部流程的输入端、输出端的关键参数进行设置、取样、计算、分析，衡量流程绩效的一种目标式量化管理指标，是对企业运作过程中关键成功要素的提炼和归纳。

关键业绩指标设计的思想是通过把影响80%工作的20%关键行为进行量化设计，变成可操作性的目标，从而提高绩效考核的效率。关键业绩指标的个数一般控制在5～12个之间。关键业绩指标考核法的操作流程，如图3-7所示。

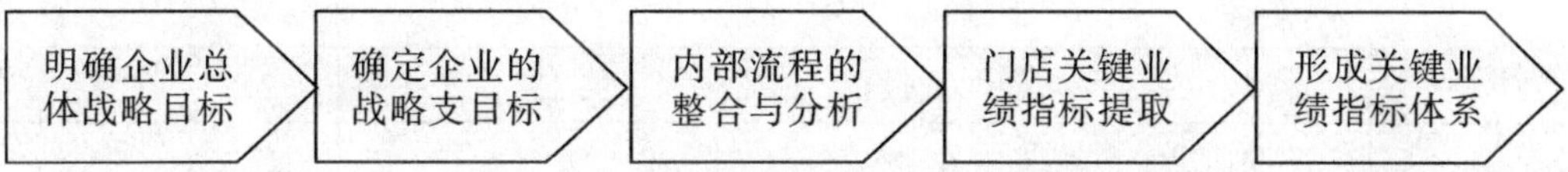

图3-7　关键业绩指标考核法的操作流程

(1)明确企业总体战略目标。根据企业的战略方向，从增加利润、提升盈利能力、提高员工素质等角度分别确定企业的战略重点，并运用关键业绩指标的设计方法进行分析，从而明确企业总体战略目标。

(2)确定企业的战略支目标。将企业的总体战略目标按照内部的某些主要业务流程分解为几项主要的支持性子目标。

(3)内部流程的整合与分析。以内部流程整合为基础的关键业绩指标设计，将使员工知道自己的指标和职责是为哪一个流程服务的，对其他部门乃至企业的整体运作会产生什么样的影响。所以说，要进行关键业绩指标细化的前提是进行内部流程整合与分析。

(4)门店级关键业绩指标的提取。通过对组织架构与部门职能的理解，对企业战略支目标进行分解。在分解的同时要注意根据各个部门的职能对分解的指标进行调整补充，并兼顾其与部门分管上级的指标关联度。

(5)形成关键业绩指标体系。根据部门关键业绩指标、业务流程以及各岗位的工作说明书，对部门目标进行分解。根据岗位职责对个人关键业绩指标进行修正与补充，建立企业目标、流程、职能与职位相统一的关键业绩指标体系。

技能三　绩效考核表格的制订

店长绩效自我考核表与下属考核如表 3－18 和表 3－19 所示，以及导购考核表如表 3－20 所示。

表 3－18　店长绩效考核表（自评）

<table>
<tr><td colspan="2">被考核者姓名</td><td></td><td>岗位</td><td></td><td>在职时间</td><td></td></tr>
<tr><td colspan="2">考核者姓名</td><td></td><td>考核时间</td><td colspan="3"></td></tr>
<tr><td colspan="7">差（20～40 分）　一般（40～60 分）　良好（60～80 分）　优秀（80～90 分）　杰出（90～100 分）</td></tr>
<tr><td colspan="4">评价项目</td><td>权重/%</td><td>评分</td><td>得分</td></tr>
<tr><td colspan="2" rowspan="6">个人素质
（30%）</td><td colspan="2">工作、待人接物可信度</td><td>10</td><td></td><td></td></tr>
<tr><td colspan="2">个人时间规划程度</td><td>20</td><td></td><td></td></tr>
<tr><td colspan="2">个人仪容仪表</td><td>20</td><td></td><td></td></tr>
<tr><td colspan="2">能够对员工起标榜作用</td><td>25</td><td></td><td></td></tr>
<tr><td colspan="2">能够合理、有效地管理店内事务，并及时获取新的知识（学习能力）</td><td>25</td><td></td><td></td></tr>
<tr><td colspan="5">合计</td></tr>
<tr><td colspan="2" rowspan="6">专业知识
（20%）</td><td colspan="2">熟悉本职工作要求，具备一定工作技能，熟悉工作程序</td><td>30</td><td></td><td></td></tr>
<tr><td colspan="2">熟悉本行业并且精通行业内各产品和养生知识</td><td>15</td><td></td><td></td></tr>
<tr><td colspan="2">在工作中能够使用各美容器具</td><td>20</td><td></td><td></td></tr>
<tr><td colspan="2">熟悉工作职责</td><td>15</td><td></td><td></td></tr>
<tr><td colspan="2">熟悉并了解对美容行业产生影响的政策、实际情况及发展方向</td><td>20</td><td></td><td></td></tr>
<tr><td colspan="5">合计</td></tr>
<tr><td rowspan="14">工作
能力
（30%）</td><td rowspan="5">营业
能力
（40%）</td><td colspan="2">利润达成率</td><td>15</td><td></td><td></td></tr>
<tr><td colspan="2">目标销售额达成率</td><td>10</td><td></td><td></td></tr>
<tr><td colspan="2">成本控制能力</td><td>5</td><td></td><td></td></tr>
<tr><td colspan="2">产品或项目的销售能力</td><td>5</td><td></td><td></td></tr>
<tr><td colspan="2">可变费用的控制能力</td><td>5</td><td></td><td></td></tr>
<tr><td rowspan="5">管理
能力
（40%）</td><td colspan="2">会所内业绩的计划管理能力</td><td>10</td><td></td><td></td></tr>
<tr><td colspan="2">指导店内工作人员顺利开展工作能力</td><td>10</td><td></td><td></td></tr>
<tr><td colspan="2">会所内员工的离职率</td><td>10</td><td></td><td></td></tr>
<tr><td colspan="2">对美容师工作安排的能力</td><td>5</td><td></td><td></td></tr>
<tr><td colspan="2">处理危机时的应变能力</td><td>5</td><td></td><td></td></tr>
<tr><td rowspan="3">其他
能力
（20%）</td><td colspan="2">与他人沟通能力（语言表达能力）</td><td>5</td><td></td><td></td></tr>
<tr><td colspan="2">激励员工的能力</td><td>10</td><td></td><td></td></tr>
<tr><td colspan="2">压力管理能力</td><td>5</td><td></td><td></td></tr>
<tr><td colspan="3">合计</td><td colspan="3"></td></tr>
</table>

续表

被考核者姓名		岗位		在职时间	
考核者姓名		考核时间			
差(20～40 分)　一般(40～60 分)　良好(60～80 分)　优秀(80～90 分)　杰出(90～100 分)					

	评价项目	权重/%	评分	得分
对顾客关注度(20%)	顾客的投诉程度	20		
	对顾客的需求进行积极响应并提出办法改进	25		
	掌握顾客的第一手资料并用于设计符合顾客需求的项目及改进服务	15		
	以顾客为中心进行深入交谈了解并付诸行动	20		
	及时进行售后服务跟进，及时解决出现的问题	20		
	合计			
合计				

表 3－19　店长绩效考核表(下属)

被考核者姓名		岗位		在职时间	
考核者姓名		考核时间			
差(20～40 分)　一般(40～60 分)　良好(60～80 分)　优秀(80～90 分)　杰出(90～100 分)					

	评价项目	权重/%	评分	得分
个人素质(30%)	工作认真负责、待人有礼	30		
	个人时间规划程度	20		
	个人仪表仪容	25		
	能够对员工起标榜作用	25		
	合计			
专业知识(20%)	具备熟练的手法，熟悉工作程序，能指导员工	20		
	对行业各产品品牌熟悉，知识面广	15		
	具备一定的中医知识，能够很好地与顾客沟通	15		
	是否能管理好店内各项事务	30		
	了解美容行业未来发展趋势，给员工激励	20		
	合计			
工作能力(30%)	逻辑思维能力，能很好地安排工作	25		
	善于开发新事物，及时调整经营方式	15		
	制订经营计划和业绩目标	25		
	能够及时发现下属的不足，帮助下属改进	15		
	能很好地解决工作中遇到的问题	20		
	合计			
对顾客关注程度(20%)	定期举行客户见面会，了解顾客需求	20		
	对顾客的需求积极响应并提出办法改进	40		
	顾客的投诉程度	40		
	合计			
合计				

表 3-20 导购考核表(权重 30%)

填表人:店长　　　　被考核人职位:　　　　日期:

评价项目	考核指标	指标定义	等级	分值	权重/%	得分
工作业绩(50%)	业绩目标	有没有达到所给的业绩目标	A. 达到,且超出业绩目标	90～100 分	50	
			B. 刚好达到	70～89 分		
			C. 没有达到	60～69 分		
			D. 离业绩目标还很远	60 分以下		
	分级销售	有没有把任务合理地分配下去	A. 根据下级的能力科学分配任务	90～100 分	20	
			B. 分配任务时有区别,可是区别不大	70～89 分		
			C. 大致上有分配,可是只是平均分配	60～69 分		
			D. 随意分配	60 分以下		
	顾客开发	有没有很好地开发客源和引导客户消费	A. 做到有效顾客开发和唤醒沉睡顾客	90～100 分	30	
			B. 顾客开发符合要求	70～89 分		
			C. 基本上能做到顾客开发,但开发程度较低	60～69 分		
			D. 顾客开发难以保证,需要经常辅导其工作	60 分以下		
工作能力(30%)	沟通表达能力	—	A. 语言文字表达简明扼要,具有出色的谈话技巧,易于理解,无可挑剔	90～100 分	20	
			B. 语言表达抓住要点,不太需要重复说明	70～89 分		
			C. 语言表达欠清晰,但尚能表达意图	60～69 分		
			D. 语言表达含糊其词,意图不明	60 分以下		
	创新能力	项目的整理与开发	A. 开发新项目能力强并且能合理地整合项目	80～100 分	40	
			B. 创新能力、整合项目的能力一般	60～79 分		
			C. 没有创新能力,整合能力弱	60 分以下		
	专业知识和手法	专业知识(中医知识、产品的专业知识)、手法掌握情况	A. 专业知识掌握牢固,并且知识丰富、知识面广,各种手法都熟练	90～100 分	40	
			B. 专业知识掌握,手法熟练	70～89 分		
			C. 专业知识大概掌握,手法一般	60～69 分		
			D. 专业知识不够扎实,手法不熟练	60 分以下		
工作态度(20%)	责任心	分配工作的到期完成率、有担当	A. 按时完成任务,勇于且主动承担责任	90～100 分	30	
			B. 工作努力,分内工作非常完善	70～89 分		
			C. 交付的工作需要督促方能完成	60～69 分		
			D. 敷衍了事,无责任心,做事粗心大意	60 分以下		

续表

评价项目	考核指标	指标定义	等级	分值	权重/%	得分
工作态度（20%）	团队合作	与团队成员相互配合，相互支持，共同实现目标	A. 有较强的团队合作意识，对成员的能力和贡献表示肯定及认同	90～100 分	30	
			B. 有一定的团队合作意识，以团队利益为重	70～89 分		
			C. 大致上参与团队合作，团队合作意识一般	60～ 69 分		
			D. 似乎无法与人合作，协作性差	60 分以下		
	客户服务、售后意识	尊重客户、服务质量、售后跟进客户	A. 尊重客户，真诚服务，追求产品品质，服务质量一流，十分注重售后跟进服务	90～100 分	40	
			B. 尊重客户，服务质量好，注重售后跟进服务	70～89 分		
			C. 尊重客户，服务质量一般，很少售后跟进服务	60～69 分		
			D. 尊重客户，服务质量弱，没有售后跟进服务	60 分以下		
总分：						

【项目训练】

一、训练任务：绘制门店组织结构图

1. 训练目的

根据门店组建情况，设置相应的部门和岗位，采用合适的组织结构形式来绘制门店的组织结构图。

2. 训练要求

(1)介绍门店的基本情况，组织结构的特点。

(2)绘制组织结构图。

(3)描述具体的部门职能、岗位职责及分工依据。

二、案例分析：万学海文张锐——打造一支精英团队

2006 年，海文学校的飞速发展引起了媒体和各个研究机构的关注，这其中，还包括天使投资人的青睐。根据张锐在上学时候的最初构想，教育本不是他所关注的领域。当他有些偶然地进入这个领域时，才发现这个遍地开花的行业并没有自己之前想得那么拥挤，看上去是一片红海的民办教育行业制造了一个让大多数人都迷惑的假象。“当你对这个行业深入了解之后，你就会明白，其实这里是一片蓝海。”发现这一点之后，张锐就已经确定了要把教育培训业做下去的念头。

但是让天使投资人感到头疼，同时也是张锐必须要考虑的一个问题是：这个团队的成员

都是马上就要毕业的博士或者 MBA，每个人都有着很好的就业机会，虽然这里有很好的机会，但是到时候会不会随着毕业人走茶凉？

直到今天，张锐打造他的创业团队的经典案例还是会被人们一次又一次地提起：2006年，取得博士学位之后，张锐利用 11 天的时间说服了自己原有团队里的五个朋友。和张锐一样，他们也都是全国研究生主席联合会中的成员。“从人民大学水穿石酒吧，北大万柳公寓，一直到清华大学粤华园，还有南开大学马蹄湖畔。我本来只想说服他们其中一部分，没想到他们全部都放弃了原有的高职高薪就业机会，和我一起选择了创业之路。”

“其中一个人花了我 6 天的时间，他就是原北大光华管理学院、经济学院、教育学院联合研究生会主席，当年北大的考研状元吴本文，我去找他的时候，他已经拿到一个中央国企、两个 500 强外企和两个名校的 Offer。”

怎样才能让一个本身很优秀的人认可自己的项目并且参与进来，这是很多创业者在创业之初都要考虑的一个问题，当时的张锐面临的就是这样的局面。

“优秀的团队成员机会非常多，必须要让他意识到和我一起创业的远期价值的回报是很高的。在我启动创业之初，我用强势的方法去否定掉我的团队成员其他的选项，可能这和中国传统道德理论是相悖的，因为很多人愿意自己创业，不愿让他的朋友去冒险，其实这是对他的项目信心不足的原因，而我对我的项目非常有信心，所以我大胆、强势地要求他们放弃一切跟我走。”

在中粮大厦的星巴克，张锐最终把这 5 个人聚在了一起。“谈了 3 个小时之后，我们沿着长安街一直走。我指着路两边的建筑说，原本我们毕业之后都是要在这里上班的，现在我不去了，你们呢？”

完成初步的团队建设之后，张锐并没有很快地启动项目。“投资人对海文的家族企业模式并不感兴趣，所以我们就准备出来独立创业。”而且在团队成立之初张锐就和自己的朋友们确定了权力和利益的分配原则。“很多教育行业比较早的创业者，他们都是一拍脑袋大家往前冲，只考虑业务层面的突破，不考虑权力分配，这样会给以后的发展带来很大的不稳定性。”而这个精通管理学的团队则早早地避免了这样的风险。

项目启动之初，张锐和他的创业伙伴在人民大学紫金园租了三室一厅，利用 3 个月的时间在性格、工作习惯上进行迅速地磨合。“更为重要的环节是我们培育我们的业务能力。我们当时分成三个组，每个组两个人，每一组做的是我们全部的任务，从战略规划，到产品研发，到市场分析，到财务预测，到促销管理，到广告每一段的遣词造句，这样才使我们每个人的价值能够深入发挥，因为创业者，尤其是合伙人、股东级别的人，我认为他们每个人必须要有我们企业生命发展的全部功能，所以我们就这样做了。”

此时的张锐已经辞去了海文考研学校执行 CEO 的职位，并且退出了自己所持有的 15%的股份，一心一意地走自己的创业之路。“我们有一个精英团队，我们了解全国 70 多家考研机构里最好的部分，我们知道最优秀的教师在哪里，同时我们本身有着这个行业最优质、最先进的教学技术。”更为关键的是，与其他创业团队要经历一段时间的沉默才能吸引资金不同，张锐的团队早早地受到了天使投资者的关注，当唯一让投资人感到犹豫的团队问题解决之后，万学高速发展的基础就已经建立起来。

针对中国大学生的需求形成了集考研辅导、公务员辅导、职业规划、出国留学游学于一体的全方位高端培训和咨询服务体系。2008 年 2 月 22 日，万学教育获得全球两大风险投资公司红杉资本和联想投资千万美元级别的国际风险投资。在两个顶级 VC 完美组合的支持下，万学教育成功收购金路公务员考试中心，建立万学金路公务员考试培训中心。投资近千万开发关于大学生职业能力特别训练项目，以及联手华翰国际交流有限公司及美国旧金山关中交流协会举办国际游学冬令营项目。近年来，万学教育始终以遥遥领先的绝对优势领导着整个行业的不断创新和持续发展。

请思考：

(1)张锐是如何吸引合作伙伴的？

(2)在组建精英团队时，他做了什么？

项目四　如何进行门店的卖场规划

【知识目标】

了解卖场区域划分的原则；了解卖场区域规划；掌握卖场磁石点的分布和设计；掌握门店客流动线设计，善用商品配置表来调整商品陈列。

【素能目标】

提升店长对于门店的整体把握能力和门店管理水平，具备简单的数据处理和分析能力。掌握卖场区域划分方法、卖场磁石点理论；掌握通过磁石商品创造磁石点的方法；掌握寻找门店客流动线的方法、通过卖场布局诱导消费者；掌握商品配置表来调整门店商品的方法。

任务一　了解卖场区域划分

【任务导入】

刘伟的出色表现打动了运营督导，眼下公司正在研究开拓台湾市场，需要派驻一位有经验、肯钻研的管理者，去台湾开设第一家连锁店。运营督导向董事会推荐了刘伟担任这一职务，为了锻炼刘伟适应陌生的市场环境，特别把刘伟调到一个国内正在开拓的区域担任督导，这个区域是公司开设的第一家店，这家门店已经开业1年多了，在老店长的带领下，门店运营一直在平稳顺利进行着，但是门店的销售额与刚刚开业的时候相比有了大幅度的下滑。刘伟到达门店以后经过调查，发现老店长的团队都是老店长一手打造，非常团结，另外，公司的产品相比同类竞争对手也有优势，地理位置也在顾客的动线上，刘伟冥想苦思，尝试了很多方法，但一直都没有太大效果。作为这个区域第一家店，总部也希望刘伟能够大胆尝试，敢于创新，从多角度剖析该门店存在的问题，为后续在这个区域开店打造基础。总部组成了营运督导团，派驻到刘伟店中协助刘伟工作。通过督导团的观察，发现刘伟门店所在社区的流动客户以老年人为主，而公司标准化的门店布局都是以中青年为特色的，需要在门店的布局以及商品的选择上做调整。

如果你是督导团的一员，你会建议刘伟怎么做呢？

【任务分析】

日本的连锁超市做过一次市场调查，得出的结果是：消费者对商品价格的重视程度只占5%，而分别占前三位的是，开放式易进入的连锁超市占25%，商品丰富、选择方便的占15 %，明亮清洁的占14%。卖场布局是一个商品、设施、操作三者如何实现最佳配合的问题。不同区域门店要根据自己客户群的特点调整自己门店的陈列和布局，而不可以一成不变。

作为店长，一定要了解自身产品的特殊性，而并非盲目向超市等大的卖场学习产品布置的方法。实际上，各种门店都有其自身特点，店长只有潜心研究成功门店的数据和经营案例，才能真正提高门店销售额，获得更加优秀的产品组合与布置。

【知识导航】

知识一　卖场设计应体现的理念

由于商店卖场本身具有经营与管理以及商场产品的特性，商店卖场的设计必须依据一定的原则与理念，成功的设计源自正确的指导思想与原则。同时，这些特性也决定了商店卖场的设计包罗万象、内容繁多，并且关系到多种关联学科。

以消费者为中心，为消费者服务，是零售商业企业经营管理的核心。因此，零售企业的卖场设计应研究消费者的心理特点，并与之相适应，为消费者提供最适宜的环境条件和最便利的服务设施，使消费者乐意到商店并能够舒畅、方便地参观选购商品。而要达到这一要求，就必须研究商店卖场设计与消费者心理的关系。通过对卖场设计与消费者心理的研究，掌握其间规律，使商店卖场设计适应消费者的心理特点，从而扩大商品的销售量，既满足消费者的需求，又使企业获得较好的经济效益。

1. 注重顾客导向性

商店卖场设计与消费者心理是有着密切联系的。人的心理现象是多种多样的，但归纳起来可分为心理过程认识、感情和意志，个性心理的倾向性及个性的心理特征两大类。每个人在任何时候所产生的心理活动，都是这两类心理现象许多部分的参与结合成整体的心理活动，都是这两类心理现象相互联系、相互作用的结果。

“卖场”是为顾客服务的，这是经营商店卖场的大原则。经营成功的商店卖场，是那些从顾客需要和喜好出发，依据“为顾客而设置”的原则拟订计划并加以实施的商店卖场。而那些无视顾客需求，只根据经营者或设计者个人喜好设置的卖场则会走向失败。

以顾客为导向尤其应该了解顾客的真正需求，从最根本上给顾客以关怀。一些商店卖场一味追求豪华材料的堆砌来强调高档，而忽视了生态环境的重要性。一些商店卖场走进了高档的误区，认为只有强调卖场的金碧辉煌、豪华气派，才能吸引客人，似乎必须采用高档进口材料、水晶吊灯，才能带给客人高档的享受，却没有注意到客人真正的需要，没有认识到为客人创造一个好的生态环境的重要性。

2. 注重消费者参观、浏览商店的特点及消费心理

售货现场的布置与设计，应以便利消费者参观与选购商品、便于展示和出售商品为前提。售货现场是由若干不同商品种类的柜组组成的。售货现场的布置和设计就是要合理摆布各类商品柜组在卖场内的位置，这是设计售货现场的一项重要工作。零售企业的管理者应将售货现场的布置与设计当作创造销售而不仅仅是实施销售的手段来运用。

(1)特别注意研究对消费者意识的影响。消费者的意识是具有整体性特点的，它受刺激物的影响才可能产生，而刺激物的影响又总带有一定的整体性。因此，构成了消费者意识具有整体性的特点，并影响购买行为。为此，在售货现场的布局方面，就要适应消费者意识的整体性这一特点，把具有连带性消费的商品种类邻近设置，相互衔接，给消费者提供购买与选择商品的便利条件，并利于介绍推销商品。

(2)研究消费者的无意识。消费者的注意可分为有意注意与无意注意两类。消费者的无意注意，是指消费者没有目标或目的，在市场上因受到外在刺激物的影响而不由自主地对某些商品产生的注意。这种注意，不需要人付出意志的努力，这类注意对刺激消费者购买行为有很大的意义。如果在售货现场的布局方面考虑到这一特点，有意识地将有关的商品柜组，如妇女用品柜与儿童用品柜、儿童玩具柜邻近设置，向消费者发出暗示，引起消费者的注

意,刺激其产生购买的冲动,诱导其购买的动机,会获得较好的效果。

(3)考虑商品特点,方便消费者购买。如销售率高、交易零星、选择性不强的商品,其柜组应设在消费者最容易感知的位置,以便于购买,节省购买时间;又如对花色品种复杂、需要仔细挑选的商品及贵重商品,要针对消费者求实购买心理,设在售货现场的深处或楼房建筑的上层,以利于消费者在较为安静、顾客流量较小的环境中认真仔细地挑选。同时应该考虑,在一定时期内调整柜组的摆布位置或货架上的商品的陈列位置,使消费者在重新寻找所需商品时,受到其他商品的吸引。

(4)应考虑延长消费者参观、浏览商店的时间。人们进入超级市场购物,总是比原先预计要买的东西多,这主要是售货现场设计与货品刻意摆放的原因。售货现场设计为长长的购物通道,以避免消费者从捷径通往收款处和出口,当消费者走走看看时,便可能看到一些引起购买欲望的商品,进而购买。又如,把体积较大的商品放在入口处附近,这样消费者会用商场备有的手推车在行进中不断地选择并增加购买商品。超级市场购物通道的这一设计思路,可以为其他业态所借鉴,尽可能地延长消费者在售货现场的"逗留"时间。售货现场的通道设计要考虑便利消费者行走、参观浏览、选购商品,同时特别要考虑为消费者之间传递信息、相互影响创造条件。

【小资料】

乐沙龙时尚名店,设计师为这个复合品牌所创造的精品店既是一个开放好客的空间,又像是非常个性化的私人沙龙。为了达到这个目标,他设计了一道多功能的镂空隔墙,在入口立面处形成一个独立的橱窗空间,同时也成为一个充满动感的配件展示架。隔墙里面是较为亲密的氛围,但它镂空的设计让人们的视线得以穿透,除却了封闭的感觉。这是一个专为女性设计的天地,因此具有圆滑、柔和、高雅、雍容的空间形式,其线条简单明朗而且充满现代感。

室内空间的色调十分鲜活,在以偏白色为底衬并点缀了米色的整体环境里,粉红与淡紫等粉色系装饰为空间增添光彩。几道曲线形的墙面上皆设有壁龛,里面的服饰吊挂在一组由天花板垂降而下的挂架上,显得十分特别。设计师在店面中央设置了一个"诱惑舞台",它是一个隐蔽在巨大帘布后面的圆形展示台。开启的帘幕好像在邀请顾客享受高档的服务。

为了使某些橱窗具有比较高的私密感,设计师安排了一个像珠宝盒的小沙龙,其墙面覆盖了像鱼鳞一样组合起来的皮料。整个商店宛如一个服务周到、充满亲密感的场所。

(资料来源:根据网络资料改编)

知识二　卖场设计的设计原则

1.符合性

卖场设计是商店卖场经营的基础环节,其中包括选址、环境设计、平面设计、空间设计、造型设计及室内陈设设计等。这一切都必须以满足商店卖场需要的功能为依据,都必须以商店卖场的经营理念为出发点。脱离商店卖场经营理念与宗旨的卖场设计是不成功的设计,这也恰恰是卖场设计脱离市场定位造成的弊端之一。不同等级、规模、经营内容及理念的商店卖场,其卖场设计的重点与原则也各有不同。商店卖场设计还应考虑到投入与产出之间的关系,即整个装饰用材应符合商店卖场的经营档次及规格。卖场装饰布置的最终目的是获得最大范围的顾客青睐及扩大销售量,增加收入。所以,如果盲目追求用材的高档化、贵族化,而缺乏亲和力,反而会疏远顾客。好的效果不是靠高档材料堆砌而成的,而是在于巧妙的构思及创意。

【小案例】

娇兰——香水名店。娇兰香水在巴黎瑟佛路上的专卖店开设于1965年。为了更新店面空间，该品牌通过设计竞赛，选中了席勒薇·拉比杜斯来执行这一项任务。设计师在尊重原品牌理念的同时，以轻快的手法赋予新的诠释。专卖店大门入口，搭配黄铜丝与曲面玻璃，形成晶莹剔透的圆弧造型，令人联想起远近驰名的“皇家香水”。那是专为拿破仑三世的优洁妮皇后调制的香水，也是该品牌的皇牌产品。专卖店内部蓝色的墙面使人感觉被云彩环绕，金色点缀使空间色彩搭配显得更加轻盈，与上漆的展示柜台所点缀的青金石相互辉映。楼梯间栏杆镂空的回旋图案撒了金粉，显得华丽尊贵。拉比杜斯所设计的红色沙发两侧附带一对有如水晶一般轻巧透明的小桌垫，加强了空间的整体风格。

2. 文化性

随着经济的发展、社会文化水平的普遍提高，人们对商场消费的文化性的要求也逐步提高。世界商业发展趋势是产品文化内涵的不断提升，通过文化氛围的营造与文化附加值的追加吸引顾客。这对商场企业而言，同样适用。商店卖场的文化风格设计应与商店卖场的市场定位相匹配，与商场企业的企业文化相呼应。无论从商店卖场建筑外形、卖场空间分隔、色彩设计、照明设计乃至陈设品的选用都应充分展现具有特色的文化氛围，帮助商场企业树立形象与品牌。

3. 个性化

商店卖场设计的特色与个性化是商店卖场取胜的重要因素。卖场设计与运营的脱节、主题性的缺乏，使一些商店的卖场设计显得比较平庸，过分地趋于一致化或追求某些略带盲目的“时兴”而缺乏个性和特色。缺乏风格特色和文化内涵的卖场也就缺少了营销的“卖点”和“热点”，只能流于千篇一律的雷同和俗套。盲目堆砌高档装修材料，忽视个性风格塑造和文化特征对卖场设计是大忌，对整个商场的发展也是不利的。日本是世界上年人均消费比较高的国家之一，其商场店铺非常注重体现特色与个性，刻意营造特有的风格和氛围，将之视为生财的要诀。

【小资料】

立野浩二——时尚名店。日本服装设计师立野浩二只做量身定做的衣服。他委托建筑师佛萨勒设计的第一个方案是位于伦敦芒特街的工作室，街上的行人可以透过橱窗，看见裁缝师的剪裁桌。在巴黎，设计师把立野浩二专卖店朝向法国皇宫回廊的门面设计为展示服饰的橱窗，同时把试衣间安排在朝向瓦洛瓦街那一边。建筑师采用绝对极简的风格作为他的设计原则，用极度抽象的空间背景凸显陈列其中的服饰的价值感。他以褐色人造鹿皮覆盖墙身与天花板，营造中性的柔和气氛。地板则是用大面积的天然磨光铝质材加以覆盖，灯光经过地板反射，使整个店面沉浸在一片光晕之中。店面两端有直立的大镜，营造出一个梦幻的瓦洛瓦回廊。

在这光亮洁净的组合里，成对的镜子创造空间无限延伸的意象。设计师采用的铝质材有天然的外表，鹿皮却是人工制造的，传达一种颠覆的趣味。除了服饰之外，若干玻璃缸所构成的小小水生花园是店里唯一的装饰性元素。

（资料来源：根据网络资料改编）

4. 满足人的功能需求为核心

(1)以人为本,物为人用,是室内设计的社会功能基石。设计者首先要满足人们的心理、生理等需求,确保人的安全和身心健康,从多项局部考虑,以人为本的精神实质,综合解决使用功能、经济效益、舒适美观、环境氛围等各种要求,现代商业空间设计要特别注重人体工程学、环境心理学、审美心理学、地域文脉等方面的研究,科学、深入地了解人们的生理特点、行为心理和视觉感受等方面对室内环境的设计要求。

(2)根据不同对象,相应地考虑不同的需求。如幼儿、残疾人需要无障碍通道,老年人需要考虑其公共场所安全。

(3)空间的组织、色彩、照明等方面,相应使用环境气氛的烘托,更要注重人的行为心理、视觉感受要求。

(4)环境整体性。现代商业空间设计的立意、构思、风格、环境气氛的创造,须着眼于环境的整体、文化特征及功能特点等多方面的考虑,建筑的内外应是相辅相成、辩证统一的,需要对环境整体有足够的了解和分析,立足于室内,着眼于“室外环境”,把室内设计看成自然环境—城乡环境(包括历史文化)—社区建筑环境—室内环境互相连接和互相制约的因素存在。

(5)个性与艺术性的结合。创造室内环境,高度重视科学性、艺术性以及相互的结合。必须充分重视并积极运用当代科学技术成果,包括新型材料、结构构成和施工工艺,以及良好的声、光、热环境的设备设施、表现手段、设计方法等,认真地分析和确定室内物理环境和心理环境的优劣。注重科学性,更要重视艺术性,运用建筑美学原理,使人们在心理上、精神上得到平衡,现代建筑和室内设计中的高科技(high tech)、高情感(high touch)的问题是科学性与艺术性、生理要求与心理要求、物质因素与精神因素的平衡和综合。

(6)时代感和历史文化并重。室内设计须反映当时社会生活活动和行为模式的需要,采用当代物质手段,完善时代的价值观和审美观,应具有历史延续性,追踪时代和尊重历史,要因地制宜,考虑地方风格、民族特点等历史文化延续和发展情况进行设计。

【小资料】

哈维—尼古勒百货公司香港分店设计概念的主要诉求是“外国人眼中的英国”。它是由系列视觉事件串联起来所构或的叙述。整体空间呈现出家庭起居空间的尺度,让顾客感觉专卖店空间的私密特性。店里所有的楼层地板都铺上了镶嵌金色碎块的黑白人造石,墙壁与天花则漆上了白色灰泥涂料,其表面的沟槽可以用来固定直射光源与间接光源。所有固定与移动式家具都是专为香港分店而设计的。它们简单流畅的造型,配台精巧繁复的金属与皮革细部处理,相得益彰。在这个赋予专卖店整体感的设计之外,建筑师也运用一些不寻常的元素为空间带来变化,包括地毯上与覆盖丝质条板的墙上的超大型图案,以及金色和银色的墙面。专卖店的一楼二楼是化妆品与香水的专柜区。从大厅可以搭电扶梯通往每一楼层,包括在晚间开放的位于五楼的餐厅与酒吧。

三楼是配件与珠宝首饰专区,这里大部分的墙面是由涂上金色颜料的织品构成,这种欧洲古老的传统手艺使墙面看起来像是上了纯金色彩的粉饰灰泥。墙上骏马的轮廓、地毯上的图案,以及配台珠宝展示的红色透明玻璃架,使这一楼层的空间感觉十分摩登、奢华。四楼是女性鞋类与个性化产品的专区。上色的玻璃板所构成的产品展示盘,以及蜂窝状的镂空展示架,使这个充满当代女性气息的空间增添视觉穿透的趣味。个性化产品展售空间设有贴身的座椅、镜子与豪华的壁纸，试衣间的设计也充分展现建筑师的巧思。五楼是女性运动服装、儿童服装与男士服装展售区。

（资料来源：根据网络资料改编）

5. 流动空间的设计原则

如何诱导顾客在店内尽量多地行走，是卖场设计中要特别注意的问题。可在卖场中运用运动中的物体或形象，不断改变处于静止状态的空间，形成动感景象。流动性设计能打破卖场内拘谨呆板的静态格局，增强卖场的活力与情致，活跃卖场气氛，激发顾客的购买欲望及行为。商店卖场的动态设计可以体现在多个方面，如商店卖场内美妙的喷泉，顾客在卖场中的流动，不断播送各类商品信息的电子显示屏以及旋律优美的背景音乐等。

流动空间的设计还应注意卖场形象设计的具体表现，它是商店卖场经营者根据自身的经营范围和品种、经营特色、建筑结构、环境条件、顾客消费心理、管理模式等因素确定企业的理念或经营主题，并以此为出发点进行相应的卖场设计。一般通过导入企业形象策略来实现意境设计，例如，按企业视觉识别系统中的标识、字体、色彩而设计的图画、短语、广告等均属意境设计。

知识三　商店卖场的设计风格

风格流派的丰富性给予近现代的商业卖场开阔的表现空间，为人类营造出更加舒适、轻松的生活、生产及活动空间，更赋予人类创造出新的生活理念。

1. 传统风格

按传统风格设计的商业卖场，是在室内布置、线形、色调以及家具、陈设的造型等方面，吸取传统装饰“形”“神”的特征。如吸取我国传统木构架建筑室内的藻井天棚、挂落、雀替的构成和装饰，明、清家具造型和款式特征。又如西方传统风格中仿罗马式、哥特式、文艺复兴式、巴洛克、洛可可、古典主义等，其中如仿欧洲英国维多利亚或法国路易式的室内装潢和家具款式。此外，还有日本传统风格、印度传统风格、伊斯兰传统风格、北非城堡风格等。传统风格常给人们以历史延续和地域文化的感受，它使室内环境突出了民族文化渊源的形象特征。

2. 现代风格

起源于1919年的包豪斯学派，该学派在当时的历史背景下，强调突破旧传统，创造新建筑，重视功能和空间组织，注意发挥结构构成本身的形式美，造型简洁，反对多余装饰，崇尚合理的构成工艺，尊重材料的性能，讲究材料自身的质地和色彩的配置效果，发展了非传统的以功能布局为依据的不对称的构图手法。包豪斯学派重视实际的工艺制作操作，强调设计与工业生产的联系。

3. 后现代风格

后现代主义一词最早出现在西班牙作家德·奥尼斯1934年的《西班牙与西班牙语类诗选》一书中，用来描述现代主义内部发生的逆动，特别有一种现代主义纯理性的逆反心理，即后现代风格。后现代风格强调建筑及室内装潢应具有历史的延续性，但又不拘泥于传统的逻辑思维方式，探索创新造型手法，讲究人情味，常在室内设置夸张、变形的柱式和断裂的拱券，或把古典构件的抽象形式以新的手法组合在一起，即采用非传统的混合、叠加、错位、裂变等手法和象征、隐喻等手段，后现代风格的代表人物有P. 约翰逊、R. 文丘里、M. 格雷夫斯等。

4. 自然风格

有史以来，人类就一直不断在造物，为生命的生存、为生活制造着人工化的第二自然。人们在利用自然的同时也在改造自然，又建造着另一个不同的“自然界”。在这种第二自然中，现代人们的生活已经开始了背叛。自然风格就是人类最自豪地向人工自然挑战的宣言书。自然风格倡导“回归自然”，推崇真实美，自然美。认为在高科技发展的今天，人们只有在温柔的自然当中，才会使人的生理以及心理趋于平和、安定。如院中有池，池中有喷泉，在墙上爬有一株常青藤，人们可在品茗之时，倾听流水的潺潺之音，感受宁静与安详的氛围。

自然风格赋予商业卖场自然的生命。因此在设计空间中，应用天然的木料、石材等进行装饰，以其自然的纹理和清新淡雅的气质而广受欢迎。所以在商业卖场界，便形成了自然、田园的艺术形式，力求在设计中表现优雅、舒适的田园生活情趣的同时，创造出自然、简朴、高雅的生活氛围。

5. 综合型风格

在“综合型设计”的时代设计理念指引下，人们已经开始对商业卖场的综合性、多元化进行了实践。即将商业卖场中的诸多要素(尤以风格、气质的装饰表现为主)，进行了时间和空间概念的融合。综合型设计风格，在设计中表现形式多样，设计方法不拘一格，并可以充分地运用古今中外的一切艺术手段进行设计，如中国的门窗与西方的建筑结构相组合，或是传统屏风与现代化的生活环境相结合。

因此，“综合型设计”是使室内空间在具有时代性的同时，不乏具有传统艺术魅力的痕迹，从而将不同表现力的设计元素结合得自然和谐、天衣无缝，创造出别具匠心、新颖舒适的室内空间环境。

6. 其他

在历史的发展中，伴随着文化、艺术及设计观念的不断深入，各种流派层出不穷，如新地方主义派强调地方特色或民俗风格。新古典主义派注重运用传统美学法则来使现代材料与结构的建筑造型和室内空间产生规整、端庄、典雅、高贵气质的环境。孟菲斯派则以打破常规而风及一时。在东方情调派中，“天人合一”、朴素、古雅的中国风、东方情也在设计中占有一席之地。

【技能培养】

超市作为一种零售业态的商业设施，其空间的布局一般是根据用地形态、用地与周边道路的连接、设施的规模体量、停车场规划、顾客流线、商业设施后勤业务流线等多项相关因素综合考虑而定的。超市的功能空间从建筑设计的角度看可分为引导空间、营业空间和辅助空间。引导空间部分含广场、门厅、问讯寄存、垂直交通等，实为交通空间；营业空间部分含大卖场、出租店、餐饮等，均为使用性空间；辅助空间部分含仓库、办公、店员用房、后运平台等后勤设施。

从商品经营的角度看，这三部分功能空间中，营业空间部分是超市的主体，其他空间部分均围绕其组织空间，使三者紧密联系，又各自保持一定相对独立性，各部分均设置单独的出入口。

技能一　卖场的功能空间组合——引导空间

引导空间部分由广场、主出入口、问讯寄存、垂直交通等空间组成，具有组织疏散人流功能。

(1)广场。广场是人流主要的疏散场地，又是室内外的过渡空间，使进出超市的人流在此得到缓冲，避免与城市交通发生冲突。以广场为核心合理地组织停车场、自行车停放以及手推车停放收集处。广场除交通集散外，还可以设置超市促销活动的展示台、大型充气式广告以及休息娱乐设施，从而营造出良好的商业氛围。

(2)主出入口。在对建筑用地形态、主要来店方式(公共汽车、私人汽车、自行车、步行等)、周边道路情况、连接情况以及与城市主干道间的关系等进行分析后，进行主出入口设置。一般情况下，顾客使用的出入口设置在来店人数最多、最集中的车站附近，或者靠近主要道路的地方。

(3)问讯寄存。布置于室内主出入口之间，便于顾客存取物品。其面积应与超市规模相对应，以免在购物高峰期出现寄存处人流拥堵现象，影响顾客愉快购物。

(4)垂直交通。超市卖场中垂直交通设施有自动扶梯、自动人行坡道以及疏散楼梯三种。人行坡道占用空间较大但方便手推车的使用，一般用于大型超市，常沿着外墙布置，并与玻璃幕墙相结合成为外立面的主要构图要素，从而促使超市内外人流互动，为顾客提供良好的购物气氛。后场垂直交通设施为普通楼梯、客货两用梯或者员工专用电梯，一般将电梯设置在各类后勤设施的核心位置。

技能二　卖场的功能空间组合——营业空间

营业部分是超市建筑的主体空间，一般包括卖场、出租店、餐饮等。

大型超市的卖场多为2～4层，一般底层以经营食品、蔬果为主，中间层经营日用品，上层为服装、家电等。也有一些商家借助食品部的吸引力，运用顾客诱导技术，将日用品设置于底层，食品部设于二层，或者底层空间较大的超市将食品部作为吸引点放置于卖场深处。

大型超市为了增强超市对顾客的吸引力，扩大商品经营种类和范围，从而引入了许多专卖店，在内部格局上则常把这些专卖店集中布置在一层或主入口附近。出租店铺一般以收银区为轴与卖场相对称布置或者直接在卖场中单独开辟一片区域独立结算。

大商场的日益增多改变了人们的生活习惯，越来越多的消费者喜欢光顾集购物、餐饮、娱乐、休闲于一体的综合商场，逛商场的顾客群正好是餐饮消费的主力，顾客以女性居多，尤其是20～40岁的女性。就餐要求是消费低、形式新颖、环境优雅、菜品口味鲜明。商场餐饮比快餐菜式丰富、口味地道，是吸引客流的重要手段之一。

技能三　卖场的功能空间组合——辅助空间

超市内的辅助空间又称后场，是员工和供应商的活动场所，主要承担对前台和卖场的指挥调度、后勤补给及员工生活的职能，大致可分为以下三类。

(1)作业场管理。作业场管理主要承担对商品的存储及二次加工。存储的职能一是确保商品不会脱销，各类商品要分类、分日期存放，干货和生鲜食品分开，先来后到要有明确标志，做到先进先出。二是存放各类工具器材。二次加工的重要环节之一是卫生安全，应当有严格的规章制度，并有专人负责，确保工作流程有序。

(2)行政管理。这是门店的中枢神经系统，包括店长、财务会计、人力资源等管理人员的办公场所及电脑处理中心、监视系统等设施设备，实施对全店的管理。

(3)员工福利部。员工福利部主要包括食堂、休息室、卫生间、浴室、员工更衣室和更衣柜、员工培训室等，这是超市不可缺少的部分，对提高员工积极性和工作效率，具有十分重要的意义。

任务二 实施卖场区域规划

【任务导入】

在总部运营人员的辅助下,刘伟组织门店人员分别对周围的竞争者和消费者做了详细的市场调查。大量的数据从各个渠道汇集到刘伟手中,刘伟对数据进行了分析和总结,把数据报告上交给总部,总部建议,刘伟首先要做的工作就是,对自己的门店区域进行重新规划。总部需要刘伟根据市场情况,对自己门店先做出一个规划范本,上交总部审核。刘伟从来没有接触过这项工作,一下子着急了起来。

假如你是总部运营经理,刘伟向你求助以下问题,你该怎么回答刘伟。

(1)门店区域规划应当从哪儿入手?

(2)门店区域规划应当注意什么?

(3)如何规划才能更好地吸引顾客?

【任务分析】

没有完美的店铺,任何一个店铺,都有可能会出现死角。而店铺寸土寸金,如何把店铺死角盘活,可以有很多种方式。一般而言,死角往往是顾客不易走到的角落。那么在这些位置,可以采用装镜子、放海报、摆放模特、做点挂、做主题式场景陈列、富有品牌个性化的陈列道具摆放、特殊商品陈列区等陈列摆设来吸引顾客。同时,通过死角位置的突出陈列,还可以延长顾客在店铺的流动线,从而提升顾客在卖场的深度接触率。

顾客在决定买单的环节最容易接触到的货品的位置,如卖场的试衣间附近,镜子附近,收银台附近的位置,陈列各类易于连带销售的小商品,基本款、方便配搭的款式等,可增加连带销售概率。

【知识导航】

知识一 卖场各功能面积划分

卖场的组成与一般商场基本相同,所以一般商场的平面布置原则对超级市场同样适用,有区别的主要是超级市场营业厅内部的平面布置。由于超级市场采用开架自选、在出口处集中结算的售货方式,与一般商场通过营业员直接售货的方式不同,因此超级市场营业厅的入口与出口、顾客流动线、货柜布置形式和商品陈列方式均与一般商场营业厅有所区别。

超市内部空间主要由垂直交通空间、卖场、库房、后勤服务以及部分出租店铺所组成。卖场的平面布置是其空间组织的最主要部分,包括营业厅人口、出口设计和营业厅内部布置等。它的根本目的是对超级市场的各个部分进行合理安排和联系,把商场方面的机能与顾客方面的机能有机地结合起来,实现购物的方便、舒适和快捷,提高单位营业面积销售额。

【小资料】

卖场功能面积划分

卖场是大型超市的主体,是人流最集中的区域,其特点是大面积、大空间。卖场建筑面积约占建筑总面积的60%以上。库存区紧邻卖场,一般与卖场标高相同。库房是商品存储周转的地方，约占建筑面积的100%。出租类商场、餐饮等，通常设在底层，约占总建筑面积的20%。办公及设备用房共约占10%。

卖场面积的大小没有具体规定，一般营业厅面积在300平方米以下为小型，主要经营食品，也销售一些洗涤卫生用品；面积在500平方米左右为中型卖场，主要销售食品和日用品；营业厅面积超过1 000平方米为大型超级市场，经营大量食品和日用品、服装和家电产品等。

1. 卖场的空间构成

一般超市如布置有食品、日用品、服装、家电等区域，生鲜熟食往往作为吸引点放置于卖场深处，从而引导和组织人流。近年来，大型超市为了增强超市对顾客的吸引力，扩大商品经营种类和范围，从而引入了许多专卖店，在内部格局上则通常把这些专卖店集中布置在一层或主入口附近。

2. 不同种类商品营业面积分配

随着商店趋向大型化，有的观点认为卖场空间的分配问题已变得不再重要。事实上，这种观点是不对的，对零售商而言，空间永远是不够的。顾客对商品的需求越来越多样化，为满足这些需求，产品开发应不断延伸，因而对卖场空间的需求越来越大。此外，零售商所实施的多样化经营战略也需要更多的空间来展示其广度和深度的产品组合。

要研究销售量与空间分配的关系，需要引入空间弹性这个概念。空间弹性定义为货架陈列空间与单品销售相对变化的比率。研究表明，不同产品的空间弹性差异很大。典型的空间弹性为0.2，意思是陈列面积增加一倍，销售量增加20%。表4-1是某家连锁超市的16个产品品类的空间弹性。

表4-1　产品空间弹性

序号	品类	空间弹性	序号	品类	空间弹性
1	化妆品	0.57	9	杂货	0.22
2	生鲜	0.57	10	甜食	0.22
3	鞋子	0.50	11	图书	0.18
4	男饰	0.49	12	冷冻食品	0.17
5	香水	0.39	13	家用品	0.11
6	饮料	0.39	14	厨房用品	0.02
7	肉类	0.33	15	女饰	0.01
8	日配品	0.23	16	童装	−0.10

化妆品、生鲜的空间弹性为0.57，而童装的空间弹性为−0.10，表明并不是所有商品增加陈列面积后都会带来销售量的增加。对童装而言，增加陈列面积反而会降低销量，因为这有可能弱化了该产品的独特性。根据空间和销售之间的关系，一般将商品按照购物者的反应分为以下三类。

(1)没有反应的商品。如食盐,只要不断货,陈列空间的变化对其销量不会有明显的影响。

(2)经常使用的商品。如早餐类食品,增加展示空间会对销量产生显著影响,但很快会恢复正常。

(3)偶尔购买的商品。大部分顾客不会特意寻找这类商品,在展示空间逐渐增加时,销量的增加速度会滞后,一直到陈列面积大到迫使顾客增加对它的注意时,销量才会猛增。这意味着,某些类别的产品存在阶段效应和启动门槛,要较准确地确定不同种类商品的营业面积分配,必须对来超市购物的消费者的购买情况做出正确的判断与分析。超市商品面积分配见表4-2。

表4-2 超市商品面积分配的大致情况

商品部门	面积比例/%	商品部门	面积比例/%
水果、蔬菜	10	糖果、饼干	10
肉食品	15	调味品及干货	15
日配品	15	小百货及洗涤品	15
一般食品	10	其他用品	10

这样的商品面积分配比例,是建立在多次调研基础上的,基本能满足消费者的要求。但是我国地域辽阔,地区消费水平差异很大,消费习惯也不尽相同,每个经营者必须根据自己所处商圈的特点和超市本身定位及周边竞争者的状况做出商品面积分配的选择,具体有以下五种方法。

第一种,参照法。参照法是指参照当地同等规模、业绩较好的店铺的商品营业面积分配。例如,A店竞争对手店,设有80平方米的冷藏及冷冻展示柜,其中水果、蔬菜20平方米、水产15平方米、畜产20平方米、日配品25平方米。接着就要考虑自己门店的状况,如果面积较A店大,可以扩充上述面积,陈列更多的商品来吸引顾客;如果面积较A店小,则应先考虑可否缩小其他干货的比例,以增加生鲜食品的陈列面积。在超市经营里,生鲜食品经营的成败,往往决定了超市经营的成败。如果面积一样,可探讨A店这样的配置是否理想。当然,也可以增加蔬果的配置面积,而对其他产品做适度的缩小或要求更精致一点。对于其他干类货品中的一般食品、糖果饼干、杂货等的面积分配,也都可用此方法去探讨。

第二种,需求导向法。通过调研店铺所在商圈内消费者的数量、构成、购买力、购买习惯、潜在需求等,来确定自己超市的商品面积分配。根据美国农业农村部的调查报告,对于新鲜水果和蔬菜,如摆在入口处,则其营业额较高,且新鲜水果、蔬菜是消费者每日必购之物,摆在入口,较容易吸引顾客,而蔬菜的颜色鲜艳,可以加深顾客的印象,较能表现季节感,水果的大量陈列,更可以给消费者带来商品品种丰富的感觉。所以绝大多数的超级市场都将蔬果类摆在入口处。而日常搭配中的牛奶与果汁,由于购买频度高,销售单价又高,且已成为现代人生活的必需品,故多数超市逐渐将该商品前移。根据消费支出比例进行商品面积分配,见表4-3。

表 4-3　根据消费支出比例进行商品面积分配

部门	居民消费支出结构比/%	面积分配比/%
水果、蔬菜	24	12～15
水产品	12	6～9
畜产品	18	12～16
日配品	9	17～22
一般食品	7	15～20
糖果、饼干	7	8～12
干货	10	10～15
特许品	6	3～5
其他	7	4～6

第三种，实践法。实践法是指先试业一段时间，之后再根据实际情况调整营业面积的分配。最简单的方法是，给销路好的商品分配更多的陈列面积。

第四种，陈列需要法。陈列需要法是指根据某类产品所必需的面积来进行商品配置，服装部和鞋部采用此法较适宜。

第五种，销售生产率法。这种方法是指零售商根据每单位商品的销售额或盈利分配销售空间，如图 4-1 所示。高盈利的商品种类获得较大的空间，微利商品获得较小的空间，大多数超市采用这种分配方法。某商品或商品部的空间规模计算如公式(4-1)所示。

$$\text{某商品或商品部的空间规模分配比例}=\frac{\text{某商品或商品部的计划销售额(或盈利)}}{\text{每平方米预期的销售额}} \tag{4-1}$$

卖场布局是关系经营成败的关键环节，假如布局不当，顾客想要的商品不能方便快捷地找到，那么就会大大降低顾客的购物意愿，影响经营业绩。

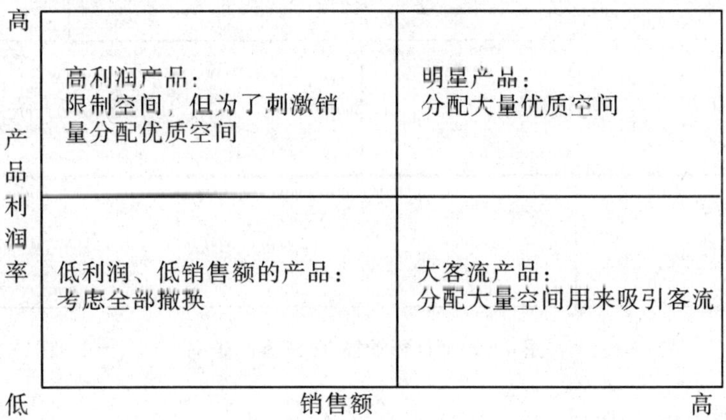

图 4-1　销售生产率法

【小资料】

根据《中华人民共和国消防法》的相关规定，建筑面积在 1 000 平方米以上的超市，主通道设计宽度在 2.4 米以上，副通道宽度在 1.5 米以上，保持通道笔直，引导顾客走向。卖场内设有 3 个以上安全出口，保障疏散通道、安全出口畅通。卖场经营面积占比划分依据普超标准：生鲜 30%～40%、食品 30%～40%、用品 20%～30%。

基于以上标准，店面布局中的诱导设计，主要以购物流动线及商品品类分布为主，如科学城店在购物流动线设计上采用 U 形动线，在宽敞笔直的主通道指引下，根据商品区域分布，以食品作为开端，用低矮道具陈列作为指引，穿过较高的货架区，来到低矮的生鲜区域，通过这种高低错落的陈列，形成既连贯一体又相对独立的陈列区域。如图 4－2 所示，将顾客经常购买的日配商品放在最深处，吸引顾客走到最内侧，以端架形式配合 POP 宣传展示特价商品，刺激顾客购买欲，整个设计路线配合生动化的商品陈列和装饰效果，引导顾客在不知不觉中走向卖场的每个角落，从而带动销售。

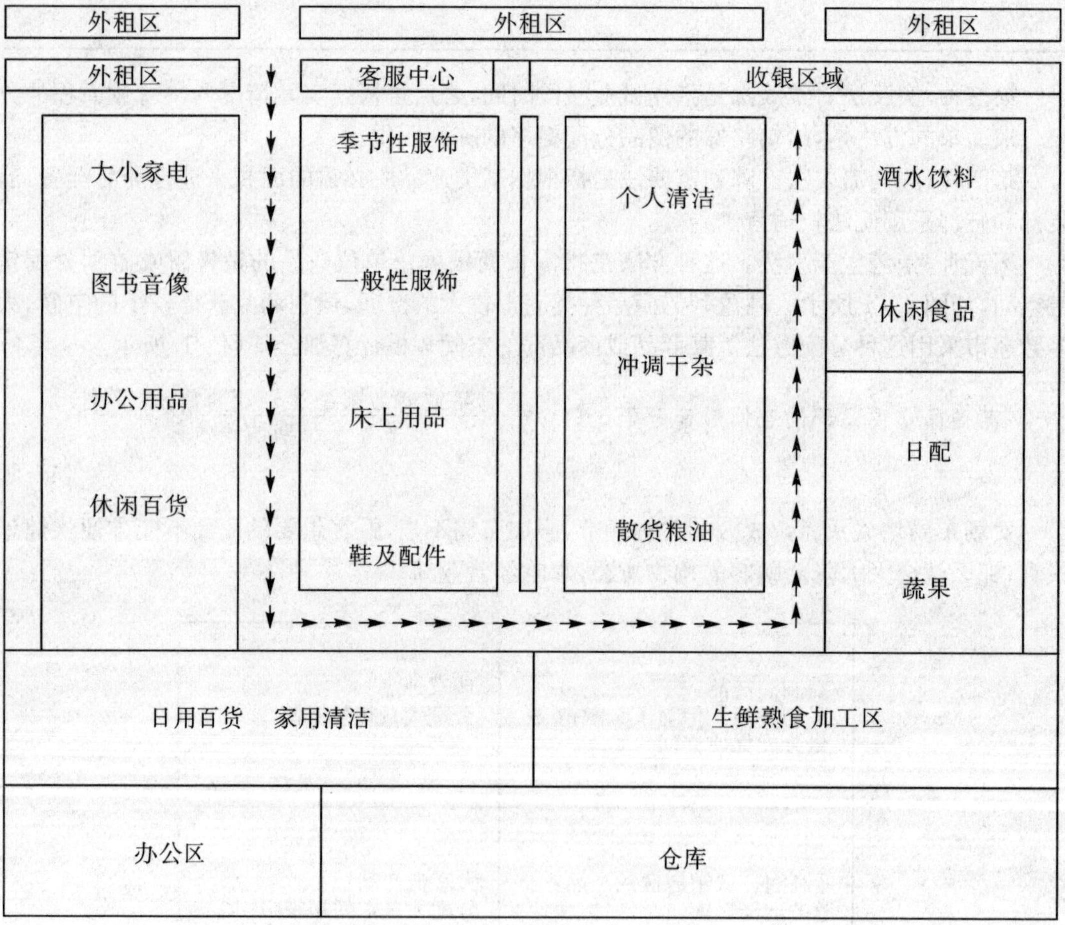

图 4－2 “U 形动线”下顾客的走向

知识二　卖场的磁石点理论

1. 磁石点理论

所谓磁石点，是指卖场中最能吸引顾客目光和注意力的地方，磁石点就是顾客的注意点，这种吸引力的创造是依靠商品的配置技巧来完成的。商品配置中磁石理论运用的意义是在卖场中最能吸引顾客注意力的地方配置合适的商品以促进销售，并且这种配置能引导顾客逛完整个卖场，达到增加顾客冲动性购买比重的目的。

【小资料】

卖场磁石点理论的作用

在卖场中最能吸引顾客注意力的地方配置合适的商品促进销售。

(1)商品配置能引导顾客逛完整个卖场(死角不应超过1%)。

(2)增加顾客冲动性购买率(冲动性购买占60%～70%)。

(3)销售额＝来客数×客单价

来客数：在超市实现购物的顾客数。

客单价：平均每位顾客的购买额。客单价又与每位顾客购买商品的数量和商品的单价成正比。

(4)提高销售额的关键是增加顾客冲动性购买率。

(资料来源：根据网络资料改编)

卖场磁石点一般分为五个，应按不同的磁石点来配置相应的商品，如图4-3所示。

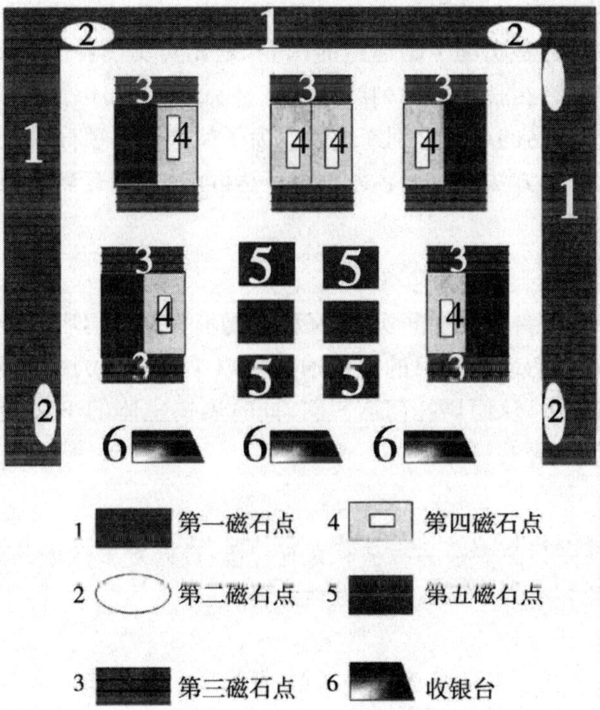

图4-3　磁石点配置图

2. 第一磁石点

第一磁石点位于卖场主通道的两侧，靠近入口和出口，是吸引力最大的磁石点、顾客必经之地和商品销售最主要的地方。此处配置的商品主要有主力商品、购买频率高的商品和采购力强的商品。这类商品大多是消费者随时需要，又要时常购买的，如蔬菜、肉类和日用品。牛奶、面包、豆制品等应放在第一磁石点内，以增加销售量。

3. 第二磁石点

第二磁石点位于主通道外侧、靠近卖场边缘、远离入口的区域，是吸引力较大的磁石点，穿插在第一磁石点中间，一段一段地引导顾客向前走，主要配置的商品是流行商品，色泽鲜艳、引人注目的商品和季节性强的商品。第二磁石点需要超乎一般的照度和陈列装饰，以最显眼的方式来突出表现，让顾客一眼就能辨别出其与众不同之处。同时，第二磁石点处的商品应根据需要隔一段时间便进行调整，保持其基本特征。

4. 第三磁石点

第三磁石点指的是主通道内侧、靠近卖场中部、远离出口和入口、靠近收银台的区域，以及超市中央陈列货架两头的端架位置。端架是卖场中顾客接触频率最高的地方，其中一头的端架又对着入口，因此配置在第三磁石点的商品，要刺激顾客、留住顾客，通常可配置下列商品：特价商品、高利润商品、季节性商品和厂家促销商品。值得注意的是，有一些超市根本不重视端架商品的配置，失去了很多赢利机会，一些超市选择的货架两头是半圆形的，根本无法进行端架商品的重点配置，应积极地加以改进。

5. 第四磁石点

第四磁石点通常指的是卖场中副通道的两侧，是充实卖场各个有效空间的摆设商品的区域。这是一个要让顾客在长长的陈列线中引起注意的位置，因此在商品的配置上必须以单项商品来规划，即以商品的单个类别来配置。为了使这些单项商品能引起顾客的注意，应在商品的陈列方法和促销方法上对顾客做刻意表达诉求，主要有热门商品、有意大量陈列的商品、广告宣传的商品等。

6. 第五磁石点

第五磁石点位于收银台前的中间卖场，又称卖场堆头。各门店可按总部安排，根据各种节日组织大型展销、特卖活动。其目的在于通过采取单独一处的多品种、大量的陈列方式，造成一定程度的顾客集中，从而烘托门店气氛，同时展销主体的不断变化，也给消费者带来新鲜感，从而达到促进销售的目的。

【小任务】

如图 4 - 4 所示是某门店食品卖场磁石点布局图，箭头为主通道。各个区域布置的商品区域，文字后标注的数字为这一区域磁石点性质编码。

请思考：

(1)数字 1～5 分别代表第一至第五磁石点，根据所学知识填一填：

“1”是第(　　)磁石点；“2”是第(　　)磁石点；“3”是第(　　)磁石点；“4”是第(　　)磁石点；“5”是第(　　)磁石点

(2)试分析该门店规划的理由。

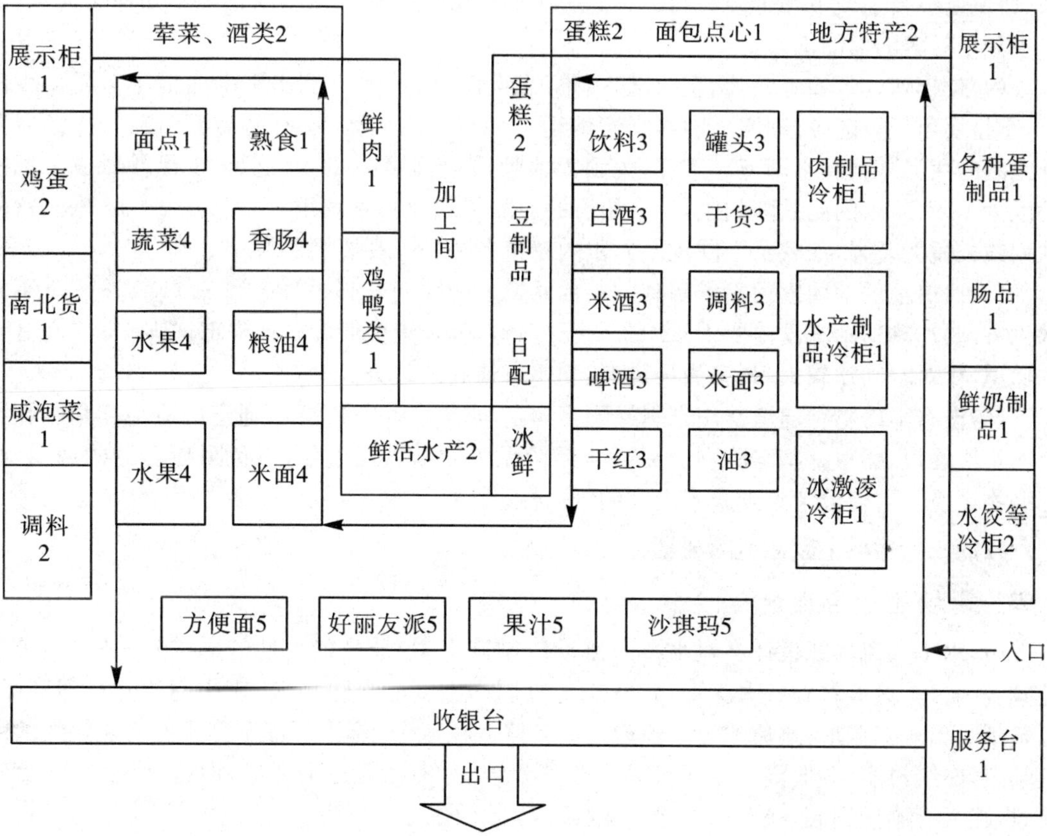

图 4-4　某门店食品卖场规划图

【技能培养】

卖场通道一般分为主、副通道，主通道是顾客从门店进入店内的通道，副通道是辅助的通道，是顾客进入各个角落的重要通道。卖场流动线布局应充分考虑主副通道的宽度、商品补给路线的选择、非营业场所与营业场所的连接等各个方面。

技能一　掌握卖场通道设计基本原则

(1)足够的宽度。所谓足够的宽，即要保证顾客提着购物筐或推着购物车能与同行的顾客并肩而行或顺利地擦肩而过。不同规模超市通道宽度的基本设定值如下所示。

单层卖场面积 300 平方米：主通道宽度 1.8 米；副通道宽度 1.3 米。

单层卖场面积 1000 平方米：主通道宽度 2.1 米；副通道宽度 1.4 米。

单层卖场面积 1500 平方米：主通道宽度 2.7 米；副通道宽度 1.5 米。

单层卖场面积 2000 平方米：主通道宽度 3.0 米；副通道宽度 1.6 米。

对大型货仓式零售超市来说，为了保证更大顾客容量的流动，其主通道和副通道的宽度可以基本保持一致。同时，也应适当放宽收银台周围通道的宽度，以保证最易形成顾客排队的收银处的通畅性。

(2)笔直。卖场通道要避免迷宫式的布局，要尽可能地设计笔直的单向道。在顾客购物的过程中，尽可能依货架排列方式，按照商品不重复、顾客不回走的设计方式布局。

(3)平坦。通道地面应保持平坦，处于同一层面上。有些门店由两个建筑物改造连接起来，通道途中要上或下几个楼梯，有“中二层”“加三层”之类的情况，令顾客不知何去何从，显然不利于门店的商品销售。

(4)少拐弯。事实上，一侧直线进入，再沿同一直线从另一侧出来的店铺不多见。少拐弯，是指拐角尽可能少，即通道中可拐弯的地方和拐的方向要少，有时需要借助于连续展开不间断的商品陈列线来调节。例如，美国零售超市经营中在20世纪80年代就形成了标准长度为18～24米的商品陈列线，日本超市的商品陈列线相对较短，一般为12～13米。这种陈列线长短的差异，反映了不同规模面积的超市布局的客观要求。

(5)通道上的照明度比卖场明亮。通常通道上的照明度起码要达到500勒克司(10平方米见方，要达到这个亮度需要1～2支40瓦灯管)，卖场里照明度要比外部增强5%。尤其是主通道，相对空间比较大，是客流量最大、利用率最高的地方。

(6)没有障碍物。通道是用来引导顾客多走、多看、多买商品的，通道应避免死角。在通道内不能陈设、摆放一些与陈列商品或与促销无关的器具或设备，以免阻断卖场的通道，破坏购物环境。要充分考虑到顾客走动的舒适性。

技能二　卖场主副通道的规划

1. 卖场主通道设计

(1)水平人流动线设计。对水平人流动线设计来说，最具代表性的形状是凹字形，可以让顾客一目了然地看到各大类商品，并能走过店内主要商品陈列区，较快地找到目标商品。尽量不要出现射线形，避免顾客不停地走回头路。在这个原则下，首先要考虑的是路线的曲直结合，曲线过多，会使整个空间布局不够整齐统一，使顾客迷失方向，但也不能太直，直则无景，让人一眼望到底，缺乏诱人深入、继续探索的乐趣。

(2)垂直人流动线。垂直人流动线的设置相对于水平人流动线要简单一些，主要是电梯和楼梯的形式、数量、地点这三个方面的考虑。形式是指设置成电动扶梯、垂直观光电梯、坡道、个性化楼梯等。此外，形式还包括并列还是交叉，是直跑楼梯还是双跑楼梯、旋转楼梯。

2. 副通道的设计

副通道主要是指卖场中各商品部门的人流动线。对商家来说，如果闲逛性顾客在卖场主通道没发现值得留步的东西，或者没看多少商品就转身而出，这是最头痛的事情。因此，如何能把每一个进入卖场的潜在顾客留住，引导顾客继续前行观看产品，并产生购买欲望，降低顾客回转率就显得尤为重要。所以，应该在卖场中明确导购员的站位，灵活变动货柜，规划好副通道。

任务三　实现卖场布局诱导

【任务导入】

刘伟带领团队经过认真仔细的工作，将门店的规划图制作了出来，得到了总部的高度评价，批准刘伟按照新的门店规划进行门店的详细设计。刘伟根据自己多年的从业经验，请教了多位行业前辈，碰到了一个非常棘手的问题：如何对自己的门店进行商品的布置，才能使得到店顾客能够按照自己规划中的路线走遍门店的各个角落，并最终提高购买率，增加门店的销售和利润。

刘伟应当怎样做来实现卖场布局的诱导?

【任务分析】

(1)按照前场、中场和后场进行分段规划。根据业绩贡献率不同,将前场、中场、后场按顺序进行整理。在路线设计时,应该按照正确的顺序来进行规划。

(2)结合路线的价值原则,对陈列位置适时调整。消化库存、推广新品、展示形象、随机消费等有所区别。

(3)结合顾客的视觉习惯,调整规划引导。顾客的视觉会有相应的重点和盲点。比如,超市的货架,最好的销售位置是120～150厘米之间。需要根据顾客的视线方向调节和改变货品的摆放。

【知识导航】

知识一　通过标志进行诱导

对大型卖场来说,一般在大的区域分类方面主要有以下内容:生鲜(面包、散食、水产品、熟食、蔬果)、酒水、名烟、茶叶专柜、休闲食品、保健品、日用百货、卫生用品、洗涤用品、化妆品、文化用品、体育用品、工艺品、大小家电、图书、音像用品、服装、针织品、鞋帽、居室用品等。

虽然大型门店的装饰原则是简单节省,但并不意味着可以随意请一家装饰公司,按照某负责人合理或不合理的个人意志打造;直接照搬某超市的装饰设计,最终其整体形象不伦不类,失去自己的形象设计,甚至违背企业形象统一标准的原则。

在大型综合性超市分区的形象设计中,影响设计的实际因素很多。商品种类、规格形式的多样化,五颜六色的外包装,以及不同的展台、货架等制约着设计师的构思与创造,同时设计师又必须深刻理解企业的经营理念和VI(视觉识别系统)手册的设计要求,因此要设计好各区域的形象,应遵循以下原则:企业形象设计与各区域属性统一与协调的原则;商品展示统一与变化的原则。

统一性在设计中一般指标志、文字、内容、格式、色彩、规格以及企业的辅助图形等元素,在实际的导入应用过程中反复出现,强化视觉的识别性和引导性,使店内各区域在设计上比较注重本区域属性和环境氛围的营造。如生鲜区的蔬果分区大多以白色钢管作为顶部装饰基础,配上局部的点关灯和一些绿色的植物叶,营造出一种室外田园的氛围,给人一种新鲜感;面包房则以黄色调、小木屋为常用的装饰手法,给人以温馨清香的感觉;水产品以蓝色调为主;熟食以大红白色调为主,突出了区域经营的属性。

在企业形象设计的统一性方面则注重导向牌的设计。一般统一导向牌的规格、格式、结构和悬吊的位置。如某些超市在形象打造上较注重区域的氛围营造,统一形象上较注重利用导向系统。其形象打造强调的主要是商品的属性和品质,这也正是其经营理念的一种表现。这一设计也有一定的缺陷,在单店整体形象的表现上,给人一种气氛上拥挤、繁杂的感觉,另外这种过多地强调商品属性的设计不利于店与店之间的形象关联性与统一性,成本材料、制作时间等因素缺乏相对控制力度。沃尔玛则与之相反,沃尔玛强调各区形象的统一性,淡化商品的属性形象,无论在它的任何一处标准店,所看到的详细设计与氛围营造都是非常近似的。这种规范的形象打造,可以说是近几年大型综合超市的竞争焦点之一,目的在于无论在哪个区域的标准店,顾客都会感到像在自家一样熟悉,让顾客产生一种强烈的自信心和满足感,增强企业的亲和力。这种强调企业形象统一性的方式,在运作中也应当考虑本土文化。

总之，在企业形象的设计与各区域商品属性统一、协调性的导入应用设计过程应注意以下七点。

(1)统一形象设计的基本元素：标准字、企业标准色、辅助图形等。

(2)统一导入应用形式：比例、规格、格式、尺度。

(3)依据经营理念定位两者相互关系。

(4)依据店与店之间形象的延展性设计定位。

(5)依据国情、民俗设计定位。

(6)依据市场竞争发展与时代的审美定位。

(7)选择可反复使用的材料降低制作成本，提高工作效率。

根据以上分析，可以认为在企业形象的设计导入中首先应以经营理念为核心，以市场竞争与时代审美为标准，注意国情与民俗的本土化情结，在设计中应适度地掌握形象的统一设计与区域属性的比例协调关系。随着市场与企业的发展，在设计中也应注重局部形象设计的可调性，以适应激烈的竞争，并在调整形象的过程中，达到省时、省力、省钱的同时还必须兼顾企业形象的整体性。

知识二　通过商品展示与陈列进行诱导

1. 商品展示陈列的统一与变化

商品展示陈列的统一性与变化性，是展示陈列的一门艺术，是企业形象的一部分。商品展示陈列的好坏不仅代表着企业的管理水平，同时也对销售额的高低起着极大的影响。

大型综合超市的商品一般为1万～2万个单品，即便在分区域后，每区域中也不会少于上千个品种。如何通过合理的展示和陈列这些商品达到一定的美化作用，体现企业文化，提高销售额，最大限度地满足消费者和方便消费者是卖场经营管理的目的。

在成千上万的商品海洋中，如何向在游动中的消费者迅速地传递信息？现代科学证明：视觉传达是商品叫卖的主要途径。商品展示货架的定位、品牌等综合因素，决定了商品的叫卖力。据测试表明：一个人接受外界信息时，视觉占全部信息的83%，听觉占11%，来自嗅觉的信息占3.5%，触觉占1.5%，味觉占1%。人的五种信息接收方式在大型综合卖场的商品展示陈列中均能被发挥得淋漓尽致。

在视觉的识别上，一般是把销量大、受消费者欢迎的商品摆放在高1～1.6米之间的货架上，在这类商品中再挑选出受消费者青睐、价格又低的平价或特价商品陈列在货架的端头。如果有些商品不仅价格低、质量好、受欢迎，而且又是季节性的时令商品，在展示陈列上则大多安排在促销区，再配合一些POP广告，吸引消费者的视线，拉动消费者的购买力。

在听觉上，内地的许多超市大多设有背景音乐，明快轻松的音乐能够刺激消费者的购买欲望。由于大型综合超市面积较大，消费者未必能够到达所有的区域，因此通过广播可以及时地告知消费者商品的最新情况和店内的各种活动信息。

嗅觉也是门店特别是大型综合超市的经营大卖点之一。自助式购物，让消费者亲自嗅到商品的气味是大型综合超市信息传播的一大特色，生鲜区水产品的新鲜腥味使消费者人未到就已在远处知晓前面在卖什么。现场制作烘烤的面包味是吸引消费者的亮点，再加上免费品尝，充分体现了商家的诚意和自信。根据人们购物的视觉和人体工程学，可以得出以下结论。

(1)根据商品的品质、价格及消费者的需求，受欢迎商品在展示陈列的陈列长度应在

1.1～1.2 米之间。

(2)最受欢迎的、品质优良、价格低、销量较大的商品应摆放在货架的端头。

(3)最受青睐的、品质优良、价格低、具有季节性的时令商品应以堆头的方式陈列展示。

(4)展示陈列时应注意商品的关联性和包装色彩造型及不同商品的整体协调性。

(5)排列方式可以横排，也可以竖排。竖排时应注意由下到上、由低档到高档商品的排序(较重的物品应放在下部)。

(6)在排列中规范商品的定位，随时补充货品，避免出现缺货的空位。在整齐有序的前提下应注意商品的摆放，要方便消费者拿放。

(7)在堆头的陈列造型上，应注意避免结构的不安全性和过于完美的造型，以避免消费者拿商品时产生不安全感和破坏感。一般堆头在商品陈列时应根据商品情况适当调整，突出形象宣传和品牌的美化设计。

2. 商品展示与陈列设计

(1)超市商品展示与陈列的重要性。

商品展示与陈列是超市营销的重要内容，也是超市视觉传达的主要表现方式之一。超市商品的陈列对销售环境的营造，对促进商品销售和增进顾客的联系，对维护和树立良好的超市商品形象、品牌形象、企业形象，具有非常重要的意义。

(2)展示陈列设计。

①展示陈列类型。特写式的展示陈列主要集中介绍某一种商品，这种方法适用于介绍新产品、特色商品。专题式的展示陈列是以一个主题为中心，围绕特定的环境或事件，组合一系列的商品，如环境陈列、节日陈列、事件陈列。综合式的展示陈列，即互不相连的多种商品的陈列。

②展示陈列的原则。有一定的超市定位特色，即陈列商品要有统一性和有序性，并要及时更新。必须注意灯光的照明，注意商品间色彩的搭配，使陈列的商品能吸引消费者购买。设计时切忌局部化、平面化，要生动化陈列，通过生活场景，使顾客感到亲切自然，产生共鸣，并能使顾客过目不忘。

③分类商品展示陈列要点。展示广告所要着力刻画或表现所要说明的东西，表现形式与主题是相互联系、不可分割的。正确的表现形式对任何广告或陈列都具有重要意义，而表现形式的选择还要看商品的性质、质量、当时的季节、当地的经济条件、购物环境、经营性质等因素。如冬季推销夏装收效不好，因为不合时令。又如，经营钟表的商品展示陈列的是布娃娃，工艺品商店的橱窗里却摆放着五金商品，都是不恰当的做法。

【技能培养】

技能一　卖场货架布置

卖场的布置形式与商店的经营策略、管理方式、空间形状和所处环境、采光通风的状况及商品布置的艺术造型等有关。柜架的设置应使顾客动线通畅，便于浏览与选购，使营业员工作方便快捷，可提高货架的利用率。卖场有以下七种常见的布置形式。

1. 顺墙式

柜架、货架顺墙排列，又分为沿墙式和离墙式布置。以高货架为常见，陈列商品多，但连续顺墙式布置高货架易使空间显得封闭。

沿墙式柜台连续较长，节省营业员人数，但高货架不利于高侧窗的开启，不便于采光通风，在无集中空调的寒冷地区不利于设置暖气片。

离墙式货架与墙之间可作为散仓，要求有足够的柱网尺寸，但占用营业厅面积多，不经济。

2. 岛屿式

营业员工作空间四周用柜台围成闭合式，中央设置货架形成岛屿状布置，常与柱子相结合，又分为单柱岛屿式、双柱岛屿式及半岛屿式，其中半岛屿式又分为沿墙式和离墙式两种形式。柜台周边长，存放商品多，形式多样，布置灵活，便于商品分类分档，利于商品展示。中央货架拉开布置形成散仓，在不影响顾客视线的前提下，将储藏空间与柜架有机结合，使经营现场商品量充足，保证了买卖活动的正常进行。这种布置方式能减低商店内拥挤杂乱的感觉，使用较多。

3. 斜交式

斜交式使货架和通道呈菱形分布。这种形式可以使顾客看到众多的商品，气氛活跃并具有动感，斜交式的布置方式吸引顾客不断沿斜线方向进行，形成深远的视觉效果，利于商品销售。空间既有变化又有规律性，形象更加生动，入口与主通道联系更为直接，方向感强，减少了入口人流的拥堵。对超市来讲，采用此种布置方式便于管理。斜交式通常以 45 度角布置，这样可避免货柜相交处出现锐角的情形。可用此种布置方式拓宽空间，减少狭长感。

4. 放射式

柜架围绕客流交通枢纽呈放射式布置。交通联系便捷，通道主次分明。各商品柜组应注意小环境的创造，以突出商品特色，避免单一的布置形式带来的单调感。

5. 自由式

柜架随人流走向和密度变化及商品分布呈有规律性的灵活布置。空间产生轻松愉快的气氛，但应避免杂乱感，在统一的环境基调下自由布置。也可采取自由曲线式，使卖场呈现不规则的曲线通道，可按一定路线设置迂回式的购物路线，以增强顾客的新鲜感与逗留时间。

6. 堆头式

超市为了促销，在客流量较大的位置，将成堆的商品陈列，以体和量来增强诱惑力，最终达到促进销售的目的。

7. 综合式

综合式是几种布置形式有机结合的综合运用。采用综合式布置形式可更充分灵活地合理利用空间，富于变化，避免了同一种布置形式带来的枯燥感，增加了趣味性，给顾客以新鲜感，从而增加购买欲。设计时应考虑影响卖场布置形式的各主要因素，分析空间特点，充分利用空间并注重功能要求，综合运用多种布置形式，创造出符合超市特性的理想的商业环境。

技能二　商品展示与陈列的识别设计

超市商品展示和陈列的首要问题是如何有效地传达企业信息和商品信息，通过展示和陈列的识别设计，对立统一地传达具有独特个性的超市形象、服务形象。在现场的展示和陈列中，要将企业的 VI 识别要素与产品结合起来。

商品展示与陈列的识别设计，主要是通过展示物、展示道具与展示空间的有机结合，创造独特的展示环境、视觉环境与心理环境。

展示与陈列识别设计的构成要素主要包括空间、道具、灯光、材料、展品、音响等。视觉元素主要有文字、图形、色彩、造型等。

任务四　善用商品配置表来配置商品

【任务导入】

经过一段时间的努力，刘伟的门店整体规划和店内的布局都有了进展，刘伟也会同公司规划设计部人员对门店重新调整和打造，在这个过程中，刘伟又遇到了一个让她头疼不已的问题，每一个区域应当配置什么样的商品，应该配置多少才能最大化地利用好门店的资源。

(1)刘伟在进行门店商品配置的时候可以采用什么方法？有哪些工具可以使用？

(2)刘伟如何确定每种商品的配置数量？你有什么好的建议呢？

【任务分析】

每个企业的卖场面积都是有限的，所能陈列的商品品项也是有限的，为此就要有效地控制商品的品项数，这需要通过专门的工具来实现。

卖场内的商品定位，就是要确定商品在卖场中的陈列方位、在货架上的陈列位置及所占的陈列空间。定位管理是卖场管理非常重要的工作，是为了使陈列面积能得到有效利用。

企业有众多的商品，达到各商店商品陈列的基本一致，促进经营工作的高效化，是企业标准化管理的重要内容。通过标准化的商品配置表，能使整个体系内的陈列管理比较易于开展，同时，有利于商品陈列的调整和新产品的增设以及滞销品的淘汰等。

【知识导航】

知识一　商品配置表定义

商品配置表是门店经营与管理商品最基本的工具。一个门店在开始营运之前，应先把商品配置表规划好，再进行硬件的配置与进货陈列。

知识二　商品配置表的作用和功能

1. 有效控制商品品项数

每一个连锁门店或卖场的面积都是有限的，所能陈列的商品品项数目也是有限的，为此就要有效地控制商品的品项数，这就要使用商品配置表，才能获得有效的控制效果，使卖场使用率得以正常发挥。

2. 有利于商品定位管理

超市卖场内的商品定位，就是要确定商品在卖场中的陈列方位和在货架上的陈列位置，这是超市营业现场管理的重要工作，如不事先规划好商品配置表，无规则进行商品陈列，就无法保证商品有序有效的定位陈列，而有了商品配置表，就能做好商品的定位管理。

3. 强化商品陈列排面管理

商品的陈列排面管理就是规划好商品陈列的有效货架空间范围。在超市商品销售中有的商品销售量很大，有的则很小，因此可用商品配置表来安排商品的排面数，即根据商品销售量的多少，来决定商品的排面数，畅销商品给予多的排面数，也就是占的陈列空间大，销售量较少的商品则给予较少的排面数，其所占的陈列空间也小。对滞销商品则不给排面，可将其淘汰。商品陈列的排面管理对提高超级市场的卖场，具有很大的作用。

4. 畅销商品保护管理

在有的超市中畅销商品销售速度很快，若没有商品配置表对畅销商品排面的保护管理，常常会发生畅销商品卖完了，又得不到及时补充的现象，这易导致较不畅销商品甚至滞销品占据畅销商品的排面，形成了滞销品驱逐畅销品的状况。这种状况一会降低超市对顾客的吸引力，二会使超市失去了售货的机会并降低了竞争力。可以说，在没有商品配置表管理的超市，这种状况时常会发生，有了商品配置表管理，畅销商品的排面就会得到保护，滞销品驱逐畅销品的现象会得到有效控制和避免。

5. 商品利润的控制管理

超级市场销售的商品中，有高利润商品和低利润商品之分，每一个经营者总是希望把利润高的商品放在好的陈列位置销售，利润高的商品销售量提高了，超市的整体盈利水平就会上升，而把利润低的商品配置在差一点的位置来销售，以此来控制商品的销售品种结构，保证商品供应的齐全性。这种商品利润控制的管理法，就需要依靠商品配置表来给予各种商品妥当贴切的配置陈列，以达到提高超市整体利润水平的目的。

6. 超市连锁经营标准化管理的工具

连锁制的超市公司有众多的门店，达到各门店的商品陈列的一致，是连锁超市公司标准化管理的重要内容，有了一套标准的商品配置表来进行陈列一致的管理，整个连锁体系内的陈列管理就比较易于开展，同时，商品陈列的调整和新产品的增设，以及滞销品的淘汰等管理工作的统一执行，就会有计划、有蓝本、高效率地开展，如表 4－4 所示。

表 4－4　某超市商品配置表

<table>
<tr><th>大类</th><th>类别代码</th><th>中类</th><th>类别代码</th><th>小类</th><th>合成代码</th><th>描述</th><th>主力品牌</th><th>辅助品牌</th></tr>
<tr><td rowspan="4">洗涤用品组</td><td rowspan="2">111</td><td rowspan="2">洗发用品</td><td>01</td><td>洗发用品</td><td>11101</td><td>普通/婴幼儿/功能性/护发素</td><td>飘柔/海飞丝/潘婷/伊卡璐/清扬/力士/资生堂/强生/蜂花</td><td>舒蕾/好迪/夏士莲/拉芳/采乐</td></tr>
<tr><td>02</td><td>美发用品</td><td>11102</td><td>摩丝/啫喱/发胶/营养水/焗油/彩染</td><td>美涛/浪迪</td><td>好迪</td></tr>
<tr><td rowspan="2">112</td><td rowspan="2">洗浴用品</td><td>03</td><td>香皂</td><td>11203</td><td>普通/婴幼儿/功能性/洗手液</td><td>舒肤佳/玉兰油/夏士莲/力士/多芬/六神/强生/蓝月亮</td><td>多芬</td></tr>
<tr><td>04</td><td>浴液</td><td>11204</td><td>沐浴露/婴幼儿/洗液/浴盐</td><td>舒肤佳/玉兰油/力士/多芬/强生/妇炎洁</td><td>六神/夏士莲</td></tr>
</table>

续表

大类	类别代码	中类	类别代码	小类	合成代码	描述	主力品牌	辅助品牌
洗涤用品组	113	护肤用品	05	洗面用品	11305	洗面奶/洁面啫喱/面膜/调养水	玉兰油/妮维雅/碧柔	旁氏/可伶可俐/丁家宜
			06	护肤品	11306	面部/手足/身体/热痱粉/爽身粉/功能性/婴幼儿	强生/大宝/宝宝金水（季节产品）	隆力奇
			07	香水	11307	男用固体液体/女用固体液体/香体露/走珠/花露水	舒耐/雅芳/六神（季节产品）	隆力奇
	114	口腔护理	08	牙膏	11408	基本清洁/儿童/功能性/药物/漱口水/旅行套装	佳洁士/高露洁/中华/黑人	纳爱斯/云南白药
			09	牙刷	11409	成人/儿童/套装/电动	佳洁士/高露洁/黑人	三笑/今晨
	115	护理用品	10	剃须用品	11510	刀片/刀架/一次性剃须刀/刮胡泡/刮胡啫喱/须后水/套装礼盒	吉列	超人
			11	计生用品	11511	安全套	杜蕾斯/杰士邦	多乐士
			12	急救用品	11512	创可贴/急救用品/急救盒/消毒液	邦迪	云南白药
	116	日常用纸	13	家用卫生纸	11614	有芯/无芯/手帕纸/抽纸/简易包装纸/袋装餐巾纸	心相印/清风	洁柔/丰悦/手心缘
			14	女性卫生用品	1615	卫生巾/面条/护垫	护舒宝/安(尔)乐/七度空间/苏菲/ABC	好舒爽/笑爽用纸
			15	纸尿裤/垫	11616	婴儿/成人	帮宝适/安乐	妈咪宝贝/其他地方品牌
			16	湿巾纸	11617	成人/婴儿	强生/心相印	其他低端品牌

如表 4 - 4 所示，每个商品都应占据一个相对稳定的空间，商品配置主要考虑该商品在商品结构中的地位，还要考虑商品配置对商品销售效果的营销，同时也应当注意商品的关联性配置对销售效率的影响。制作商品配置表最重要的依据是商品的基本特征及其潜在的获利能力。

(1)商品周转率。周转率高的商品一般都是顾客要寻找的商品，应放置在商品配置表中较明显的位置，尤其要与周转率低的商品有关联。

(2)毛利。毛利高的商品通常也是单价高的商品，应放在商品配置表中较明显的位置。

(3)单价。单价高且毛利高的商品应放在商品配置表中较明显的位置。

(4)需求程度。在非重点商品中,具有高需求、随机性需求特征或顾客容易冲动购买的商品应陈列在较明显的位置。销售力越强的必需品,给顾客的视觉效果应越好。

(5)空间分配。在设计整个商品配置表时,应通过高需求或高周转率的商品来调动顾客的视线,避免将高需求的商品摆在商品配置表中的第一视线焦点区内,除非该商品具有高毛利的特性。高毛利且具有较强销售潜力的商品应摆在商品配置表的主要视线焦点区内。潜在的销售业绩越大的商品,就越应该在商品配置表中得到更多的排面。

【技能培养】

技能一 商品配置表的制作程序

商品配置表的制作程序一般包括以下十个步骤。

1.步骤一:消费者调查

在决定是否设立新店时,需进行商圈调查。如果商圈调查完成、决定设立新店,紧接着就是消费者调查。消费者调查的内容包括:商圈内顾客的收入、职业、家庭结构、购物习惯以及新店能提供何种商品及服务。根据这些调查所得到的资料,商品人员应做更深入的分析,了解商圈内顾客对商品的潜在需求,并了解竞争态势,以构思要卖些什么商品。

2.步骤二:部门构成

了解到商圈内消费者对商品的需求,商品部门要提案列出新店应经营哪几大类(部门)的商品。如要不要设立玩具部门或餐饮部门、鲜花部门。把适合商圈内贩卖的商品大类做几种形态的组合,提供给上级来裁决。

3.步骤三:商品大类的配置

决策单位裁示要经营何种大类后,商品调查人员应会同营业部、开发部共同讨论决定商品大类的配置。每一个大类所占的面积大小,都要有一个最妥善的安排及配置。

4.步骤四:中分类配置

大类配置完成后,根据大类配置图,采购人员要动脑筋将大类中的每一中分类安排到中分类配置表里,并由采购(商品)经理确认及决定。

5.步骤五:品种资料搜集

到这一步才真正进入制作商品配置表的实际工作。采购人员要详细地搜集每一中分类内可能贩卖的品种的资料,包括商品的价格、规格、尺寸、成分、包装材料等。这些资料应尽可能搜集齐全,最好能一类一类地建立在电脑档案内,便于比较分析及随时调阅。

6.步骤六:品种挑选及决定

品种资料搜集齐全后,将所有中分类里的商品价格、包装规格及设计依商品的品质及用途做一个详细的比较,将最符合商圈顾客需要及能衬托出公司优势的商品依优先顺序挑选出来,依次排列,筛选出需要的品种,并列印出商品台账。

7.步骤七:商品构成的决定

商品品种挑选一经决定后,应把商品的陈列面依研判的畅销度做一个适当的安排,并把这些商品与附近竞争店的商品结构进行比较,看是否商品品种数、陈列面、优势商品、价格比主要竞争对手更具优势,否则就应再调整到最佳的情况。

8. 步骤八:品种配置规划

这一步骤是把已决定的品种及排面数实际地配置到货架上,这也是最耗时的一个步骤。什么商品要配置到上段或黄金线,什么商品要配置到中段或下段,都要应用到陈列的原则、经营理念以及与供应商的合作关系,同时也需要考虑到竞争对手的情况、自身的采购能力与配送调度的能力,这样才能把配置的工作做好。如有的连锁超市本身设有配送中心,其采购条件优越,商品的调度能力也强,在配置时就应优先考虑配置这些商品;有些连锁商店发展自己的品牌及自行进口商品,在配置时这些商品都会被优先安排到好的位置。商品配置是灵活的,配置得好与坏全看能否灵活运用。

9. 步骤九:执行的实际工作

商品配置完成,也就完成了一套商品配置表。根据这张表来订货、陈列,然后把价格卡贴好,就大功告成了,但最好能把实际陈列的结果拍摄下来,以作为修改辨认的依据。

10. 步骤十:对商品配置表进行定期修正、调整

已进入正常经营店铺的商品配置也不可能一成不变,要根据经营状况定期更新。这样才能确保店铺具有活力,增加店铺的新鲜感。

技能二　商品配置表的修正

一家店开了以后,并非商品配置好了就永不变更了,而是要根据经营的状况加以修改变更。这种变更的工作最好是在固定的时间进行,不要想变就变、想动就动,否则商品配置很容易出现混乱、不易控制的情形。例如,一个月修正一次配置表或一季度变动一次、一年度大变动一次,皆是较为妥当的做法。修正商品配置表的程序如下。

1. 检查 POS 销售资料

有 POS 设备的超市,每个月一定要检查商品的销售状况,看看哪些商品畅销、哪些商品滞销,打印出这些商品目录,并寻找畅销及滞销的原因。假如超市仍未设置 POS 系统,则可从进货量中去检查哪些商品特别畅销及滞销。当然,从进货量中去判断时,要稍加检查库存的情形才能判断出商品是畅销还是滞销。

2. 确定滞销品并进行淘汰

商品滞销的原因有很多,可能是产品本身不好、厂商的营销方法不佳,也可能是季节性的因素,更可能是商店的陈列或定价等因素造成的。所以滞销原因追查出来后,要判断是否可能改善,若无法改善且已连续几个月皆出现滞销,就要断然采取剔除的工作,以便能引进更有效率的商品。

3. 调整畅销品的陈列面及进行新品项的导入

对于特别畅销的商品应检查其陈列面积是否恰当,一是适当增加其陈列的排面;二是调整其卖场位置及在货架上的段位。同时对于因删除品项而多出的空间,应导入新商品,以更替滞销品,保证货架陈列的充实。

4. 进行实际的调整工作

修改配置的最后一个步骤,当然是实际的调整工作。牵一发则动全身,修改一个品项,有时可能会牵涉到整个货架陈列的修改,但为了维持好的商品结构,虽然烦琐,但也要进行。有些店经营时间日久之后,商圈人口、交通状况、竞争情形都出现了变化,这时必须大幅度地

修改商品配置,甚至连大类配置都要变,这是大修改。这种情况下,则应比照新开店的方式来制作商品配置表,如此会进行得比较顺畅、完整。

【项目训练】

一、训练任务:卖场客动线调研训练

1. 场景设计

选择学校附近总面积或单层面积在500平方米以下的超市,营业业绩不太理想,虽然门前客流量并不少,进店率也比较理想,问题是销售不太理想,请从客流动线的角度对该店铺进行调查分析,并提出可行的改进建议。

需注意的是,实训指导教师可以从自己学校周边或者是和学校有合作关系的卖场中寻找一家业绩不太理想的卖场进行项目训练。

2. 训练步骤

(1)联系被调研的门店。

选择当地某一超市,由实训指导教师积极联系该企业,企业提供详细的卖场布局图,实训指导教师带领学生团队进行客流动线调研,以期帮助该超市做些改进。尽量选择那些经营问题比较突出,或具有一定代表性的样板店为主要调查对象。一个连锁企业的最差门店对整体绩效和品牌形象的影响通常大于最好门店的影响,改进最差门店最为迫切。而且这类店面的起点较低,在调研后容易有显著改进,可大大提升小组士气,并影响其他门店自发形成研究气氛。

(2)成立调研小组。

实训指导教师担任此项活动的总指导和总指挥;将学生分成若干组,每组4～5人,设组长1名;实训指导教师明确各组负责调研的客动线;组长负责汇报本组的调研情况。

(3)确定调研时间。

一般客流动线调查需要150～200份样本。实训指导教师可根据参加调研学生的具体数量决定调研时间的长短。调研的具体时间也要根据一天之间的客流规律进行有效分配。

(4)培训学生。

如果组员有了"是不是糊弄一下也能交差""我一个人不上心跟最后结果没太大关系吧"等想法,这次调研就白费了——数据不准确,分析得再好也是无用功。因此培训首先要说明这项工作对实际运营的意义,在一开始就让组员明白:这个任务到底有什么价值,调研细节也要反复强调。客流动线调研并不复杂,但细节可能会牵扯出很多问题。

如现场不可能用文字记录顾客的所有动作,只能预先用符号代替。但如果组员不能熟练运用符号,那记录结果肯定是一塌糊涂。再如,调研员如何不被顾客发现,也需要细致的布置,包括距离、站位、记录动作等。目前没有什么最好的细节培训法,有效的就是:培训时所有人到场,死记硬背,然后当堂演练到熟练为止。调研开始后,也要不断总结组员的反馈,持续培训。当然,所有的培训问题都应记录在案,以备后来者使用。

(5)设计调研表。

这张A4大小的纸非常重要!追踪调研时,每人1份调研表,在其上详细记录顾客的行动路线,因此要求表格中的每个项目设计都要精确、简略。调研包括以下主要内容。

a. 严格比例的卖场布局简略图。有时需要测算出每个顾客在店内行走的准确距离,若布局图没有严格比例,数据则必然失真。另外,必须标出卖场中所有商品部门和商品种类的

准确位置。

b. 调研的时间，包括月、日、星期。调研的时刻，包括上午或下午，具体到几点几分，以及顾客在店内滞留的时间。

c. 顾客的基本特征包括：性别和目测年龄（最好标选“某个年龄段”）；一同购物的顾客类型，大概判断是夫妻、母子、兄弟姐妹、朋友等；服装样式（普通生活装还是工作服）；是否使用手推车、购物篮。

调研表设计出来后，不要急于立即投入使用。最好首先组织10人左右进行试验，发现不合理的内容或设计时，及时订正。确认所有内容都准确到位后，才能下发正式的客动线调查表。

（6）开始调研。

调研绝对不能根据自己的喜好挑人选，而要按事先确定好的程序，如每隔5位或10位顾客去选定1位进行跟踪调研（注意：不能调研孩子）。1名调研员跟踪1名顾客，从他（她）进入卖场开始，到退出卖场结束。一般情况下，调研员在顾客身后10～20米的位置进行观察。如果卖场布局紧凑，距离可缩短。当顾客发现自己被跟踪时，应立刻终止调研，以免引起误会。或者主动迎上，告诉顾客自己在做商品品牌调研，然后抽出一份品牌调研表让其填写。这样即使他（她）再看到你，也不会有防备了。调研开始时，调研员要首先把开始的时间和顾客的基本特征记录下来，包括顾客在什么位置停留、顾客触摸哪些商品、挑选过哪些商品、在什么位置把什么商品放入购物篮等。

这些要全部用事先统一的符号，准确地标明在卖场布局图中。顾客退出卖场时，要记录其退出时间，计算其在卖场中的逗留时间。顾客在收款台结束清算后，要记录其在POS中的登录号码和购买金额。顾客在购物途中上厕所，或到餐厅吃饭及中途休息，应做好记录。因为顾客的其他行为会影响时间要素的分析，如图4-5所示。

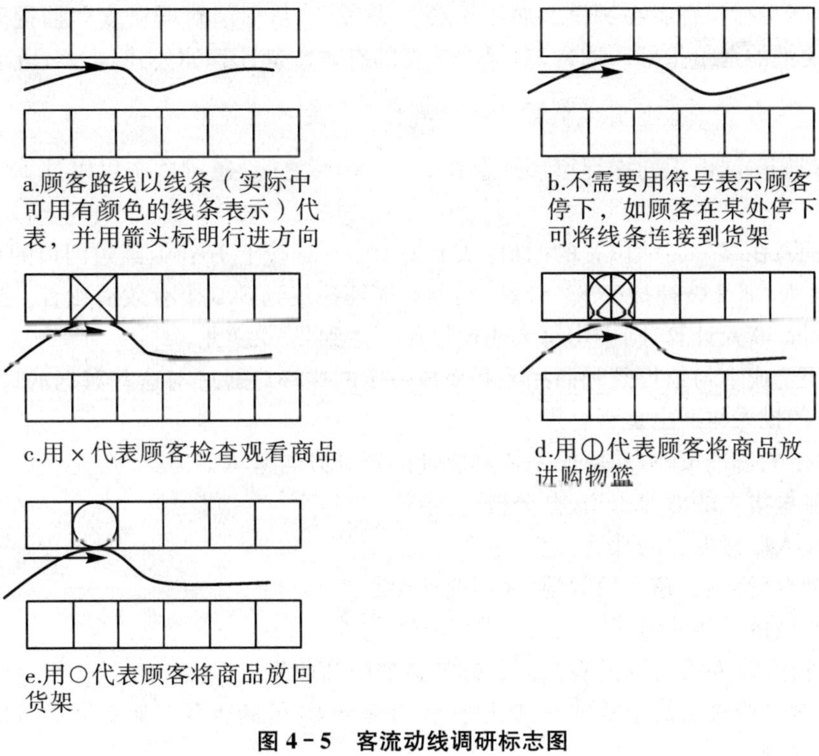

图4-5　客流动线调研标志图

(7)调研结果的整理。

调研结束后要搜集调查表，统计内容。统计的一个基本原则是用数据说话，调研内容的一个环节都应该用百分比等数据化指标来表示。将调研区域的路线记录在每张布局图上，然后将调研区域的所有路线记录在一张布局图上，最后在总调研区域布局图纸的每个区域标注进店顾客总数、通过总数、停留总数、购物总数并在路线的右边同时标注他们的比率。这样经营者就可以从一张布局图上看到区域和货架的购物动线调查信息。

(8)调研结果分析。

分组讨论分析调研结果，提出改进措施；实训指导教师总结，并指导学生写出调研分析报告；实训指导教师将此报告提交该超市相关人员，并请他们批评指正；实训指导教师将该超市相关人员的意见反馈给学生。

二、案例分析：屈臣氏的选址策略

开一家门店，选址非常重要，甚至在一定程度上决定了开店的成败。但是选一个好的位置并不容易，特别是想快速拓店的连锁企业更是面临选址难题。是没有好位置吗？其实是你不会挑。走在街上，我们会看到繁华街区也有冷冷清清的店，而一些小巷里却“藏着”生意很不错的店。

在店铺选址这个话题上，屈臣氏无疑很有发言权。截至 2015 年年底，屈臣氏在中国已拥有 2 483 家店，光 2015 年就新开了 395 家店。屈臣氏在选择店铺时，是怎样做评估、判断和决定的？《化妆品观察》主笔、行业管理专家白云虎曾在《开店红宝书：屈臣氏开门七件事》中对此进行了全面剖析。“屈臣氏对于店铺选址的策略只有一个，那就是：紧跟目标消费群。也就是说，目标消费群在哪里，屈臣氏就会在哪里。屈臣氏的目标消费者是 18～35 岁的优质女性消费者，哪里找到这些消费者，然后就在哪里开店。”

如何判断目标消费者在哪里？屈臣氏会首先考虑“目标消费群密度”“捕捉率”“租金成本”这三个关键的考量指标。通常，目标消费者的有效数量计算如公式(4－2)所示。

$$有效数量=目标消费群密度\times捕捉率 \tag{4-2}$$

一般情况下，屈臣氏的捕捉率预计会在 8%～10%之间，通过这个可以计算出店铺的预计销售额。

举例说明：在某一店铺位置的门口，从上午 10:00 到晚上 10:00，经过门口的目标消费群有 10 000 个人，那么按捕捉率 8%计算，则预计能够捕捉到 800 个有效消费者。按屈臣氏店铺平均客单价 50 元计算，则平均每天的销售额可达到 40 000 元。

另外，租金成本与销售额和商品毛利率成一定的比率。通过与这些数据的计算分析，就可以得出店铺投入与产出是否合理。

根据以上的选址策略，屈臣氏坚持其店铺的选址方向基本如下。

(1)人流量集中的商业街道、办公楼。

(2)居住人口密度大的社区。

(3)大型百货商店、超大型卖场、大型商业中心。

(4)中心城市的地铁沿线。

(5)与肯德基、麦当劳等具有共同目标消费群的商业靠近。

结合店铺是否靠近街道的情况，屈臣氏将店铺分为“街铺店”和“非街铺店”，使用面积在 200～500 平方米。

对于“街铺店”，有两种情况：第一种是最好在楼层 1 楼，有独立的进出口。第二种是如位置很好，可考虑 2 楼，但在临主街的位置上必须有独立、便捷的进出通道，形象展示好。临主干道、人流汇集点，可视性好，有较好的招牌广告位。对于“非街铺店”，必须在主要人流量的通道上。同时，在进出口的位置上必须有非常明显的广告标志或者广告位置。

选址先要定下大区域。到底是选择新城区、商业区、学校区域还是大社区？凭“直觉”是不行的，还要有几个主要参考因素：人口、商业氛围、竞争状况和未来潜力。

人口：从超市的规模和数量，农贸市场的规模，学校、银行、网吧的数量等来判断。

商业氛围：周边服装/鞋帽/床上用品店的档次、数量和生意情况。同时可参考的还有美容院和发廊，看看这几个行业的水平，你就会对当地消费情况就有了基本的了解。

竞争状况：就是同行的数量，都是哪些类型的店，关键是经营水平。有时候，一个地方同行店铺很多，至少说明该地需求旺盛，也可能是供过于求的过度竞争，但不一定你参与进去生意就难做，还是要看当地的竞争水平，单看竞争者的数量并不能说明问题。

未来潜力：对新商业区而言，要考虑楼盘落成、政府机关的设立、交通设施的设立、大商户大品牌商入驻等综合情况对未来的影响。

请思考：

(1)屈臣氏选址有何窍门？

(2)请调查分析与屈臣氏有同样业态的万宁的选址策略。

项目五 如何做好门店的客户管理

【知识目标】

掌握客户信息管理及客户分类知识;掌握客户信息采集的途径、客户信息管理的原则、掌握客户信息管理的内容;了解影响老客户忠诚度的因素;熟悉客户流失的原因。

【素能目标】

具备良好的沟通意识。掌握客户分类管理方法、大客户管理方法;懂得识别新客户、学会多途径开发新客户;掌握提升老客户忠诚度的技能、识别流失客户、赢回流失客户的技能。

任务一 管理客户信息

【任务导入】

刘伟所在的服装连锁门店曾陆陆续续做过客户信息管理的工作,但从未安排专人从事系统的客户信息管理,因此,门店搜集的客户信息分散、不完整、不准确,几乎很难运用到后续的营销活动中。为了改变这种状况,刘伟和公司总部营销中心的管理人员不断沟通,希望他们作为智囊团能给予更好的建议。

门店应该从哪些途径搜集客户信息?

门店管理的客户信息包括哪些内容?

门店应如何管理客户信息?

【任务分析】

第一,客户信息是客户服务的基础。

没有完整的客户信息,没有认真分析客户数据,客户服务就会沦为低水平的“应对客户问题”。充分掌握并有效分析客户信息,分析的成果可以直接指导客户服务的操作,为客户提供更为贴合需求、高满意度的服务行为。而高满意度无疑将会带动新一轮的销售行为,使门店的客户资源进入良性的企业价值实现过程中,不断为门店创造收益。

第二,运用移动互联网手段优化客户信息管理。

客户信息管理是门店营销活动的一项系统性工作,在移动互联网时代,它面临着两大关键性的问题:一是如何运用互联网新技术手段高效获取并不断更新客户信息的问题;二是如何实现传统信息采集手段与新技术手段统筹并用,提升客户信息管理质量的问题。

【知识导航】

“谁拥有客户,谁就拥有未来”,客户在门店生存、发展进程中的地位毋庸置疑,而客户信息成为门店的重要资源,却是近年来市场规模、地域范围、产品种类迅速膨胀,客户群体迅速扩大带来的必然结果。

一直以来,客户的外部性造成了门店无法以资源的角度看待客户,客户仅仅是门店价值实现的外部因素。随着市场的发展,客户的资源特性已经更加明显,传统地关注与客户之间的关系、维系客户的思想已经不能够适应门店发展的要求，把客户作为门店资源进行管理和开发已经成为门店发展的新的方向。

从资源的角度看待客户，客户本身具有价值，在门店内部直接反映到客户信息上。从客户信息中，门店不但能够发现带来收入的客户在哪里，客户的最大贡献价值是多少，客户价值的消耗和再生是如何进行的，还能够通过客户数据的发展变化来识别客户资源的占有量、流失、再生，这对门店的生存和发展起到至关重要的作用。

知识一 客户信息管理的内容

1.基本信息

门店一般对客户采用会员管理制度，其基本信息包括：会员级别、会员编号、会员姓名、入会日期、性别、出生年月、联系电话、职业信息等。随着互联网应用的普及，很多门店还将客户的QQ、微信号等列入基本信息，方便对客户进行多重沟通渠道的联络。门店通过对客户基本信息的掌握，在客户的生日、节假日等特别日期发送祝福消息，或者对会员发送促销等提醒消息。

【小任务】

一家高档服装定制的连锁店，只针对会员进行服务定制售卖业务。所有会员在入会前，需要填写一张会员信息表，以便服装店针对性地根据顾客提供个性化的服务。

请帮助这家服装店设计一张详细的会员信息表。

2.消费记录

消费记录信息包括客户的消费次数、消费频率、累计消费金额以及客户享受的折扣率等信息。通过消费记录，门店可查询任意时段、任意会员的消费情况，如会员消费的单据号、消费时间、消费金额、消费产品等情况，为深入个性化服务打好信息基础。

3.积分管理

积分管理旨在进一步刺激客户消费，提高客户忠诚度。门店可根据需求自由设定积分管理规则，通过实现积分管理，门店可随意查看各个会员的积分状况，可对指定或批量客户进行积分奖励，并通过短信或邮件等方式及时通知客户。

4.会员卡升级

门店可设定不同会员级别及各级别所需积分，在客户积分达到更高一级别时，门店将针对会员进行升级，这也是提升客户忠诚度的一种有效激励方式。

5.客户意见

客户意见是指客户对产品、服务、管理等方面的意见和建议。门店可以定时对会员进行回访，了解客户对门店环境、导购的服务态度、产品等反馈信息，为门店改进服务水平、进行管理决策提供有效的信息依据。

【小资料】

社区蛋糕店巧用顾客信息

一家开设在小区内的蛋糕店，如何巧妙地利用顾客信息进行二次营销？

当顾客第一次在蛋糕店购买产品后，蛋糕店都会为顾客办理会员卡，要求顾客填写个人信息。之后，蛋糕店利用顾客信息进行二次营销。

(1)蛋糕预订成功通知。

顾客网上下单成功后,即下发一条温馨短信通知:“××先生/小姐:您好! 您的订单我们已收到,请您在×月××日前来提取产品,××蛋糕店欢迎您的光临!”通过这种方式表明蛋糕店已经收到订单,同时可彰显蛋糕店服务的正规和贴心。

会员卡搜集了顾客的生日信息,当顾客生日来临之前,一条温馨短信,也许就会促成一单生意。短信内容:“尊敬的会员朋友:在这属于您的美好日子里,××蛋糕店祝您生日快乐。您生日当天预订蛋糕可享8折优惠,并赠送精品小礼物。”

(2)节日打折促销短信通知。

在节假日,往往是人们聚会的好时机。聚会中,蛋糕也是必备的一道餐前甜点。所以节假日也是促销的黄金时机。适时地提醒顾客,激起顾客的购买意愿,一条短信就可以轻松搞定。“尊敬的会员朋友:您好,为迎接××节日的到来,××蛋糕店特举行节日优惠促销,所有蛋糕一律7折,欢迎前来选购。”

知识二　客户信息采集的途径

1. 直接渠道

(1)购买过程。客户对产品的购买过程也是深入了解客户、联系客户、搜集客户信息的最佳时机。在购买过程中,客户通常能够直接并且毫无避讳地讲述自己对产品的看法和期望,对服务的评价和要求,对竞争对手的认识,其信息量之大、准确性之高是在其他条件下难以实现的。此外,服务记录、客户服务部的热线电话记录也能够搜集到客户信息。

(2)市场调查。即调查人员通过问卷、深度访问、电话等方法开展市场调查,获取第一手客户资料。通过市场调查途径,一般能获取深层次的客户信息,如客户的个人信息、对门店的认知评价信息等。在新客户进行第一次产品消费后,很多门店采用电话回访的形式,了解新客户对产品消费后评价的信息,同时也进一步稳固客户与门店的情感联系。

(3)促销活动。这种方式在门店开业之初、节假日市场推广时尤为普遍。开业之初通过送赠品、折扣、产品体验等方式,获得客户的联系方式以及拉动客户参与活动体验,一旦有所回应,门店就可以把他们的信息添加到客户数据库中。节假日营销活动则可通过特殊折扣、累计积分兑换产品等方式,拉动新客户体验产品,推动老客户增加消费额度。这些消费数据的采集及分析,将对后续的营销活动提供科学的参考依据。

(4)互联网。信息技术及移动互联网技术的广泛应用,为门店开拓了新的获取客户信息的渠道。微博、微信、网络即是其中之一。随着电子商务的开展,客户越来越多地通过微博、微信、网站去了解门店的产品或服务,甚至通过这些渠道完成预约服务等操作。门店可以利用微博、微信、网站开展营销活动,吸引客户参与并获得客户信息。

(5)客户投诉。投诉是联系客户和门店的一条纽带,它能为门店提供许多有益的信息。研究表明,客户投诉一方面有利于纠正门店营销过程中的问题与失误;另一方面还能反映门店产品和服务所不能满足的客户需求。从这个意义上讲,客户投诉实际上是常常被门店忽视的一个非常有价值且免费的市场研究信息来源。对门店而言,客户投诉也是了解客户信息的重要渠道。门店将客户的投诉意见进行分析整理,同时建立客户投诉的档案资料,从而为改进服务、开发新产品提供基础数据资料。

2. 间接渠道

(1)客户群体相同的其他行业的企业。门店在本市场区域内,可寻找多家不同行业的企业与之结为利益伙伴关系，达到优势互补、资源共享。如一家高端的眼镜连锁门店可与附近的大型餐饮企业、高端家居饰品店、品牌时装店等结成联盟，既可共享客户数据，又可开展联合促销，拉动销售。

(2)周边社区。很多门店选址在大型社区周边区域，要想扩大市场影响力，门店必须将服务的触角更深入地延伸到社区中。发展社区关系，加强与物管部门的多元化合作非常重要。如门店可通过物管部门获取社区业主的联系信息，还可赞助物管部门主办的社区活动，一旦客户参与并回应营销活动，门店即可获取客户信息。

(3)数据公司。数据公司专门搜集、整合和分析各类客户的数据和客户属性。专门从事这一领域的数据公司往往与政府及拥有大量数据的相关行业和机构有着良好而密切的合作关系。一般情况下，这类公司都可以为直复营销行业提供成千上万的客户数据列表。在北京、上海、广州、深圳等国内大城市中，这类公司发展非常迅速，已经开始成为数据营销领域的重要角色。门店可向数据公司购买客户数据库，这会比企业自己采集更有效。有时也可以把不同的途径结合在一起综合使用。

知识三 客户信息管理的原则

1. 动态管理原则

为了防范在激烈的市场竞争中出现客户交易信用风险，必须坚持客户信息管理工作的时效性，让企业能够更好地适应市场竞争和客户情况的不断变化。而要达到实效性的目标，客户信息管理必须采用动态管理原则。因此，门店应实施对客户信息的跟踪管理，一旦客户信息发生变化，门店应及时补充更新，使客户信息管理保持动态。

2. 突出重点原则

门店根据采集到的客户信息，作为对客户进行分类的重要依据。针对重点客户，门店分配更多时间和精力进行客户信息管理，并依据客户信息提供更具个性化的服务。

3. 制度化原则

门店应建立客户信息管理制度，安排专人负责客户信息的管理工作，确立岗位职责、工作内容和时间进度安排等，以避免客户信息流失，规范客户信息的使用。

4. 真实性原则

客户信息的采集来自多种渠道，因此，门店在信息管理的过程中，应对各种信息进行核查，甄别真假，以保证信息的真实可靠。

5. 完整性原则

为了全面反映客户的各种特征，必须坚持门店客户信息管理工作的完整性。客户特征的选择和信息内容的分类应该齐全，使客户信息成为有机的整体，系统地反映客户情况，同时，信息的采集工作应该全面、细致，对能够反映客户各种状况的信息都要关注。

6. 标准化原则

标准化原则不仅关系门店客户信息的质量，还关系信息的分析利用问题。只有明确规定客户信息的层次和分类标准，才能够对不同客户、不同时间的信息进行数据处理和分析比较，从而得出科学的结论用于门店管理决策。

【技能培养】

技能一　熟悉客户关系管理系统

门店在日常运营中，需要处理大量的客户信息、交易信息和资金流动，如果用传统的Excel表格进行客户信息管理，不但录入烦琐、差错频繁，而且不能随时调阅客户资料，无法做到实时通晓客户的全面情况，实现客户服务的有效性和针对性。为了加快信息处理速度，缩短交易的认证时间和避免差错，计算机信息处理技术的应用势在必行，客户关系管理系统应运而生。

客户关系管理简称CRM(Customer Relationship Management)。客户关系管理的主要含义就是通过对客户详细资料的深入分析，来提升客户满意程度，从而提高企业竞争力的一种手段。客户关系是指围绕客户生命周期发生、发展的信息归集。客户关系管理的核心是客户价值管理，通过"一对一"营销原则，满足不同价值客户的个性化需求，提高客户忠诚度和保有率，实现客户价值持续贡献，从而全面提升企业盈利能力。客户关系管理的工具一般称为CRM软件。

如今大中型的门店连锁机构都采用了CRM软件，安装CRM软件后，只要将之前录入在电脑上的客户资料(如客户姓名、客户电话、客户生日、客户现有产品项目、产品项目销售日期等客户资料)用Excel表格进行保存后，直接导入CRM软件，方便快捷。而更大的优势是，CRM软件可以与门店企业的电话线相连接，当客户的电话打进门店时，CRM软件将会自动寻找出客户资料，并通过电脑屏幕显示出来。这样，门店的客服人员在接听电话的同时，通过CRM软件立刻可以获取客户的详细信息，如项目产品、客户姓名、上次来电时间等，客服人员能立刻叫出客户的姓名，能根据客户现有消费项目提供咨询，从而真正实现对客户提供个性化、针对性的服务。

除此之外，CRM软件还提供更多的功能用于门店的企业管理，如客户消费记录、客户的来电次数、所有电话记录、客户生日提醒、管理权限的设置等，这些功能都可以帮助门店企业更好地管理客户，从而提升服务质量，提高客户满意度，帮助企业提升市场竞争力。

技能二　客户关系管理系统的应用

一般而言，客户关系管理的应用可以归纳为三个方面：市场研究中的客户关系管理、销售过程中的客户关系管理、客户服务过程中的客户关系管理。三个方面的应用都体现了客户信息的采集、管理及利用客户信息提升客户服务水平，进而带动门店产品营销的功能。

1. 市场研究中的客户关系管理

客户关系管理系统在市场研究过程中，可有效帮助市场人员分析现有的目标客户群体，如主要客户群体集中在哪个行业、哪个职业、哪个年龄层次、哪个地域等，从而帮助市场人员进行精确的市场投放。客户关系管理帮助有效分析每一次市场活动的投入产出比，根据与市场活动相关联的回款记录及举行市场活动的报销单据做计算，可以统计出所有市场活动的效果报表。

2. 销售过程中的客户关系管理

销售是客户关系管理系统中的主要组成部分，主要包括潜在客户、客户、联系人、业务机会、订单、回款单、报表统计图等模块。门店通过记录沟通内容、建立日程安排、查询预约提醒、快速浏览客户数据有效缩短了工作时间，而大额业务提醒、销售漏斗分析、业绩指标统计、业务阶段划分等功能又可以有效帮助管理人员提高整个门店的成单率、缩短销售周期，从而实现最大效益的业务增长。

3. 客户服务中的客户关系管理

客户服务主要是用于快速及时地获得问题客户的信息及客户历史问题记录等，这样可以有针对性并且高效地为客户解决问题，提高客户满意度，提升企业形象。主要功能包括客户反馈、解决方案、满意度调查等功能，应用客户反馈中的自动升级功能，可让管理者第一时间得到超期未解决的客户请求；解决方案功能使全门店所有员工都可以立刻提交给客户最为满意的答案；而满意度调查功能又可以使最高层的管理者随时获知本门店客户服务的真实水平。

【小资料】

美萍连锁店客户管理系统功能模块

一、客户管理

客户管理包含客户操作、客户管理、财务往来、客户提醒、联系反馈等功能，见表5-1。

表5-1　客户管理功能模块

客户操作	可以添加客户、添加业务、查看客户的财务往来、添加联系反馈、添加客户提醒、添加修改合同资料和查看此客户的信息变更记录
客户管理	对客户进行管理，可执行添加客户、修改客户、删除客户等功能
财务往来	可查看此客户在本公司所有的财务往来信息
客户提醒	可查看提醒内容，添加提醒信息
联系反馈	与客户之间联系记录，可查看、添加、修改、删除联系或反馈信息
更多资料	可添加合同文档和增加资料信息，添加的合同文档可进行下载

二、商品管理

商品管理包含商品管理、库存查询、库存增加、库存减少等功能，见表5-2。

表5-2　商品管理功能模块

商品管理	商品管理可对所有商品进行添加、修改、删除等功能，并能查看到总库存量信息
库存查询	可查询所有商品在各个公司的库存信息，也可修改库存的进价，以及删除库存信息
库存增加	选择商品后，选择需要入库的公司，输入数量即可完成库存增加操作
库存减少	选择商品后，选择需要出库的公司，输入数量即可完成库存减少操作

三、内部管理

内部管理包含员工日志、公司动态、邮件文档等功能，见表5-3。

表5-3　内部管理功能模块

员工日志	在此页面上可查看添加、修改、删除日志，可对操作员分配不同权限，查看日志
公司动态	在此页面上可查看添加、修改、删除公司动态或新闻
邮件文档	在此页面上可发送邮件、接收邮件，如果有附件则可进行下载邮件附件

四、统计报表

统计报表包含单据统计、商品统计、客户业务统计、客户业务分析等功能，见表 5-4。

表 5-4 统计报表功能模块

单据统计	查看以往的业务单据，可以进行整单退货，部分退货（在单据业务详细页面），统计对每个客户单据业务的金额
商品统计	可查看所有商品在某个公司某个时间段的业务情况，可以排序查看
客户业务统计	可查看客户在某个公司某个时间段的业务记录的统计信息
客户业务分析	分析客户在某个时间段的业务情况
汇总业务分析	可对某个时间段进行分析，支持按年分析、按月分析、按日分析
业务员业务分析	查看每个业务员的业务情况

五、个人信息

修改自己的信息，包含密码。

六、系统设置

系统设置包含角色设置、操作员设置、公司设置、其他设置、短信管理等功能，见表 5-5。

表 5-5 系统设置功能模块

角色设置	可添加角色，为不同的角色分配不同的权限
操作员设置	添加操作员，修改操作员，为操作员指定公司和权限
公司设置	查看公司资料，添加、修改、删除公司
其他设置	可设置使用软件的设置，设置窗体最大数量、消费积分、是否允许负库存业务等
短信管理	此页可以发送单条短信也可发送多条短信
数据库管理	备份数据库，还原数据库
客户高级字段	如果软件中提供的字段不够用，可在此页面上启用多个字段，可对前两个字段提供搜索功能，在启用自定义字段时，需选择字段类型
数据清除	数据库文件过大，可删除某阶段的营业数据

任务二 进行客户分类

【任务导入】

刘伟所在的服装门店推行 CRM 客户关系管理系统后，实现了良好的客户信息管理，并且在此基础上，刘伟希望能对客户进行分类，针对不同客户类型进行不同的营销活动，尤其是针对门店的优质大客户，刘伟希望能对这些大客户进行有效识别，进而开展营销活动提高客户黏性。因此，刘伟和公司总部营销中心的管理人员不断沟通，希望他们作为智囊团能给予更好的建议。

(1)刘伟应依据哪些指标进行门店客户分类?

(2)服装门店的客户可以分为哪几种类型?

(3)刘伟应如何管理门店大客户?

【任务分析】

(1)客户分类的前提是系统的客户信息,在此基础上,通过对客户信息的分析和挖掘,深入了解客户的需要,发现企业的高价值客户,从而向客户提供更具有针对性、更专业化的服务。

(2)依据每个行业的特征及门店的经营现状,客户分类的指标会有所差异。因此,客户分类应结合行业和门店的具体情况而定。

(3)如今,门店面临越来越激烈的资源争夺战,客户资源的争夺是门店能否获得竞争优势的关键。而在所有的客户资源类别中,大客户是客户管理的重点,根据客户分类划分的优质大客户,门店应开展有针对性的营销活动,增加大客户黏性,提高客户购买率。

【知识导航】

有了客户信息采集与管理的基础,门店才能对客户进行分类管理。门店不能对每个客户不加区分、一视同仁地对待,这会使企业因有限的资源被低价值客户占用,而使高价值客户无法得到应有的服务和支持,这是一种资源浪费,也会引起高价值客户的不满而出现危局。门店应该将客户进行细分,甄选出对企业最有价值的客户,按照不同的价值等级,有的放矢地提供相应的产品,实施相符的服务政策和价格政策。总之,任何行业都需要对客户进行价值分类管理,以达到进一步稳定重要客户、提高市场占有率、为企业创造更多价值、树立企业品牌形象的目的。

拥有客户就意味着企业拥有了在市场中生存的空间,而想办法保留住客户是企业获得可持续发展的动力源泉,这要求企业在广泛关注所有竞争环境的同时,必须加大关注客户的力度。对门店而言,一方面,企业应不断适应客户需求的变化,并以此提高市场竞争能力;另一方面,企业应以先进的管理思想为指导,采取专业的技术手段,处理好门店与客户之间的关系,达成提高和维持较高的客户占有率的目标。门店如何识别客户盈利价值的差异性,进而采取有效的管理,以追求收益的最大化,是门店进行客户分类管理的重要问题。

知识一　客户分类管理的意义

客户分类管理是门店经营管理的内在要求。意大利经济学家及社会学家维尔弗雷多·帕拉多创立的“80/20 原则”,阐述的中心思想是 80%的结果来自 20%的原因,即 80%的企业销售额(或别的重要指标)来自 20%的重要客户,而其余 80%的大部分客户只贡献了企业 20%的销售额。这就要求门店应对贡献不同销售额的客户区分对待,而事实上,目前多数门店在服务资源的配置上存在“大锅饭”或“倒置”现象,即对所有客户一视同仁,重要客户并未得到更多的服务。

因此,门店要想获得最大限度的收益,就必须对自己拥有的客户进行有效的差异分析,并根据这种差异来区分不同价值的客户,指导门店更合理地配置有限的服务和管理资源,确保门店的投入和付出都用在“刀刃”上,实现客户资源价值和门店投入回报的同步最大化。客户分类管理不仅可大大提高客户满意度,对门店竞争力的贡献也是巨大的。这可从广度、长度和深度三个方面来理解其意义。

1. 广度

从广度上的意义来讲，就是门店获得客户，并通过细分客户识别客户特征，分析客户购买偏好找到潜在客户及其需求，使营销活动更具有针对性和有效性，销售目标命中率更高，从而获得更多新客户。

2. 长度

长度上的意义就是帮助门店保有客户，通过客户价值分类管理，对不同价值等级的客户提供更具有针对性的产品，使客户满意度提高，从而维持长久、稳固的客户关系，降低客户流失率，保证企业利润的实现。

3. 深度

深度上的意义就是帮助门店提升客户赢利能力，通过客户价值挖掘和客户价值评估发现客户的赢利能力和价值潜力，挖掘出更多的再销售机会，实现交叉销售、增量销售和推荐销售，使客户的利润贡献率大大提高，最终实现客户价值的最大化。

知识二　客户分类管理法

ABC 分类法是由意大利经济学家维尔弗雷多·帕累托首创的。1879 年，帕累托在研究个人收入的分布状态时，发现少数人的收入占全部人收入的大部分，而多数人的收入却只占一小部分，他将这一关系用图表示出来，就是著名的帕累托图。该分析方法的核心思想是在决定一个事物的众多因素中分清主次，识别出少数的但对事物起决定作用的关键因素和多数的但对事物影响较少的次要因素。后来，ABC 分类法（帕累托法）被不断应用于管理的各个方面。

如 ABC 分类法在企业营销管理中得到大量应用，它的内容包括：企业在对某一产品的客户进行分析和管理时，可以根据用户的购买数量将用户分成 A 类用户、B 类用户和 C 类用户。由于 A 类用户数量较少，购买量却占公司产品销售量的 80%，企业一般会为 A 类用户建立专门的档案，指派专门的销售人员负责对 A 类用户的销售业务，提供销售折扣，定期派人走访用户，采用直接销售的渠道方式，而对数量众多，但购买量很小，分布分散的 C 类用户则可以采取利用中间商，间接销售的渠道方式。应当说明的是，应用 ABC 分析法，一般是将分析对象分成 A、B、C 三类。但我们也可以根据分析对象重要性分布的特性和对象的数量的大小分成两类或三类以上。

客户分类管理关键在于区分不同价值的客户，以便有效地分配服务资源，巩固门店同关键客户的关系。按照客户价值分类，找到最有价值的客户即关键客户，才是门店最重要的工作，而 ABC 客户分类法就是一种比较实用的方法，在门店的应用中，我们将客户分类扩展为 A、B、C、D 四个类别。

ABCD 客户分类管理法以消费额或利润贡献等重要指标为基准，把客户群分为 A 类关键客户、B 类主要客户、C 类普通客户、D 类潜在客户四个类别。在清楚地了解客户层级的分布之后，即可依据客户价值来策划配套的客户关怀项目，针对不同客户群的需求特征、消费行为、期望值、忠诚度等制订不同的服务策略，配置不同的服务和管理资源，确保关键客户的满意程度，借以刺激有潜力的客户升级至上一层，使门店在维持成本不变的情况下，创造出更多的价值和效益。

①A 类关键客户。A 类关键客户是金字塔中最上层的金牌客户，是在过去特定时间内消费额最多的前 5% 的客户。这类客户是门店的优质核心客户群，由于他们对门店的贡献最

大,能给门店带来长期稳定的收入,值得门店花费大量时间和精力来提高该类客户的满意度。对这类客户的管理应做到:指派专门的营销人员定期走访,为他们提供最快捷、最周到的服务,享受最大的优惠;优先处理该类客户的问题和投诉。

②B类主要客户。B类主要客户是指处于金字塔中层的客户,是在特定时间内消费额最多的前20%客户中,扣除关键客户后的客户。这类客户一般来说是门店的大客户,但不属于优质客户。由于他们对门店业绩完成的好坏构成直接影响,不容忽视,门店应倾注相当的时间和精力关注这类客户的人店消费状况,并有针对性地为他们提供服务。

③C类普通客户。C类客户是指除了上述两种客户外,剩下的80%客户。此类客户对门店完成业绩指标贡献甚微,消费额占门店总消费额的20%左右。由于他们数量众多,具有“点滴汇集成大海”的增长潜力,门店应控制在这方面的服务投入,按照“方便、及时”的原则,为他们提供大众化的基础性服务,或将精力重点放在发掘有潜力的“明日之星”上,使其早日升为B类甚至A类客户。

④D类潜在客户。D类潜在客户是指门店周边区域或即将开发的客户群体,他们是门店持续发展的重要源泉,对潜在客户的开发需要有一个完整的长期渗透导入过程,向他们不断地传播门店待客理念及经营之道尤为重要。

【小案例】

电子产品销售门店的客户分类管理

陈先生是一家电子产品销售门店的经理,经过陈先生及其团队的共同努力,门店的业务不断拓展。随着门店业务的发展,老客户越来越多,门店知名度也越来越高,甚至经常有新客户慕名打电话来咨询业务。一时间,门店上上下下忙得不亦乐乎,可还是有些重要客户抱怨门店的响应太慢,服务不及时,而将订单转给了其他门店,使门店利润流失了不少。为此,陈先生决定加大投入,招聘更多的销售及服务人员,以应对忙碌的业务。

一年辛苦下来,陈先生以为利润不错。可门店的年终核算报告显示,利润居然比去年还少!经过仔细分析,陈先生终于发现了症结所在:原来,虽然不断出现新的客户,但是他们带来的销售额不大,销售和服务工作量却是不小,甚至部分新客户还严重拖欠货款。与此同时,一些对利润率贡献比较大的老客户,因在忙乱中无暇顾及,正在逐渐流失。为此,陈先生改进了门店的工作方法:首先梳理客户资料,从销售额、销售量、欠款额、采购周期等多角度进行测量,从中选出20%的优质客户;针对这20%的客户制订特殊的服务政策,进行重点跟踪和培育,确保客户的满意度。同时,针对正在逐渐流失的重点客户,采用为其提供个性化的采购方案和服务保障方案等手段,尽量争取客户回归;针对普通客户,采用标准化的服务流程,降低服务成本。经过半年的时间,在门店半年核算报告中,该门店利润额有了大幅度回升。

【技能培养】

技能　建立科学动态的分类管理机制

A、B、C、D四类客户占门店客户的比例应根据具体情况而定,客户分类不是一个简单的算术公式,也不是一个模板就可以解决的。因此,门店应建立科学的客户管理体系,对客户资料进行科学的统计分析,并制订一套综合性的客户资信评价标准。结合“80/20”原则对客户进行分类,再从客户成长性、客户核心竞争力或其资金实力等方面确定潜在的关键客户,即使确定了类别的客户,也会随着内外部条件的改变而发生变化。因此,企业应建立科学动态的客户管理体系。客户管理体系至少应考虑以下内容。

1. 客户信息管理系统

建立客户信息数据库，通过对客户各种数据的加工处理，为制订和调整客户分类提供依据。主要内容有：分析各类客户群的消费额在总消费额中的比重；找出各类客户群中消费额靠前的客户，并计算其在该类消费额中的比重；按照不同产品消费额的大小进行排序，分析产品的周转率和客户的需求量；按照产品销售毛利率大小对分类客户进行排序；分析各类客户消费趋势和发展前景；分析各类客户对产品服务的期望值；分析各类客户对产品价格的敏感性。

2. 客户信用分析系统

通过对客户信用的调查，分析确定客户的信用等级，为不同客户配置服务资源，为防范欠费风险等提供参考依据。

技能二　大客户管理

识别大客户，并以个性化服务提高其满意度和忠诚度，是门店实行大客户管理的关键所在。

1. 提供个性化服务，提升大客户满意度

门店通过实施个性化、针对性的服务措施来增强大客户的忠诚度，以达到长期留住大客的目的。如开展一对一大客户服务、大客户上门服务、建立大客户 VIP 俱乐部等。这是大客户维护的中心环节，也是大客户维护中最难的环节，它直接决定了大客户维护的效果。针对大客户开展的特殊服务，必须要有相应的保障措施，以避免大客户服务中出现不当或不利的情况。

(1)举办大客户专享的主题讲座。比如，一家高档化妆品连锁门店，讲座的主题既可以包括专业的职场礼仪、生活礼仪、色彩搭配、四季着装、专业化妆、营养知识等生活知识，还可涉及亲子教育、理财等专业领域知识。

(2)举办大客户专享的 VIP 聚会、联谊活动、讨论会等，提供交友信息平台。

(3)针对大客户的生日、节日进行问候并提供专享礼物。门店在大客户生日当天或者节日期间，提供专属问候并送上祝福与礼物，进一步提升大客户与门店的情感联系。

2. 制订适当的奖励政策，提高大客户忠诚度

积分促销是门店为回馈老客户而采取的一种常用的奖励政策，先设定积分的分段标准，达到一定额度的消费即获得积分兑换的奖励，这些奖励包括赠送产品、礼物、赠品等。它以客户在门店消费达到一定金额为积分点，这种消费没有很强的身份限制，除了客户本人，客户的亲朋好友也可以来门店消费为其积累点数，所以这种积分促销既有利于客户的长期惠顾，也能为门店带来旺盛的人气和客流。与其他促销活动相比，积分促销的最大目的在于鼓励客户重复消费，培养忠实稳定的消费群。积分促销具有很多优点：

(1)积分促销可以培养客户对品牌的忠诚度，刺激客户的多次购买行为。客户需多次购买或多量购买产品或接受服务，才能累积到一定的积分，或收集到兑换凭证以兑换奖品，在这个重复过程中，通过行为对意识的影响，就会养成使用该产品、购买该产品的习惯。

(2)活动成本较低。相对赠品促销、折价促销以及免费样品试用等来说，积分换取的成

本还是较低的。一方面所提供的奖品成本可以分解到多次购买的产品中，另一方面不少人在收集了积分券后，由于种种原因而没有去兑换赠品。

(3)可选赠品的范围较大，相对单一赠品促销，积分换取的可选择赠品能够随着点数的增加而扩大，不像随货赠品那样受成本限制。

(4)能作为广告宣传的主题，并以此造成差异化。的确，许多产品的差异化越来越不明显，而普通的广告并不能引起目标客户足够的注意。积分换取需持续一段较长的时间，如果赠品优秀，还可作为宣传的诉求点。

(5)客户一旦选择了积分促销，一般不会选择其他门店，通过激励措施捆绑产品销售，进而提高客户忠诚度。

3. 设置回访制度了解大客户的反馈意见

回访制度保证了门店与大客户之间信息传递的及时性、准确性，并通过大客户的反馈意见修正、调整服务水平，提升大客户的满意度和忠诚度。大客户回访在很大程度上是做好服务工作的基本要求，而做好服务的准备工作是回访的前提。要充分了解大客户各方面的信息，这些信息一般包括大客户的个人基本信息、产品消费信息等，在这样的信息支持下可以提高大客户回访的质量。对待大客户在回访中提出的要求，门店要及时做出反应，要让大客户感觉到客户服务人员对他的关注。建立和大客户之间的感情，需要经常与大客户进行沟通。经验证明，再大的问题也能通过良好的沟通而圆满地解决。

客户服务人员与大客户之间的矛盾很多是因为沟通不良而造成的，在大客户回访中，做好这个环节能拉近与大客户之间的关系，同时有助于客户服务人员赢得大客户对自己的工作的配合和支持。

【小资料】

迪克连锁超市的客户关系管理

肯·罗布有一个秘密，但实际上他并非那种不愿袒露心迹的人。他性格外向开朗，心里想什么就说什么，从不犹豫，这一点很好，因为他是迪克连锁超市的高级营销副总裁。

罗布的秘密是当他的顾客来商场采购时，他十分了解这些顾客想要买些什么。这一点连同超市所提供的优质服务的良好声誉，是迪克连锁超市对付低价位竞争对手及同类别杀手的主要防御手段。迪克超市采用数据优势软件：

Data Vantage是由康涅狄格州的关系营销集团(RMG,Relationship Marketing Group)所开发的软件产品，对扫描设备里的数据加以梳理，即可预测出其顾客什么时候会再次购买某些特定产品。接下来，该系统就会“恰如其时地”推出特惠价格。

Date Vantage是这样运行的：在迪克超市每周消费25美元以上的顾客每隔一周就会收到一份定制的购物清单。这张清单是由顾客以往的采购记录及厂家所提供的商品现价、交易政策或折扣共同生成。顾客购物时可随身携带此清单也可以将其放在家中。当顾客到收银台结账时，收银员就会扫描一下印有条形码的购物清单或者顾客常用的优惠俱乐部会员卡。无论哪种方式，购物单上的任何特价商品都会被自动予以兑现，而且这位顾客在该店的购物记录会被刷新，生成下一份购物清单。

“这对于我们和生产厂家都很有利，因为你能根据顾客的需求订制促销方案。由此你就可以做出一个与顾客商业价值成正比的方案。”罗布说。

迪克超市还依靠顾客特定信息，跨越一系列商品种类把定制的促销品瞄准各类最有价值的顾客。比如,非阿司匹林产品(如泰诺)的服用者可以被分成三组:全国性品牌、商店品牌和摇摆不定者。这些组别中的每组顾客又可以根据低、中、高用量被分成三个次组。用量就代表着在某类商品中顾客对迪克超市所提供的长期价值(仅在这一个产品种类中,就有6个"模件",产生出总共9种不同类型的顾客——这足以发动一次批量定制营销活动了)。

假设超市的目标是要把泰诺用户转变成商店品牌的用户,那么罗布就会将其最具攻击性的营销活动专用于用量大的顾客,因为他们最有潜在价值。给予大用量顾客的初始折扣优惠远高于给予低用量和中等用量的顾客。促销活动的时间会恰好与每一位顾客独有的购买周期相吻合,而对这一点,罗布通过分析顾客的以往购物记录即可做出合理预测。

"顾客们认为这太棒了,因为购物清单准确地反映了他们要购买的商品。如果顾客养有狗或猫,我们就会给他提供狗粮或猫粮优惠;如果顾客有小孩,他们就可以得到孩童产品优惠,如尿布及婴幼儿食品;常买很多蔬菜的顾客会得到许多蔬菜类产品的优惠。"罗布说:"如果他们不只在一家超市购物,他们就会错过我们根据其购物记录而专门提供的一些特价优惠,因为很显然我们无法得知他们在其他地方买了些什么。但是,如果他们所购商品中的大部分源于我们商店,他们通常可以得到相当的价值回报。我们比较忠诚的顾客常会随同购物清单一起得到价值为30～40美元的折价券。我们的目标就是回报那些把他们大部分的日常消费都花在我们这儿的顾客。"

有时可以通过获取其他相关单位的赞助,来尽量减少折扣优惠所造成的经济损失,反过来,这些单位可以分享你不断搜集到的信息资讯。以迪克超市为例,生产厂商会给予绝大多数的打折商品补贴。作为整个协议的一部分,生产厂家可以获得从极为详尽的销售信息中所发现的分析结果(消费者名字已去除)。这些销售信息的处理加工均是由关系营销集团进行的,这家公司不但提供软件产品,而且还提供扫描数据采掘服务。

(资料来源:根据网络资料改编)

任务三　开发新客户资源

【任务导入】

受到电商的冲击,刘伟所在的服装门店也出现了销售量下滑的状况,刘伟急需开拓市场,开发新客户资源。为此,刘伟和公司总部营销中心的管理人员进行沟通,希望这群熟悉服装营销的"智囊团"能够给她一些意见和建议。

(1)如何判断谁是刘伟门店的目标客户?

(2)刘伟门店可以从哪些途径开发新客户?

(3)刘伟门店快速开拓新客户的最有效途径是什么?

【任务分析】

客户开发永远是门店营销的重点,但面对市场上层出不穷的新产品,客户的眼光也变得越来越挑剔,从而给营销人员开发客户增加了难度。

客户开发的前提是确定目标市场,研究目标顾客,从而制订客户开发市场营销策略。营销人员的首要任务是开发准客户,通过多种方法寻找准客户并对准客户进行资格鉴定,使门店的营销活动有明确的目标与方向，使潜在客户成为现实客户。

实体门店面临的竞争越来越激烈，门店营销人员需要走出去，多途径开发客户，并善于运用移动互联网技术开发新客户资源。

【知识导航】

找准商圈、开家门店、摆好商品、等待顾客上门的守株待兔时代一去不复返了。在移动互联网时代，在行业竞争加剧和电商等新渠道的冲击之下，线下市场空间一再被压缩，曾经显赫一时的实体门店，风光不再。如今，实体门店面临从“坐销”到“行销”的必然转型，开发新客户成为获得新一轮竞争优势的关键。

开发新客户是深耕市场的重要手段，是销售人员的一项重要的日常工作。怎样才能正确、有效地开发新顾客呢？

知识一　新客户“MAN”原则

在开发新客户的过程中，可以参考下面的“MAN”原则。

M：Money，代表“金钱”。所选择的对象必须有一定的购买能力。

A：Authority，代表“购买决定权”。该对象对购买行为有决定、建议或反对的权力。

N：Need，代表“需求”。该对象有产品和服务的需求。

针对客户购买需求，门店销售人员可根据五个检查要点判断其需求强烈程度，包括：对产品的关心程度、对产品是否信赖、对购入的关心程度、对门店是否有良好的印象、是否能满足需求。

知识二　客户购买力判断依据

针对客户的购买能力，门店销售人员可根据两个检查要点判断其购买能力，包括：①信用状况。可从职业、身份地位等状况，判断是否有购买能力；②支付计划。可从客户期望一次付现，还是要求分期付款，支付首期金额的多少等，来判断客户的购买能力。

通过“MAN”原则对客户的考量，我们判断谁才是目标新客户。那么，通过哪些途径能找到他们呢？

【技能培养】

技能一　多途径开发新客户——自然进店途径

进店率是决定店面业绩的关键因素。何谓进店率？就是进店人数与门店客流量之比。在自然条件下，店铺所属商圈级别、店址选择、店面装修及交通环境等因素直接影响客户的进店率，在这里，我们主要探讨在以上因素不变的情况下，如何提高客户的自然进店率和成交率。

1. 通过氛围拦截提高客户自然进店率和成交率

要为客户营造一个良好的购物环境、整洁干净的店面形象，可以给客户留下良好的第一印象。门店应做到：门前卫生整洁，无障碍物影响客户进店；门口广告画面应及时更新，促销海报用水牌张贴放在醒目位置；店内陈列应充分体现产品价值感；布置专门的特价区域，用醒目的广告招贴标注特价产品价格；通过灯光、电视广告画面、声音或陈列等手段营造店面销售气氛，吸引客户进店，这是店面自然销售的基础。

2. 通过导购拦截提高客户自然进店率和成交率

提升门店导购人员的专业素质，调动积极性，提高主动性。导购人员对店面的盈利能力起着至关重要的作用，导购的服务质量和导购水平直接影响客户的成交率。作为导购人员，应充分了解客户需求，同客户认真交谈，根据客户需求进行推荐，做好客户的专业顾问，获取客户的好感，消除客户的防御心理，引导客户顺利成交。做好以上工作，就算客户没有成交，也会给客户留下良好的印象，货比三家后，客户回头的概率就会大大增加。另外，还需要调动导购人员的积极性，要求导购从门店走出去，“坐销”变“行销”，主动拦截客户，包括站位、话术、制度三个要点。首先，选择最佳站位。一般来说以下四点非常重要：一是要站在门店的入口处；二是人流量比较大的过道；三是对应的电梯出口；四是人流量最旺的卖场的入口。其次，统一拦截话术，即遇到客户应该说什么。最后，制定拦截的奖惩制度，针对每个导购设置拦截指标，充分调动他们的积极性。

3. 通过产品拦截提高客户自然进店率和成交率

产品拦截是指充分利用客户的猎奇心理，准确提炼产品卖点，展现产品优势，通过视频、图片、文字、情景等恰当的方式在门店进行产品独特卖点的展示，从而吸引客户进店。例如，一家售卖家具产品的连锁门店，为了解决消费者对板材家具产品高污染、低环保的质疑，在床头柜里面养金鱼，用最直观的方式展现产品高环保性的特征。

【小资料】

欧普照明新品发布应用情景展示模式

随着现代生活质量和人们生活品位的逐步提高，人们越来越注重生活空间中的细节搭配，希望通过独特的空间设计表达自我个性，而灯光就是点亮每一个空间的魔术师。

欧普照明借新品发布会之际，突破性地率先推出应用情景的展示模式，在发布会现场，来宾们看到的不是简单陈列的照明产品，而是一系列精心设计的客厅、餐厅、卧室、办公室、零售商铺，基于应用情景的展示模式让与会者流连忘返，切身体验着灯光的美妙。跟随着欧普照明工作人员的脚步，来宾们流连于不同设计风格的家居及工作情境之中，切实感受到了欧普照明人性化贴心的照明设计带来的完美视觉感观。无论是现代简约、中式古朴还是温馨田园等家装风格，无论是卧室、餐厅还是儿童房、厨房等各种家居空间，在欧普照明设计师的光影雕琢下，都呈现出或淡雅，或神秘，或欢乐的氛围，给人带来精致舒心的愉悦体验。据悉，不久的将来，此种应用情景的展示模式将逐步在欧普照明线下的专卖店推广，届时，消费者走进的不只是一家家灯饰市场，而是他们心中未来的家。

（资料来源：根据网络资料改编）

技能二　多途径开发新客户——门店宣传途径

门店要运用各种传播媒介，向客户有意识、有目的地传播门店的有关信息，以影响和改变客户的态度、意见和行为，扩大门店的社会影响，形成有利的舆论环境，最终促进客户的购买行为，达成门店的营销业绩。这些宣传途径包括以下几点。

1. 媒介宣传

它是门店宣传最基本的策略，根据媒介性质、形象定位、公众特性、目标定位、宣传费用、门店经营战略、市场战略等，选择最恰当的宣传媒介，组建最佳的媒介体系，在最恰当的时机推出媒介宣传作品，以期取得最佳的宣传效果。过去，门店媒介宣传主要是通过大众媒介并以广告、新闻的形式进行。这些大众传播媒介包括：报纸、杂志、电视、广播、网络等。

在移动互联网的今天，媒介宣传增加了更多新的形式，一是通过官方微博、微信公众号进行宣传。二是通过自媒体进行宣传。何谓自媒体？自媒体（We Media）又称“个人媒体”，是指私人化、平民化、普泛化、自主化的传播者，以现代化、电子化的手段，向不特定的大多数或者特定的单个人传递规范性及非规范性信息的新媒体的总称。自媒体平台包括但不限于个人微博、个人日志、个人主页等，其中最有代表性的托管平台是美国的Facebook和Twitter，中国的QQ空间、新浪微博、腾讯微博、微信朋友圈、微信公众平台、人人网、百度贴吧等。

2. 明星宣传

根据门店形象定位、公众定位、明星崇拜等，邀请合适的体育明星、文艺明星、公众领袖等人士宣传门店的方式。如某明星为某专业发型体验连锁机构代言，并参与了门店现场路演活动，很好地提升了流行美的品牌影响力。

3. 赞助宣传

门店通过赞助一些以公益性、慈善性、服务性、娱乐性、大众性为主题的社会活动展开宣传，使客户对门店产生好感。

4. 售点广告宣传

售点广告是指利用销售点现场内外的各种设施做媒体，有明确的诱导动机，旨在吸引客户，唤起客户的购买欲，具有无声却又十分直观的推销效力。它可直接影响销售业绩，是完成购买阶段任务的主要推销工具。售点广告在有限的时空里，对吸引客户、引导客户购物、激发客户欲望、促成客户的购买行为具有特殊的功效。售点的广告形式包括以下五点。

①招牌式。主要位置在商店的门口，或者是综合性商场的各层入口、各货类柜台的总入口处等。它的主要作用是吸引顾客的注意力。招牌式售点广告的内容均为宣传商品。一类是常规性的商品宣传，如百果园的零售门店，均设有由百果园公司统一印制的绿色百果园招牌；另一类是焦点式的商品宣传，即根据季节、时令，选定一些人们特别关心的商品，作为宣传的焦点，以吸引顾客。如“中秋月饼”“六一儿童节专柜”“一次性减价商品专柜”等。

②陈列式。这是放置在售货柜台或货架上的小型广告媒体。其作用是向客户介绍某一项或某一类商品，帮助客户了解商品，吸引其购买。其内容有的是图文并茂地说明商品的名称、型号、用途、用法，也有的把商品的标本直接陈列在柜台上面。

③悬吊式。悬吊式售点广告很像我国古代店铺门前的幌子或布招，不过它不只限于悬挂在门口，也可以在门店内部如柜台顶上、货架顶上、天花板下面、楼梯的上部等。它的作用，除了宣传产品，还可以增加门店内的热闹气氛，招徕和吸引顾客。悬挂式售点广告多用布或绸制的旗幡，也可以用镜框、木板、塑料板、灯箱等。有的大型商场还采用气球、吊篮，效果更好。

④橱窗式。商店的橱窗，本身便是一种广告媒体，现在已有不少门店认识到作为一种广告媒体的橱窗所具有的作用，橱窗的各个部分：背板、空间、陈列品、模特儿等，都可以配以售点广告形式。橱窗背板的美化，可以把背板看作一件面积较大的POP看板来对待；橱窗内也可以悬吊各种悬吊式售点广告牌或主体制作物；面向大街的橱窗玻璃上面，近来也有人喜欢用透明彩色涤纶薄膜，剪贴上文字和图案来装饰，既保持其透明的特点又增加了一层空间，提高橱窗的艺术表现力。

⑤商品式。主要用于进一步突出介绍某一商品，因此，其形状可以根据商品本身的形状

巧妙设计。例如，瓶装商品采用在瓶颈处加吊牌或套牌、盒装商品在盒面插入设计精巧的价目牌等。当然，除了说明价目，画面还应该具有其他生动的内容。如陈设在洗衣机上的纸板广告，上面画有指示旋钮位置的漫画人物，这让广告以更加生动形象的方式展现在消费者面前。

5. 营业推广宣传

门店利用客户的自我表现欲望和参与愿望，设置具有吸引力的营业推广活动，宣传门店的各种信息，展示门店形象和产品形象，吸引潜在客户参与活动并最终成为新客户。门店营业推广的宣传形式主要有：产品体验、产品演示、买赠、打折、抽奖、团购等，营业推广大多会结合媒介宣传进行。

【小资料】

九招提升宣传单揽客效应

如何让顾客对宣传单有兴趣？如何让顾客能保留这张宣传单而不随手扔进垃圾桶？如何将门店的宣传单变为吸铁石，引导顾客进店？

以一家化妆品店为例，通过宣传单的九招策划提升其揽客效应。

支招一：关联式宣传单。

所谓关联式宣传单，主要是研究化妆品店所在商圈，有无知名度比较高的连锁店，通过了解其主要消费群体、结构。将宣传单与其关联，达到客户资源共享的目的。操作思路：将化妆品店的宣传单与甜品店宣传单关联在一起，仅需分摊少量印刷费用，分享异业客流的同时，也节省人力派单成本。

支招二：功能式宣传单。

所谓功能式宣传单，是指将宣传单嵌上某种客户所需要的信息或常识性便民服务，从而达到让顾客多看、愿意看的目的。操作思路：某化妆品店的主要客户群体为白领，如果在宣传单上印上地铁换乘线路图，贴心又实用，效果肯定好。还可以印刷上日历、附近银行网点、生活常识等。总之要根据消费群体的需求而定。

支招三：利益式宣传单。

所谓利益式宣传单是根据人们爱占便宜的心理而设计的，让顾客拿到宣传单可以得到某种好处。操作思路：在宣传单下方直接印刷上 50 元代金券，如果遇到有买化妆品需求的顾客，就有可能拉动其进入门店。

支招四：嫁接式宣传单。

所谓嫁接式宣传单，主要是将宣传载体与顾客所能得到的利益通过“杠杆借力”的方式嫁接在一起。也可以理解为将宣传单嫁接到其他媒体上。操作思路：某化妆品店将其宣传单与电影院相嫁接。所有收到宣传单的顾客，下方印有一张电影票优惠券，但这张券要到化妆品店盖章方可有效。这种方式还可与餐饮、服装等行业进行嫁接。

支招五：抽奖式宣传单。

所谓抽奖式宣传单，主要是利用人们的博彩心理，提高顾客的参与度，达到吸引客流的目的。操作思路，某化妆品店将其宣传单页设计为“即刮式”抽奖券模式，所有入围号码可于规定时间到达门店参与抽奖。

支招六：订单式宣传单。

所谓订单式宣传单，是将宣传单背面或 1/3 处设计为订单格式。只要填写好订单到化妆品店订购的顾客,可以获得更多优惠。操作思路:如化妆品店主流顾客群体离化妆品店较远,就需要用化妆品店产品目录加上订单式销售方式,也就是先发“订单式宣传单”,顾客填写订单并邮寄到店中,店员可以采取上门送货服务。

支招七:赠品式宣传单。

赠品式宣传单,就是在宣传单上粘贴或附上主打产品的试用装,这种方式的推广成本较高,为了节约成本也可以在宣传单上注明凭宣传单进店可领取试用品。操作思路:在化妆品店附近只向目标客户派发宣传单,一般人收到了实物礼品后都会对门店好感倍增,如果离店不远,不少顾客都愿意进店看看。

支招八:实用式宣传单。

所谓实用式宣传单,就是将宣传单通过变形或特殊设计的方法,将宣传单设计为顾客实用的物品。操作思路:如信封式宣传单、环保袋宣传单,当顾客使用信封或环保袋,又起到了多次传播的效果。

支招九:创意式宣传单。

所谓创意式宣传单主要是通过文案创意的形式来吸引顾客。操作思路:化妆品店针对行业价格战跟风的现象,产品价格采用不标百位数的方式。如“898”标为“*98”,不但让顾客感兴趣,也让竞争对手难以跟风。

(资料来源:根据网络资料改编)

技能三　多途径开发新客户——转介绍途径

老客户转介绍新客户是销售人员开发新客户常用的方法之一。老客户对门店有了一定的了解,对产品具有良好的信任度,如果由其推荐介绍,就可以利用其相应的网络及人脉资源,增加新客户对门店的信任度,提高新客户开发的速度及成功率。接下来介绍几种老客户转介绍新客户的策略。

1. 礼券策略

客户不仅可以用钱买产品,更可以用“钱”买“礼券”。方法就是创造礼券,并且向客户出售。比如,一家售卖生鲜产品的门店,出售一张面值500元的礼券,客户可以凭此券,兑换原价500元的产品,也可以直接赠送礼券,收礼人可凭券前来兑换产品。礼券具备让客户心甘情愿主动转介绍的功能,收到礼券的客户,大部分都是新客户,并且是主动前来购买消费的。

2. 聚会策略

召集客户聚会的方式有很多,座谈会、茶话会、沙龙、集体旅游等。将客户聚集在一起,可以是线上的聚会,也可是线下的聚会。一家少儿钢琴培训机构的门店,可以举办一个钢琴演奏会,然后,以“分享”为主题,让学员及家长带上他们的朋友参加聚会,客户自然会愿意,而如果我们直接要求客户转介绍,就会造成抵触情绪。同时,客户的朋友,也一定是相同生活圈的朋友,很大可能是我们的精准目标顾客。只要他们来到现场,那么通过后续的一系列营销流程设计,就很有可能把客户的朋友变成新客户。

3. 超出预期的体验策略

这种方法在网店得到了普遍的应用。比如,当客户在网店订购了一件产品,收货时打开一看,赠送了很多精美礼品,因为事先并不知情,客户会意外惊喜,形成了超出预期的购买体验。此时,客户可能会忍不住拍照分享到微博、微信朋友圈,形成自动自发的推荐。那么,当我们把这个“超出预期的购买体验”应用在线下实体门店，也会取得同样的效果。

4. 双份优惠营销策略

操作方法是，让客户购买两份，并给予双份优惠价。在女性产品营销中，很多商家推出的“闺蜜套餐”，就是双份优惠营销的应用。比如，一家女性围巾专卖店，推出了系列产品，每个系列产品包括两款设计风格类似的围巾，并命名为“闺蜜套餐”，购买了“闺蜜套餐”的客户，她的闺蜜也自动成为我们的新客户，并且，通过后续的营销流程设计，我们可以继续将闺蜜的闺蜜发展成新的客户。

5. 积分推荐策略

客户购买产品，可获得相应积分，每转介绍一个新客户，新客户购买一定产品时，也会获得积分奖励。积分奖励可以设计为现金，也可以设计为兑换产品、礼品等。这种积分推荐策略在应用时，要注意积分制度的设计，既能充分调动老客户转介绍的积极性，也要考虑营销成本。

技能四　多途径开发新客户——异业联盟途径

异业联盟是指各行业、各层次的商业主体之间，为了达到共同的利益，组成的商业联盟。目的是凭借着彼此的品牌影响力，来拉拢更多面向不同族群的客户资源，借此来创造出双赢的市场利益。对客户而言，选择异业联盟的门店，可以享受延伸的增值服务。如卡帕(Kappa)与东风雪铁龙 C2 － VTS 新车上市的合作，卡帕推出命名为“C2 － Kap－pa 炫装”的特制服装，不但在东风雪铁龙专卖店展示销售，卡帕在全国的 100 多家旗舰店同时销售。通过这种方式，卡帕与东风雪铁龙有效共享了客户资源。

异业联盟能否成功推行，要充分考虑以下两个关键问题：一是目标消费者是否具有共同性。每个品牌都有属于自己的目标消费群体，如果两个进行异业联盟营销的品牌没有共同的消费者资源，异业联盟的营销行动一定会失败。二是品牌追求是否一致。品牌有个重要的内涵就是角色感，而这个角色感就是品牌的消费群体对文化、利益等方面的追求。如果两个品牌没有一致的品牌追求，在进行异业联盟营销时就一定不会跨界成功。如东风雪铁龙与 Kappa 的品牌联合。东风雪铁龙继承并凝聚了雪铁龙品牌“创新、品位、舒适”的精髓，而 Kappa 作为源自欧洲的品牌，在运动的底蕴中，融入了更多活力、时尚、浪漫的元素。而东风雪铁龙与 Kappa 虽然分属于不同领域，但双方的目标消费人群，在运动和品位方面有着高度的重合性。两者之间的品牌联合，很容易与消费者产生共鸣，从而营造一种独特的品牌文化。

技能五　多途径开发新客户——电话营销途径

电话营销是指通过使用电话，来实现有计划、有组织并且高效率地扩大客户群的市场行为，它是门店开拓新客户群体的常规营销活动。那么，怎样才能提高门店电话营销的成交率呢？我们应该抓住如下三个关键环节。

1. 电话联系找对人

门店销售人员获取客户信息有多重途径，如客户在活动参与过程中主动填写的个人信息、通过购买的形式获得的客户名录、与其他企业交换获得的客户信息等。

2. 沟通过程透析人

当我们找对了沟通的对象，我们就是在与潜在客户沟通，所以，沟通的时候必须通过客户的语言来透析客户的性格。针对不同性格的人应该采用不同的方式与其沟通。

3. 介绍业务讲对话

在这个环节应该坚持的原则：前三句话要把产品或服务介绍给对方，要清楚，不含糊；介绍产品或服务的语言要适当润色，要有吸引力，以引起对方的兴趣。否则，可能还没有介绍完产品，客户已经把电话挂断了；在语言、语气、语调等方面尽可能地配合对方，争取营造一个良好的对话氛围。

【小资料】

如何找到合适的微信自媒体投放广告

微信自媒体的广告投放经历了一开始的不经筛选、虚假广告，准入门槛低的乱象，目前进入了精细化定制服务阶段。这并不意味着投放变得毫无顾虑，品牌究竟如何花合适的费用找到有效的渠道，获得最高性价比的投放效果？

1. 微信自媒体的品牌价值

一个优质的微信自媒体不单要有大批的粉丝数和阅读量，同时还应具有一定的品牌效应或者拟人化的形象，以及是否有着稳定的价值输出和概念定位等，这些因素在一定程度上奠定了该微信公号的粉丝调性和受众质量。微信自媒体只有先把自己的品牌形象打入人心之后，以被接受者的身份做出有益的推荐，粉丝才会更倾向于接受推荐，广告品牌也才能得到有效转化。

比如，情感大号"胡辛束"，她的定位就是"一个少女心的贩卖馆"，相较许多自媒体而言，伴随着行业内"定制闹钟等广告的公众号"这样口口相传的段子，以及"获得天使论融资"等话题度的炒热，"胡辛束"公众号已经形成了强烈的品牌效应。然而，就内容而言，胡辛束的品牌价值又体现在哪里呢？我们不妨来看一下胡辛束平台的这一条推送：《最好的朋友结婚，我们该送什么？》。单看这则标题，你能看出来它是一篇广告文吗？诚实地说：根本毫无防备！文章一开始以友情切入：发小要结婚了，该送什么礼物呢？想了一圈，结婚照拍摄礼卡挺好的，于是顺理成章推出广告植入品牌——小象馆！"小象馆不只是一家照相馆。在这儿，你能发现更好的自己。"

做你自己，因为别人已经有人做了。"Be yourself，everyone else is already taken."——奥斯卡 · 王尔德(Oscar Wilde)

这一句句完全击中"少女心"定位的句子，俘获了多少有着小情绪的少女。再翻一翻文章下方的评论，许多人就文章的主题思想和广告品牌发起了讨论，有调侃的，也有的说"闺蜜结婚时就送这个"，可见内容接受度还是比较高的。

总结一下，胡辛束的品牌价值体现：一是胡辛束个人形象深入人心；二是广告等于内容，接受度较高；三是受众属性明显，都有着"少女心"。

2. 微信自媒体的定制化场景营销

根据微信公众号的内容属性，最好的广告营销方式就是结合推广平台的属性、产品特性及受众人群需求进行定制化场景式的营销。使用户不仅在概念上接受广告植入，更在情感和共鸣上得到品牌认同，营销效果更好。如微信公众号"创意文字坊"推送的这一篇《你啊，改不了加班的命》，单看文章题目相信就已经引起了不少共鸣。

作为一个踏出学校校门、开始进入漫长的职场打拼期的社会工作者，相信你或多或少都遇到过加班的情况。忙的时候一天要上 14 小时班，三顿饭只能吃上一顿，根本没有时间约会逛街谈恋爱，简直是苦不堪言。加班的情况在媒体和广告行业更是家常便饭，从业人员对于加班的体会更加深刻，这篇文章就举了两个4A广告公司加班的案例，详述了"加班狗们"的日常和心理活动。如文章中描述的："项目赶的时候，一个月有20多天是连续加班，一群人坐在电脑面前，顶着鸡窝头噼里啪啦敲击着键盘。饿了的时候随便叫份外卖，哪管美不美味健不健康，只求填饱肚子……"随着文字的描述，是不是也勾起了你加班时的回忆，甚至此刻还处在苦逼的加班状态中？

通过切实的案例描述，来为读者铺垫场景和情感，随着铺垫结束，读者的共鸣也将达到巅峰，在这个时候就可以做一件事了，做什么呢？

"你没法拒绝浪费时间的会议，你没法教会客户慢工出细活的道理，你没法拒绝客户摇摆不定的意见，你没法拒绝残酷的比稿，你甚至没法拒绝每天刷微博、朋友圈。但你能拒绝的是：虐待自己的胃——方太高温蒸箱。"

对于这一绝佳效果的证明，我们可以从下方的一则评论中看出来："作为一名广告人，看着看着就哭了，看到是方太的广告，我哭得更厉害了。"这一诚恳又不乏幽默的评论，相信也体现了读者对于场景化营销模式在思维和心理上的认可程度。结合该平台大部分用户都是媒体和广告行业从业者的群体属性，我们有理由相信这样一则入情入理的广告，能够呈现出不错的效果转化。

（资料来源：根据网络资料改编）

任务四　提升老客户忠诚度

【任务导入】

刘伟公司的竞争对手在其附近新开了一家门店，并且开展了大规模的开业促销活动，很多刘伟门店的老客户都被吸引过去了，面对这种情况，刘伟门店应该采取何种措施提升老客户的忠诚度？为此，刘伟和公司总部营销中心的管理人员进行沟通，希望这群熟悉服装营销的"智囊团"能够给她一些意见和建议。

(1)提升忠诚度是不是针对所有老客户？

(2)刘伟门店老客户的忠诚度会受到哪些因素的影响？

(3)在营销策略同质化的时代，刘伟门店应采取何种个性化服务提高老客户的忠诚度？

【任务分析】

了解客户。门店应尽可能地了解相关客户的情况，这样就可以提供最符合他们需求和消费习惯的产品和服务。和他们交谈，倾听他们的声音，这样就不难找到使他们不满的根源所在。当客户对服务提供者相互了解后，如门店了解顾客的服务预期和接受服务的方式等，服务过程就会变得更加顺利，时间也会缩短，而且服务失误率也会下降。由此，为每个客户提供服务的成本会减少，反过来企业的利润就会增加。

客户满意度不同于客户忠诚度。真正的客户忠诚度是一种行为，而客户满意度只是一种态度。两者的区别在于，客户满意度是评量过去的交易中满足客户原先期望的程度，而客户忠诚度则是评量客户再购及参与活动的意愿。

满足客户个性化要求。通常企业会按照自己的想象预测目标消费者的行动。实际上，所有关于客户人口统计和心理方面的信息都具有局限性，而且预测模型软件也具有局限性。

因此,门店必须改变"大众营销"的思路,注意满足客户的个性化要求。要做到这一点就必须尽量占有客户知识,利用各种可以利用的机会来获得更全面的客户情况,包括分析客户的语言和行为。

【知识导航】

知识一 什么是客户忠诚度

在商品经济高度发达的今天,市场竞争即是客户竞争。争取和保持客户是企业生存和发展的长期使命。企业一方面既要不断争取新客户,开辟新市场,提高市场占有率;另一方面又要维持现有客户,稳定市场占有率。来自美国市场营销学会的调查数据表明:每100个满意顾客会带来25个新顾客;争取一个新顾客比维护一个老顾客要多6～10倍的工作量。因此,提升老客户忠诚度是企业营销工作的重中之重。

何谓客户忠诚度?它是指客户在满意的基础上,对某品牌或企业做出长期购买承诺的意识和行为的结合。客户忠诚度有四个特征:①正在购买或大量购买该品牌的产品和服务;②主动向其他客户推荐;③几乎没有选择其他品牌的念头并能抵制其他品牌的诱惑;④善意地理解品牌的产品或服务的某些缺陷,积极向企业反馈信息,但并不影响再次购买。

知识二 提升老客户忠诚度的价值

从客户忠诚度的定义观察,它直接影响到客户的购买意愿。一个门店老客户的忠诚度如何,直接影响到门店的收益情况。其价值体现在以下几点。

1. 增加利润

忠诚的老客户是门店利润的主要来源,他们不但会继续购买和接受门店的产品或服务,而且愿意为优质的产品和服务支付较高的价格。美国经济学家赖克尔德和萨塞曾经对许多行业进行了长时间的观察分析。他们发现,客户忠诚度在决定利润方面比市场份额更加重要。当客户忠诚度上升5%时,利润上升的幅度将达到25%～85%。与此同时,企业为老客户提供服务的成本却是逐年下降的。

2. 节约成本

营销专家研究结果证明,提高老客户的忠诚度能够节约企业的成本。对门店而言,节约成本表现在三个方面:①需要的经营直接费用较少。在销售过程中,门店需要投入导购、推销等费用。高客户忠诚度意味着更强的购买意愿和更高的销售达成率,从而帮助门店节省经营的直接费用;②减少售后服务的支出成本。高客户忠诚度,意味着当门店售出的产品和服务有问题时,售后部门与购买者的沟通会更加顺畅,会更容易协商出解决的方案,从而减少门店在售后服务的支出;③减少广告费用的投入。高的客户忠诚度不仅可以维持原有的购买欲望,也可以通过老客户的推荐去赢得更多的新客户,从而减少门店在广告方面的投入,也使得门店投入的广告更有效。

3. 客户推荐和示范

经常购买门店产品而且感到满意的客户会对门店做出正面的宣传,而且会将门店的服务推荐给朋友、邻居、生意上的合作伙伴或其他人。他们会成为门店"义务"的市场推广人员。另外,忠诚客户一经形成,不仅对企业的现实客户与潜在客户的消费心理、消费行为和社会方式提供可选择的模式,而且可以激发其模仿欲望,并有可能使其消费行为趋于一致,甚至引发流行现象。

4. 提高门店竞争力

在买方市场条件下，门店竞争的过程就是争夺顾客的过程，门店之间为了争取更多的客户展开越来越激烈的竞争。对许多门店来说，现在最需要关心的问题并不再是统计意义上的市场占有率，而是拥有多少忠诚的客户。可以说，忠诚客户的数量决定了门店的生存与发展。忠诚的顾客，不仅为其他门店进入市场设置了现实壁垒，也为门店进入新市场提供了扩张利器，使得门店在市场竞争中具有领先于对手的相对优势。

5. 反馈信息

门店开展各项市场调查活动大多是以老客户为调查对象。老客户的忠诚度越高，市场调查结果的回收率就越高，反馈的信息价值也就越大。另外，门店的产品或服务有不满意的地方，他们也会自动上门反映。这些对门店的产品和服务都起着十分重要的作用。

知识三　影响老客户忠诚度的因素

影响客户忠诚的因素有多个方面，其中最重要的因素包括客户满意、客户信任、转换成本、客户感知价值。

1. 客户满意

对于客户满意与客户忠诚的关系，总的来说可以分为两种类型：一种类型认为客户满意与客户忠诚有直接的正相关关系，客户的满意度越高，可以导致客户忠诚度越高；另一种类型认为客户满意与客户忠诚并没有直接的关系，客户满意不一定能带来客户忠诚。

【小资料】

客户满意带来的客户忠诚

只靠一份零食、一杯饮料，满记甜品是怎样从一个家庭式小店变成现在这个有数百家分店的连锁式甜品店的？

单单是可口的杨枝甘露和芒果班戟？当然不是。它有一套自己的法则——“微笑法则”。让每一位顾客都能微笑着离开满记，每天留住5%的顾客，这才是满记成功的秘密。

(1)5%的回头客，100%利润的增长。

第一家满记甜品是现在的满记行政总裁方张雪芳女士和几个中学密友1995年在香港西贡区开的。当时的满记只是一间小小的家庭式糖水店。开店初期，方张雪芳就想到了经营的关键问题——怎么增加客流量？一本经营书籍给了她启发：“如果能留住5%的顾客，那么利润就能有100%的增长。”也就是说只有让顾客满意地享受消费过程，心满意足地离开，把顾客变成回头客，生意才能做下去。

怎样才算满意呢？方张雪芳有自己的评判标准，那就是“微笑法则”——如果顾客是微笑着离开满记的，那他们肯定是满意的。遵循着这个法则，方张雪芳在满记开业的前五年几乎没离开过店铺，每天在店铺面带微笑地和那“5%”的顾客聊天，直到他们心满意足地离开。就是这个看起来很简单的方法为满记赢得了越来越好的口碑，也迎来了现在的几百家分店。所以，现在的满记集团员工还遵循“微笑法则”留住顾客。

自2010年10月起，“满记甜品”又建立了信息化的会员营销体系，在70多家连锁店设有会员终端，而且可以做到全国通用。总部根据市场热点设计并实施充值送礼、积分换礼、会员新品免费试吃等各种营销活动，以期不断增加客户的满意度。

(2)微笑法则,服务高过一切。

满记的“微笑法则”让顾客不止吃到的甜品是甜的,心情也会变成甜的。方张雪芳说过:“甜品店作为副食品行业,再好吃的东西吃到一肚子气,顾客也不会回头。”

其实,任何行业都一样,顾客很多时候消费的就是心情,没有顾客会在一次很不愉快的交易后还想再有一次这样的经历。在 O2O 营销过程中,没有面对面产生的熟悉感做基础,线上交流时能否提供优质的服务和顺畅的沟通就显得更为重要了。客服人员亲切的语言、热情的态度、耐心的讲解以及对顾客问题的合理解决,都是影响交易能否达成的因素。

(3)会员制度,增加顾客忠实度。

满记每天留住 5%的顾客,就是把这 5%的顾客变成自己的忠实顾客。随着每天 5%的不断增加,满记就有了一定的忠实顾客群体。所以,满记在 2010 年 10 月推出了会员制度。实名制的会员卡可以充值、积分、享受优惠,这样做一方面增加了目标顾客的重复销售,抓牢了顾客;另一方面使忠实顾客可以享受到更多的实惠,有了 VIP 的尊贵感,进一步增加了顾客的忠诚度。

会员制度也是一个很好的宣传平台。无论是推出新品还是市场促销,通过会员短信平台,可以精准地把信息发到目标顾客那里。一个忠实顾客对产品口碑的影响绝对不会像企业自己开口夸耀的那样苍白。企业用来维护老顾客的成本要比吸引一个新顾客低很多,可以说会员制度可以有效提高投资回报率。

(资料来源:2015 年 10 月 21 日赢商网)

2. 客户信任

信任不仅是合作的先决条件之一,也是进行长期合作的重要条件。就像人与人之间的关系一样,客户与门店之间的关系依赖于信任,信任是影响客户忠诚的重要因素。当客户在选择某一产品或服务的时候,他们必须对门店所提供的产品或服务产生信任以后才会购买,购买后的感受也影响到这种信任程度的加深或减弱。特别是对服务型门店而言,增强客户对门店的信任感是培育客户忠诚的一个必不可少的条件。

3. 转换成本

转换成本是指客户放弃某一企业的产品或服务,转向其他企业的产品和服务的障碍,这些成本包括搜索成本、情感成本、学习成本、财务成本等。一般来说,转换成本与客户忠诚度呈正相关的关系:转换成本越高,客户忠诚度越高;转换成本越低,顾客忠诚度越低。

4. 客户感知价值

客户感知价值是指客户对商家提供的产品或服务的一种主观的衡量,这种价值由客户得到的价值和为此所付出的成本两部分组成。美国著名营销专家科特勒提出了“客户让渡价值”的概念,即客户购买产品或服务实现的总价值与客户购买该项产品或服务所需要付出的成本之间的差额。客户让渡价值与客户忠诚度呈正相关关系:客户让渡价值越高,客户忠诚度越高;客户让渡价值越低,客户忠诚度越低。

【技能培养】

技能一　提高老客户忠诚度的策略

1. 突出特色服务,增大客户感受值

既然客户满意是建立在其期望之上的,那么客户满意度如公式(5-1)所示。

$$满意度=感受值/期望值 \tag{5-1}$$

据此,增大客户感受值是门店为吸引客户、提高客户满意度所常采用的方法。但随着竞争的日益激励和明朗化,尤其随着资讯的日益发达,现在的客户变得越来越挑剔,越来越难以被取悦。当产品之间的质量差距不断缩小时,增大客户的感受值即意味着超值服务。众多门店都千军万马挤在这条独木桥上,不遗余力地取悦客户:VIP、让利、打折、返券、赠品、抽奖、试用、闭店销售、各种免费服务……更为惨烈的是,在客户资源的争夺大战中,众多穷途末路的门店最终只能在价格战中狭路相逢,毫无疑问门店将难以摆脱陷入绝境的宿命。因此,在采取增大客户感受值这条途径时,要避免跟风或一条血路杀到底的定式思维,应具体突出门店的特色服务。具体的做法可以通过制造一些"悬念",超出客户预期,使其获得喜出望外的高度满意或欣喜,从而通过增大客户感受值,提升客户满意度,以达到提高客户忠诚度的目的,尤其是对于那些单位价值较高的产品或服务更应该如此。

【小资料】

小商家打败大卖场

为了打败大卖场,一家仅有10家分店的小连锁公司创造了一个在5个州推广的客户忠诚方案。当便利店运营商们怀疑是否值得把金钱和精力投入忠诚方案中去时,Willie和Lewis却创立了一套成功的忠诚方案模型,还在5个州里召集起了50个商家,其中有干洗店、花店、鞋店、办公用品店、餐馆、润滑油店、汽车经销商、蜂窝电话供应商,甚至还有一名律师和一位医师,这给了顾客们一个继续在他们连锁店购物的理由。起初,Oasis Stop'N Go LLC便利店连锁创始人Willie以及该公司老板之一的Lewis并不清楚,他们这套名为"KickBack"的方案有多大潜力,直到它开始吸引来自其他地区的商家。

(1)出于绝望。

KickBack忠诚方案的产生缘于该地区的大卖场零售商开始经营汽油,对便利店的威胁与日俱增。在自己服务的这个大约有5万人口的小市场里,大卖场对他们的冲击越来越大。首先来的是华盛顿州的科斯泰克批发公司,他们安装了加油泵。不久,阿肯色州本顿维尔的沃尔玛也宣布将要经营汽油。接着,爱达荷州博伊斯的艾伯森开始向政府申请规划两家分店。最后,辛辛那提的克罗格携麾下的连锁超市为汽油腾地方。

最初当该公司考虑运作一个忠诚方案时,他们关注的是"度过困境"的方法。但Lewis说,事后看来这是错误的。"成本节约措施、重新谈判采购合同、考虑盈利不佳的门店的营业时间等等,这是我们那时努力的一部分项目。"他说,"我们错误地把这些提高运作效率的措施当作抗击巨头沃尔玛的战略。"不过,他说,经营者们认识到了两件事:他们的裤带只能勒得这么紧,而他们不可能等着暴风雨过去。"他们这些大商家可没打算走。"他说,"即使他们最终这么做了,同时我们也会破产的。"

(2)如何运作。

从这套忠诚方案中受益的是顾客和商家双方,Lewis说。从顾客这方面来讲,每次使用忠诚卡(免费送出)购物,他们都会享受1%~5%的折扣,只不过是以积分的形式。每个积分相当于一美分。

一般来说,便利店由于利润低只会让利1%,而利润较高的餐馆则给顾客5%的回扣。但至于到底要让利几分还是由商家自己决定。顾客累积了一定积分就可以兑换。那时,他们可以把这些积分像现金一样在参与这套忠诚方案的商家那儿消费掉。

除了累积积分外，顾客每次使用忠诚卡还有机会得奖。电脑小票上会立刻显示，他们是否中奖。奖项有商品免费、积分或者商家以及其他加入 KickBack 忠诚方案的商家的其他商品。每次持卡消费，顾客还可以参加每月抽奖，以及一年一次的大奖抽取活动。每个月，持卡会员们都会获得价值 25 000、10 000、5 000 或者 1 000 个积分的奖项。每一年，持卡人都有机会参与抽取一年一次的大奖，如一辆越野车。

Lewis 说："商家也从忠诚方案中得到了好处。"消费者在获得月奖抽取和兑换积分资格前须登记忠诚卡。这给 KickBack 方案提供了信息，使商家能够追踪个人购物行为，这样随着时间的流逝，商家就能够研究消费者的购物习惯，并更有效地销售商品。通过了解顾客对价格、奖励和促销的回应，Lewis 和 Willic 希望消费者的购物频率以及单次购物额更高，而自己的利润也更高。该忠诚方案还有一个特点，那就是重心不再是低价策略。Lewis 说："商家们会发现，他们实际上能够达到定价更富弹性的目标。"

(3)大成绩。

那么 KickBack 忠诚方案给 Oasis 公司带来了什么呢？门店经理们说，在一些情况下，顾客奖赏方案是他们能够与销售低成本汽油的大卖场竞争的唯一凭借。

两年时间内，Oasis 连锁店的汽油销售总共提高了 10%，内部营业额(inside sales)和毛利分别提高了 5%和 3%。其中有一家 Oasis 门店很不幸，因为沃尔玛在它的隔壁建了一个超级购物中心，但这家门店的汽油销售量仍然提高了 16%，内部营业额和毛利分别增加了 11%和 1%。这一切都是在沃尔玛的价格平均比 Oasis 低 8 分钱的情况下发生的。Lewis 说："早在新的沃尔玛建成前，这家门店的经理就努力使顾客登记忠诚卡，从而建立了牢固的关系。"

另一家 Oasis 门店，早在附近一家地区性大型杂货连锁决定安装加油泵的两年前就开始运作忠诚卡方案。这家店的汽油销售量增加了 16%，内部营业额和毛利分别提高了 10%和 9%，这其中很大程度要归功于其运作的忠诚卡项目。

(资料来源：根据网络资料改编)

2. 实事求是，适度降低客户的期望值

通过满意度的公式可知，期望值与满意度之间是呈反比例关系。因此，感受值固定不变时，期望值越大，满意度则越低，相应地，期望值越小则满意度越高。由此可知，适度降低期望值是提高满意度的一个重要途径。客户的预期一般建立在以往自身的经验或来自亲朋及其他途径的间接经验之上，往往会产生过高甚至不切实际的期望。此时应巧妙地运用实事求是的策略以降低客户预期，从而达到提升满意度、赢得客户忠诚的目的。如长虹空调在 2010 年淡季时，邀请《成都商报》读者团参观其空调车间，了解空调的生产过程以及挂式机、柜式机及中央空调的各自的特点后，由长虹研发工程师、营销经理、销售骨干等组成的专家团与读者团进行面对面的座谈，就无氟空调回答客户提问，就是一种切实可行的降低客户期望值的方式。通过与专家的座谈，客户们学到了有关空调的知识，降低了不切实际或期望过高的预期。在得知目前市场上并不存在完全无氟的空调，作为一种制冷剂，氟利昂是空调及冰箱的制冷过程中必不可少的材料，所谓无氟空调只是使用的剂量很少，客户们产生了对长虹实事求是的态度的信任。而信任恰是达到满意的前提。在此基础上，不断提高客户满意度，继而才能使客户满意之上的客户忠诚得以达成。

3. 规避客户"满意陷阱"，致力于培育高度满意客户

据美国贝恩公司的一项调查，宣称满意或很满意的客户，仍然会有 65%～85%会转向其

他公司的产品。这种高满意度、低忠诚度就是所谓的客户“满意陷阱”。根据“漏桶”现象，企业每年要流失10%～30%的客户，平均每5年要流失一半的客户。据统计，在这些流失的客户中，80%为极不满意的客户，40%为有些不满意的客户，20%为无意见的客户，10%为一般满意的客户，而仅有1%～2%为高度满意的客户。有资料表明，高度满意或欣喜的客户价值是满意客户价值的10倍。可见，真正高度满意的客户极易成为企业的忠诚客户，很少会出现伪忠诚的现象。要规避客户“满意陷阱”，关键要致力于培养高度满意客户，建立价值让渡系统和对客户进行感情投资是行之有效的方法，客户的让渡价值就是客户期望可以从特定服务中获得全部的利益。企业只有不断对客户进行细分，清晰自己的核心满意客户的潜在需求，才能避免不加区分地对待所有的客户平均用力，才能控制企业的成本的增加。根据帕累托定律：20%的客户可以为企业带来80%的利润，也就是每个客户对企业的贡献程度是不同的。因此，只有那些能为企业带来持续利润的客户才有必要培育为企业的高度满意客户。

4. 实施客户满意度战略，打造满意的员工队伍

企业实施顾客满意度战略，其价值取向是以客户为中心。对客户的理解，不仅指企业外部的客户，当然也包括企业内部的员工。客户满意应体现出“客户第一、员工也是客户”的理念。满意的员工是客户满意和忠诚的前提保障。因为，企业为客户提供的产品和服务都是由员工来达成的。可想而知，不满意的员工绝不会让客户产生满意的心理体验，更无法使满意客户成长为企业的忠诚客户。打造满意的员工队伍的具体实施中，应将员工满意放在客户满意之前，重视对员工的激励，加强同内部员工的沟通，培育员工的事业心和职业自豪感。否则，如果当员工感觉到企业只是对其利用，将其当成一种盈利的工具，就会极大地挫伤其积极性。对门店而言，具体可结合实际，建立优秀员工示范岗、明星员工窗口等向外部客户展示内部员工的工作绩效，满足员工受尊重被肯定的积极心理。也可通过员工的职业生涯的规划辅导，让员工知道自己前进努力的方向，打通其职业通道，增强其职业自豪感；同时，体现人性化管理，对员工的切身利益给予足够的关心，增加福利待遇，尤其对高学历、高技能的员工，更应帮助其满足自我实现的需要。当员工感到自己的工作有价值，对自己的职业产生由衷的喜爱和满足时，他们就会自觉主动地将这种满足体现在工作中，传递给他们所服务的客户，继而产生良性循环，让客户的满意度也随之大增。那种为了外部客户的利益，让内部员工饱受委屈的做法是得不偿失的。受到委屈的员工应有发泄的渠道，应有心理的依靠，这时门店对其的重视与关心就犹如雪中送炭。因此，为了提高内部员工的满意度，门店应为内部员工提供广阔的职业发展空间，鼓励员工适时适度释放负面情绪，不断与员工尤其是一线员工保持沟通，增进彼此的了解，才能建立对门店产生信任的凝聚力强的员工团队。

5. 实现客户成功，培育客户忠诚

客户成功(customer success)，即企业通过维护对客户的承诺，真正解决客户的问题，提供对客户来说是获利的行为，满足客户愉悦的心理需求，从而使客户感受到成功的体验。而门店在此过程中，主动调整自身角色，应成为客户成功经历中不可或缺的伙伴。门店应将自身的产品和服务的销售过程看作是一种企业、客户之间的双赢活动。通过及时有效地沟通，与客户建立起长期的伙伴关系。当客户切身感受到了门店这种先帮助客户成功，然后在客户成功之后才考虑自身的利润，这将会使客户对门店产生极大的信赖及情感依恋心理，而当客户将情感依恋寄托在门店之上时，随之就会对价格的敏感度降低，相应地其忠诚感就会逐渐得以加强，达到高情感依恋与高重复购买，从而成长为企业的理想忠诚客户。

任务五 赢回流失客户

【任务导入】

自从刘伟门店的附近新开了一家竞争对手的门店,很多老客户都被吸引过去,此外,刘伟门店新招聘了几个导购人员,对产品推介和服务提供还处在生疏阶段,因此,刘伟门店连续几个月的销售额一直处于下降状态。面临客户流失的现状,刘伟和公司总部营销中心的管理人员进行沟通,希望这群熟悉服装营销的"智囊团"能够给她一些意见和建议。

(1)刘伟门店派出一名导购,以客户身份在竞争对手门店购物,然后根据购物体验提出刘伟门店赢回流失客户的建议,你觉得有必要吗?

(2)刘伟门店是否需要赢回所有流失客户?

(3)针对刘伟门店的现状,应采取何种措施赢回流失客户?

【任务分析】

企业应重视流失客户。流失客户显然需要产品,因此争取他们比随机争取陌生人的成功概率更高。流失客户熟悉公司情况,不用重新介绍品牌或产品内容,大大降低了营销成本。而且,企业利用成熟的客户数据分析工具,能更细致地了解客户使用产品的方式,并在此基础上制订更有效的战略,发现并赢回最有利可图的流失客户。

赢回最有可能回归的用户。很多公司尝试赢回所有失去的用户,但这会把营销经费花光。更高效的做法是,根据特定行为特征找到更有可能回归的用户。研究人员发现,曾经介绍过新用户、从未投诉过或对投诉处理结果满意的用户,回归的概率最高。用户离开的理由也是很重要的参考:相比因对服务不满意而离开的用户,因为价格离开的用户更有可能回归,而对价格和服务都不满意的用户最不可能回归。

【知识导航】

知识一 客户流失识别

客户流失,是指客户与企业终止关系的一个过程。这个过程有可能表现为客户份额的逐渐减少,也有可能是指客户与企业完全地断绝关系。

赢回流失客户是关系营销的一个纠偏的控制过程,是企业满足客户需求,留住客户的关键措施。许多企业错误地认为,因流失客户损失的利润可通过新客户来弥补,往往忽略了流失客户的赢回问题。来自市场调查的数据显示,平均一家公司每年有10%～30%的客户在流失。很多公司常常不知道失去的是哪些客户,什么时候失去,也不知道为什么失去,更不知道这样会给公司的销售收入和利润带来怎样的影响。他们完全不为客户流失情况感到担忧,依然按照传统做法拼命招揽新客户。

格里芬(Griffin)、罗温斯坦(Lowenstein)的研究结果显示,向流失的客户再次销售的可能性是20%～40%,而向新客户销售的可能性仅5%～20%。因此,冷静地研究分析客户流失原因,并寻求对策,对于企业挽救危机、健康成长具有十分重要的意义。

那么,怎样才能有效赢回这些客户呢?

知识二 客户流失识别

如何识别客户流失呢?一般可借助下列指标判断。

1. 客户指标

客户指标主要包括客户流失率、客户保持率和客户推荐率等。客户流失率是客户流失的定量表述，是判断客户流失的主要指标，如公式(5-2)所示。

$$客户流失率=客户流失数/消费人数\times 100\% \tag{5-2}$$

它直接反映了企业经营与管理的现状。客户保持率是客户保持的定量表述，也是判断客户流失的重要指标，如公式(5-3)所示。

$$客户保持率=客户保持数\div 消费人数\times 100\% \tag{5-3}$$

或表述为：

$$客户保持率=1-客户流失率$$

它反映了客户忠诚的程度，也是企业经营与管理业绩的一个重要体现。客户推荐率是指客户消费产品或服务后介绍他人消费的比例。客户流失率与客户保持率、客户推荐率成反比。通过客户调查问卷和企业日常记录等方式可获得上述客户指标信息。

2. 市场指标

市场指标主要包括市场占有率、市场增长率、市场规模等。通常客户流失率与上述指标成反比。企业可通过市场调查部门获得这方面信息。

3. 收入利润指标

例如，销售收入、净利润、投资收益率等。通常客户流失率与此类指标成反比。企业可通过营业部门和财务部门获得上述信息。

4. 竞争力指标

在激烈的市场竞争中，一家企业所流失的客户必然是另一个企业所获得的客户。因此，判断企业的竞争力，可了解该企业的客户流失率。通常竞争力强的企业，客户流失的可能性小。企业可借助行业协会开展的各类诸如排名、达标、评比等活动或权威部门和人士发布的统计资料获得上述信息。

知识三　客户流失原因

造成客户流失的原因是复杂多样的，我们可以从主观与客观两个方面加以分析。

1. 主观原因

从根本上看，客户不满意是导致客户流失的根本原因。这种不满意主要表现在以下几方面。

(1)产品因素。诸如产品质量低劣或不稳定、品种单一或不全、样式单调或陈旧、产品附加值低、价格缺乏弹性、产品销售渠道不畅、广告宣传虚假信息、售后服务滞后、投诉处理效率低、产品缺乏创新等。

(2)服务因素。如服务环境脏、服务秩序乱、服务态度差、服务能力弱、服务效率低、服务设施落后、服务流程烦琐、服务项目不全、服务环节欠缺、服务数量不足、服务渠道不畅、服务缺乏个性与创新、收费不尽合理等。

(3)员工因素。如仪表不整、言行不一、缺乏诚意与尊重、缺乏责任心与事业感、知识面窄、能力不强、整体素质差等。

(4)企业形象因素。如产品形象、服务形象、员工形象、企业的生活与生产环境形象、企业标志、企业精神、企业文化、企业责任、企业信誉等。

2. 客观原因

客观原因主要体现在以下四个方面。

(1)客户因素。例如,客户往往对产品或服务期望太高,而实际的消费体验比较差,所以心理不平衡,产生了不满情绪,从而导致客户流失。客户消费存在多样化、多层次化、复杂多变性和非理性化特点。因此,客户在消费时,并不承诺放弃尝试其他企业的产品或服务。另外,由于购买力的提高,其需求与期望也会发生相应转移,可以把货币选票投给其认为有价值的产品或服务上。

(2)竞争者因素。竞争者通过正当手段或不正当手段建立了某种竞争优势,挖走了或带走了本企业客户。

(3)社会因素。社会政治、经济、法律、科技、教育、文化等方面的政策对客户的购买心理与购买行为的影响。

(4)其他因素。如战争、季节、时令、自然灾害等因素。

【技能培养】

技能一　赢回流失客户

1. 应急措施

(1)回访流失的客户,争取把流失的客户找回来。具体方法包括:①设法记录流失的客户的名字和地址;②在最短的时间用电话联系或直接回访。回访时,应诚恳地表示歉意,送上鲜花或小礼品,并虚心听取他们的看法和要求;③在客户不愉快和不满情绪消除后,记录客户的意见,与其共商满足其合理要求的方案;④满足其合理要求,尽量挽回流失的客户;⑤制订措施,改进企业工作中的不足之处,预防问题再发生;⑥想方设法比竞争对手做得更多、更快、更好一些。

(2)正确处理客户投诉,提高解决客户投诉问题的效率。具体步骤包括:①道歉。让你的客户知道,你因为给客户带来不便而抱歉。即便这并不是你的过错,你所要做的第一件事就是向客户道歉。还需要告诉他们,你将完全负责处理客户的投诉;②复述。用自己的话把客户的投诉复述一遍,确信你已经理解了客户投诉之所在,而且对此已与客户达成一致。如果可能,请告诉客户你愿想尽一切办法解决他们提出的问题;③移情。当与客户的交流达到一定程度时,你便会理解他们提出的问题。应当强调:他们的问题引起了你的注意,并给你改正问题的机会,对此你感到很高兴;④补偿。尽己所能满足客户需求。在你解决了客户的投诉后,还可以送给他们优惠券、免费礼物或折扣购买其他物品的机会;⑤跟踪。在解决了投诉的一周内,打电话或写信给他们,了解他们是否满意;⑥企业想方设法一定要比竞争者做得更多、更快、更好一些。这样,才会给客户留下深刻的印象,客户也才会投给企业更多的货币选票。

2. 长远措施

(1)理念牌。即树立客户满意理念。近年来,成功企业经营实践表明:客户满意是企业活动的基本准则,是企业获取竞争优势的锐利武器。

(2)产品牌。即提供令客户满意的产品。这就要求企业必须识别自己的客户,调查客户的现实和潜在的要求,分析客户购买的动机、行为、能力,从而确定产品的开发方向与生产数量，进而提供适销对路的产品来满足或超越他们的需求和期望，使其满意。

(3)服务牌。即提供令客户满意的服务。

(4)员工牌。即充分调动企业员工的积极性、主动性和创造性，使其充分参与企业的经营管理活动，从而激发其成就感、事业感和自豪感，最终实现由员工满意向客户满意的转变。

(5)形象牌。即在客户和社会公众中树立、维持和提升企业形象。良好的企业形象既可以创造更多客户消费需求，增强企业筹资能力，又可以改善企业现状，开拓企业未来。

(6)管理牌。即通过加强内部自身管理和外部客户管理，以赢得更多的客户与市场，获取更多的经济效益与社会效益。

(7)创新牌。面对瞬息万变的市场环境，面对个性化、多样化的客户需求，面对优胜劣汰的游戏规则，企业唯有不断地创新，才能持续地发展与壮大。

【小任务】

请针对一家专门经营各地土特产的门店，从服务、广告两个角度列出创新措施，以赢回流失客户，每个角度提出不少于3种措施，见表5-6。

表5-6 赢回流失客户的措施

角 度	赢回流失客户的措施
服务	
广告	

(8)客户联盟战略牌。即与客户建立一种互相依赖、长期稳定、利益共享、风险共担的战略联盟关系。应当指出的是，应急性措施强调治“标”，永久性措施强调治“本”，唯有双管齐下，形成合力，方可产生最佳效果。

【小资料】

零售百货行业如何找回流失用户

2015年，Focussend推出全新产品——再营销广告计划，基于用户邮箱地址和用户网络行为来进行广告的精准投放，有效帮助企业改善网络营销效果。

Z公司(处于商业考虑，这里以简称代替)是Focussend长期合作伙伴。Z公司属于零售百货行业，有其稳定忠实的会员用户，但目前也面临着线上零售电商百花齐放的强力冲击，急需在巩固现有客户群体的同时扩大潜在客户的转化率。经过深入了解Focussend的再营销广告计划后，Z公司与Focussend达成合作协议，Z公司成为Focussend第一个使用再营销广告计划的公司。

Focussend为Z公司度身定制了再营销方案：投放人群是3个月内未有消费记录的女性会员用户，共85人。经过一周的再营销运作，Z公司的广告在用户访问的各个展示媒体上的展示次数可达到3 920次，点击次数达到261次(在Focussend再营销广告计划中，展示的频次是可以控制的，一方面可以降低企业的投入成本；另一方面可以从用户角度出发，避免引起用户的反感)。

由于广告展示用户具有一定的针对性，广告点击率可以达到6.6%，相比传统的推送广告(点击率2%～5%)高出很多，这也就是Focussend再营销广告计划精准营销效果的体现，通过对目标群体的准确分类，配合频次控制进行精准广告推送，提高用户点击率，实现用户转化。

Z公司广告展示的网站覆盖了几大知名网站。再营销广告计划是根据互联网流量的大数据来确定展示广告的次数。Focussend的再营销平台覆盖了互联网30 000家以上的网站媒体资源，超过75%互联网流量。在百度、优酷等流量较高的网站的展示频次较高，可以让会员用户有更多的机会看见企业的广告，同时，也可以提升企业自身品牌的形象和价值。

Focussend通过Alexa工具监测，Z公司官网主页在使用再营销产品之前日均PV(page view)为122 000次，一周后Z公司的官网有了明显的上升，日均PV为168 000次。Z公司通过Focussend再营销获得了更高的网站浏览量和品牌曝光度，快速提高了网站流量的增长，让用户能够进一步认识和了解Z公司的产品和服务。

（资料来源：根据网络资料改编）

【项目训练】

一、训练任务：赢回流失客户

1. 训练内容

请针对艾米所在门店三种类型的流失客户，包括因产品价格高、门店服务不到位、质量纠纷投诉未得到合理解决而不再购买产品的客户，制订合理的赢回流失客户的应急措施。

2. 训练步骤

(1)深挖不同流失客户不再购买产品的原因。

(2)分别设计第一次电话沟通话术。

(3)策划赢回流失客户的营销活动。

二、案例分析：高竞争力的产品降低客户流失率

据调查显示，纯服务型的门店客户流失率最高。为什么？因为这一类型的门店以人为中心，而在客户流失的事件中最难解决的，就是员工离职跳槽带走客户。这种情况，往往就发生于没有独特产品功效，纯粹以良好服务立足的门店。在这种门店中，尤其是优秀的核心员工离职，门店损失的不仅是一个工作骨干，往往还会伴随着大量客户的流失。为什么纯服务型的门店会出现这样尴尬的状况，怎样才能避免这样的状况呢？

“人的吸引力大于店的吸引力”，是很多强调服务的门店所面临的一大困局。“优质服务”很多情况下是店员提供的，而不是门店提供的。那么，客户建立感情的对象，就是一个一个具体的店员，因此，靠“人的服务”吸引客户的门店，往往容易被离职的员工带走客户。针对这一点，我们应该怎样解决呢？

菩叶头皮抗衰这个品牌在全国扩张两三年，有100多家门店，现在的反馈数据显示，员工离职时带走客户的百分比要远远低于行业标准，而且大部分门店的流失率都是零个，而这一切的原因，都是因为菩叶是一个强功用型的门店。

所谓的强功用型，即门店给客户提供不会被轻易替代的利益，员工离职后，无法复制门店能够提供给客户的利益。在菩叶，这份利益就是无可替代的对脱发、白发治疗的超强效果。那么明明员工掌握了疗愈手法，为什么却无法复制在菩叶门店内的疗愈效果呢？原因是——产品。菩叶的一系列产品只在门店内销售，只有加盟商能够拿到。而没有高品质的产品保证，疗愈效果根本无从谈起。客户在长时间的养发过程中，发现只有菩叶能给他们提供真正有效的养疗服务。门店经营者要记住的是：要想不被离职员工带走客户，一定要保证

门店最吸引客户的千万不能是员工的服务、关心，而应该是核心的产品。比如，健身房游泳馆如果能提供最好的器械、最好的游泳池水质和环境，那么一两个明星教练离职，会员不会跟着走；美容院如果能提供其他门店提供不了的加项服务，例如真正有效的增发、真正有效的祛除眼袋，那么即使核心美容师走了，客户也会留下。而这独一无二的利益，就是我们展示在客户面前的"品牌"。因此，如果你的门店是以服务为核心的门店，就要注意防止"人的吸引力大于店的吸引力"的情况，最简单的方法，就是加项足够无可替代的项目。如果你的门店和菩叶一样本身就有不可替代的功用性，那你就能高枕无忧，无须担心了。

（资料来源：根据网络资料改编）

请思考：

(1)高竞争力的产品为什么可以降低客户流失率？

(2)有效降低客户流失率的措施还有哪些？

项目六　如何进行门店的营销管理

【知识目标】

掌握门店运营相关的营销管理知识。了解商圈分析的意义；掌握商圈分析的参数、商圈分析的理论；明确消费需求的三个层次，了解超越现有需求的途径；明确市场细分的依据、熟悉定位的策略；了解市场营销组合的意义和特点。

【素能目标】

具备良好的创新精神和创新意识。掌握市场细分的技能、掌握选择目标市场的技能、定位的技能；掌握制订产品策略的技能、制订价格策略的技能、制订渠道策略的技能、制订促销策略的技能；提升店长的营销管理能力。

任务一　分析门店商圈

【任务引入】

刘伟所在的公司决定在长沙新开一家服装门店，并借此开拓湖南市场。为此，公司营销中心专门成立了一个项目小组，针对长沙市场筹备开设的门店进行整体的市场调研、营销策划等规划工作，由于刘伟将调往长沙市场担任新店店长，因此，她也是项目组的成员之一。同时，公司还聘请了专业的营销策划公司作为该项目的智囊团。现在，项目小组面临的第一个任务是：调查长沙市五一路步行街、渫湾镇、东塘三大商圈。

(1)判断三大商圈的类型。

(2)商圈调查分析的指标包括哪些？

(3)刘伟所在的项目组可以从哪些途径获得商圈调查所需的数据资料？

【任务分析】

商圈并非一成不变。门店的销售活动范围通常都有一定的地理界限，也即有相对稳定的商圈。不同的门店由于经营商品、交通因素、地理位置、经营规模等方面的不同，其商圈规模、商圈形态存在很大差别。即使是同一家门店，在不同时间也可以因为不同因素的影响，而引致商圈的变化。

参照类似店铺确定商圈指数。这是了解商圈指数的简易方式，适合资源能力较弱的中小企业。即参照某一类似的市场或地区已有的店铺的商圈规模大小确定。这种方法在使用上为了尽可能地接近本店铺所在地区的实际情况，可参照市场或地区店铺在经营规模、经营特色上的不同，以及居民人口分布、城市建设、交通设施状况、商业布局等方面的差异，进行合理的修正，以取得较为准确的商圈零售饱和指数数值。

【知识导航】

商圈(trading area)又称“商业圈”或“商势圈”，即以该门店所在地为中心，沿着一定的方向和距离扩展的、对顾客的吸引力所能达到的范围。门店所在的位置就是商圈的轴心点。

商圈分析是指门店对其商圈的构成情况、特点、范围以及影响商圈规模变化趋势的因素进行实地调查和研究分析。

知识一　商圈分析的意义

1. 商圈分析是门店合理选址的基础工作

门店在选择店址时，总是力求以较大的目标市场来吸引更多的目标顾客，首先这就需要经营者明确商圈范围，了解商圈内人口的分布状况以及市场、非市场因素的有关资料。在此基础上，进行经营效益的评估，衡量店址的使用价值，按照设址的基本原则，选定适宜的地点，使商圈、店址、经营条件协调融合，创造经营优势。

2. 商圈分析是门店制订竞争经营策略的基本前提

在日趋激烈的市场竞争环境中，价格竞争手段仅仅是一方面，同时也是很有限的，门店在竞争中为取得优势，已广泛地采取非价格竞争手段，诸如改善门店形象、进行门店形象设计与策划、完善售后服务等。这些都需要经营者通过商圈分析，掌握客流来源和客流类型，了解顾客的不同需求特点，采取竞争性的经营策略，投顾客之所好，赢得顾客信赖，从而赢得竞争优势。

【小资料】

传统门店营销管理的升级改造

电商凶猛，门店颓势，电商增长率节节高、门店坪效年年低。这是让当前门店营销管理头疼的问题。

(1)传统门店陷入了自恋怪圈。

当今传统的门店存在一个普遍而奇怪的现象：装修一次比一次豪华，但坪效一年比一年低。店内这里放一个触摸屏，那里添一个大投影，消费者不使用，基本成了摆设。店越开越大，旗舰店、体验店等各种版本年年升级，但消费者没几个叫好。店内销售，从礼仪到话术，从迎宾到送客，培训越来越系统，但成交率并没有明显上升……

问店里的人为什么，多数的回答是：都到网上购买了。

但是，我们反过来想想：地理上，离消费者最近的是门店，不是电商；心理上，最能多样化影响消费者感观的是门店，不是电商；社会性上，更多接触到外部社会资源的是门店，不是电商；功能性上，最能与消费者面对面服务对接的还是门店，不是电商！

这些门店原先具备的优势，现在都到哪里去了？核心问题又出在哪里？

(2)两条最直接的升级路径。

在传统营销模式中，门店承担着辐射商圈、销售实现、品牌服务的三大功能。当今，传统营销模式向“全渠道全触点营销模式”改变的进程中，门店依然是最关键的消费者触点，它的三大原始功能不仅不会降低，反而可以借助互联网技术与各种消费者沟通工具，发挥其在第一时间、第一现场提供多样化服务的能力，实现自己的“功能化生存”。

本质上，门店的地理属性是商圈，人口属性是消费者行为习惯。一家门店的背后，对应的是一类商圈和几类有相似消费者行为习惯的人。门店的产出，核心依赖的是商圈的效能。一类门店，服务一类商圈，影响一类商圈内的几种主流人群。

正是基于上面对门店本质的理解，当前门店改造的可选路径有两条：一是从消费者地理特性角度，我们要进行门店的商圈化改造；二是从消费者行为习惯角度，我们要实施门店的互联网化改造。

这两条路径对于门店的意义在于:界定商圈生态,确定门店定位,同时借助互联网技术,在消费者出现的第一时间、第一现场,完成线上线下全渠道的商品信息联动、实用的消费者教育互动、售前售后的快速跟进、口碑衍生购买等功能的植入,从而最有效率地对目标顾客实现商机抓取和后期维护。

(3)门店升级途径之一:商圈化功能改造。

你走进万达广场的耐克专柜,和走进王府井商场的耐克专柜,会发现有什么差异吗?没有,至少作为消费者的你,很难发现差异。

商圈化经营,是门店标准化与精致化的前提。没有商圈洞察,标准化与精致化都是自说自话。比如,如果有一台免费测量身高体重的机器,它能发出"你的身材一级棒,请下月继续来店测试"的声音,这个智能体重机,应该放在哪家店呢?显然,该放在社区商圈化的万达广场,因为它有高频率访店的周边消费者。如果有其他更好的、能刺激消费者高频率访店的道具,也应该放在这里。

所以,你不断发现:社区购物中心增加儿童乐园,建材城里某地砖门店给设计师提供了免费彩色打印、为装修师傅常年提供免费茶歇,某灯具店为周边小区业主做上门电路检查等,这些都是门店商圈化经营的措施,而且远不只这些。

以商圈特征和客户群需求为中心的营销动作设计,目的就是在关键触点上,确保消费者得到响应、解答、转移、维护和再利用。所以,基于商圈特征,界定门店定位,改造店内功能,是门店商圈化改造的核心。

现代零售业的发展,已经使整体的商圈研究进入系统化、数据化、实操化的阶段。中国千城一貌的城市化改造,也使得商圈研究具有更大的操作共性,就像万达广场,一种模式走遍全国。商圈的分类,也越来越指向清晰,逐步实现消费者面貌和商圈地理面貌的双向洞察与对接,能够基本实现对人群的定向归类,有较好的销售导向。

消费据点型商圈,如上海徐家汇、广州北京路、成都春熙路等;专业品类型商圈,如电器一条街、建材城、美食街;社区生活型商圈,如社区购物中心、菜市场等;潮流体验型商圈,如广州天河城、上海港汇广场等;族群集中型商圈,如大学城、城中村、教师新村等;意见领袖型商圈,如设计师隐形渠道、会所等。

不同的商圈,不同的门店商圈化改造,就是通过新的店内要素组合(风格、品类、陈列、价格、卖点表达、导购、促销等)和各种消费者沟通互动道具的开发,实现对该商圈主流消费者的抓取。

(4)门店升级途径之二:互联网化改造。

十年前,如果一家宾馆没有网络,你也许能理解。现在呢?大多数人都会抱怨:"你连WiFi都没有啊!"这就是消费者基本需求的变化。消费者的信息获取、社群口碑、商品选择、购买支付、服务评价等消费环节上的几个关键功能,几乎都已经网络化实现。尤其是针对大中城市消费者和年轻一代消费者,对门店实施互联网化改造,可能是唯一能够抓取新用户的方法了。

那么怎么改造呢?

首先,我们必须接受一个现实,在移动互联状态与人的生活习惯高度黏合时,线下线上的渠道差异,将从消费者心智中快速淡去。消费者的选择依据是不论线上还是线下,在现有的线上渠道和线下渠道,对一个品牌而言,将从分轨的销售渠道功能,转化为并轨的服务互通功能。任何一个关键触点上其需求得到了快速响应,消费者也不必再去对线上线下进行刻意区分和专业比较，因为对他来讲，在全渠道任何一个触点上起步，都是同一个终点——得到最适合他的商品，买对了，用好了。至于在哪里下单、在哪里支付、在哪里体验等，这些只是技术和商务手段。

简单地讲就是：响应快速、信息透明、功能满意。

站在消费者主权和全渠道服务的角度，借助线上线下的工具，去改造传统门店，以下操作方向是可行的：

①怎么向消费者体现，你在保障他的知情权和选择权？这包括消费者对商品、价格、售后保障等基本知情权，以及对使用或应用效果、同类顾客状况、可能风险隐患等的潜在知情权。比如，家具购买者，不仅想知道自己是否买贵了，是否除了现场展示的商品还有其他的选择，你是否送货以及用什么方法安全妥当地送货，也想知道这些家具是否真的适合自己家的风格，那些经常搬家的消费者，还想知道在搬家时你是否能够提供专业拆装服务等。

以上所有这些，都可以通过店内及时的多媒体表现、网络分享、第一时间在线比价等方式得到实现。

②怎么向消费者转换，更适合他的销售渠道或服务方式？全渠道全触点的营销模式中，每一个触点，都可以是销售，也可以是推介。比如，你是做功能按摩椅的，在万达广场设置了一个小小的体验中心，你可以主攻对潜在顾客的影响，完成消费者教育，可以转推荐到其就近的社区店继续跟踪，可以邀约其参加网店大促，也可以保持联络，给他发送和介绍其他客户的使用感受等。

同样，在社区店这一个触点，它一样可以设计好几种方式，进行它这一触点上顾客抓取或顾客转移。以此类推，包括线下向线上的转移。这一切，都基于最大化满足用户便利的角度，开放、动态、共享，在数据精准化管理(CRM等)的基础上实施。

③怎么向消费者施加，你对他长期价值的挖掘？互联网沟通传播工具的出现，如微信、微博，使得商家能以相对较低成本常态化、生动化地与新老用户产生连接。目的是催生其再购买或转介绍。而在互联网工具的支持下，在不同分店、不同销售员之间进行资源共享和作业跟踪，在关联厂家、同城商户之间，也可以更方便精准地共享和转化同类顾客。

（资料来源：根据网络资料改编）

3. 商圈分析是门店制订市场开拓战略的重要条件

一家门店的经营方针、策略的制订或调整，总要立足于商圈内各种环境因素的现状及其发展趋势。通过商圈分析，可以帮助经营者明确哪些是本店的基本顾客群，哪些是潜在顾客群，力求在保持基本顾客群的同时，着力吸引潜在顾客群，制订市场开拓战略，不断延伸经营触角，扩大商圈范围，提高市场占有率。

4. 商圈分析是门店减少资金占用的重要手段

门店经营的一大特点是流动资金占用多，要求资金周转速度快。门店的经营规模受到商圈规模的制约，商圈规模又会随着经营环境的变化而变化，当商圈规模缩小而门店的经营规模仍维持原状，就有可能导致门店的一部分流动资金的占压，影响资金周转速度，降低资金利润率。

知识二　商圈参数分析

1. 商圈类型分析

若按商圈繁荣程度来划分，商圈主要分为四种类型：中心商业区、次要商业区、城市居民商业区和郊区购物中心。

(1)中心商业区(central business district,简称 CBD),是一座城市的商业零售中心,是城市中人们熟悉的传统商业繁华地带。一般该范围内云集着许多著名的百货商场、购物中心、超级市场和各类专卖店,豪华大饭店、影剧院和高档写字楼也分布于此,同时各类交通枢纽密布,交通便利。也吸引着来自整个市区的消费者,包括所有文化层次和所有阶层的人。

(2)次级商业区(secondary business district,简称 SBD),是一座城市或一个区内的购物区域,通常位于两条主要街道的交叉口处,或者是 CBD 的延伸,抑或是交通要道和交通枢纽,包括城市的直通街道、地下铁路中转站等。这些地点人流量大、交通便利、流动人口多,上下班时人流如潮,店址选择在此有很好的商机。

(3)城市居民商业区(neighborhood business district,简称 NBD),其主要消费者是附近的居民,为了服务和方便附近居民的需求。由于针对的是居民,门店一般规模较小,营业时间长,停车方便,同时环境不像中心商业区、次级商业区那样喧嚣,但是商品和服务的选择范围有限。

(4)郊区商业区(suburban business district,简称 SBD)。在城市交通日益拥挤、停车困难、环境污染严重、喧嚣及地价上升的今天,随着高速公路发展和私人汽车拥有量的增加,郊区的商业中心对顾客和商家的吸引力越来越大。在郊区购物中心,租金和税金相对不高,竞争不是很激烈,但交通不便,而且商品和服务种类较少,所以客流也不如中心商业区和次级商业区密集。

2. 人口状况分析

人口状况分析包括商圈人口规模、人口主要构成、收入水平、消费习惯、受教育程度和年龄分布等,主要包括以下内容。

(1)人口规模。即商圈内居民的数量与密度,人口数量是衡量商圈内需求大小的重要参数。通常,人口越多,人口密度越大,潜在需求量就越大。

(2)人口结构。人口结构主要是指商圈内人员的主要构成,即商圈内是以常驻居民为主、工作人员为主还是商业流动人员为主,这三部分人口的消费特点各有不同。此外,还要了解这些潜在消费者的年龄结构、性别、文化程度、职业构成等。

(3)收入水平。一个地区人们的收入水平、物价水平都会影响到人们可供消费的金钱数量和他们愿意支付的价格。当人们的收入在满足一切生活所需的消费时,一般地,他们会愿意支付更高价值的商品或服务,选择更高层次的消费,以达到自我实现与自我满足。这就是著名的马斯洛需求论。

(4)消费习惯。主要是指商圈内的消费者选择到门店购物的时间、条件和愿意支付的价格水平等,通过对消费者消费行为的调查,不仅有助于门店的选址,而且对将来门店的经营也具有积极的指导意义。

3. 交通状况分析

交通状况对于商圈分析有着十分重要的意义。商圈周围的公交系统如何,道路状况如何,是否有公共汽车,是否有电车停车站,是否有地铁站接驳,是否有配套停车场等。一般而言,门店所在地周围拥有良好的公路或轨道交通系统,不仅会使顾客量增加,而且也便于门店产品的配送。通过对交通状况的分析,一方面可以了解到达商圈的便利程度,另一方面也可以大体掌握本商圈过往人口的基本流向。

4. 竞争状况分析

尽管某一商圈的消费特点与目标市场很接近，经济状况良好，人流量大，但如果竞争过于激烈，仍然不是最佳选择。同样，一个地区即便人口少，经济状况一般，如果竞争较缓和，也可能不失为较好的选址。一般行业的竞争状况可以分为两个不同的部分来考虑：一是直接竞争，即提供同种经营项目，同样规格、档次的门店可能所导致的竞争，这对门店来说是消极的。例如，全球两大连锁快餐肯德基和麦当劳，经营的都是汉堡包、炸薯条等快餐类食品，经营种类基本相似，门店选址相近，所以对双方来讲是构成直接竞争，是消极的。二是非直接竞争，包括不同的经营内容和品种，或同样品种、不同规格或档次的餐饮企业，这类竞争有时起互补作用，对门店有时也是有利的。例如，在很多城市中所拥有的服装一条街等，由各种经营内容、经营档次不同的服装店构成，在有限的空间内形成集中性选择，形成“羊群效应”，吸引了大量的顾客光临。分析一个商圈的竞争激烈程度，主要分析该商圈餐饮企业的饱和指数，饱和指数是通过需求和供给的对比，测量这一地区企业的饱和程度。一般来说，饱和指数高，就意味着该地区竞争相对缓和，销售潜力大；而饱和指数低，则意味着竞争相对激烈，销售潜力小。

5. 发展潜力分析

潜在商业价值评估是指对门店位置的未来商业发展潜力的分析与评价。评价门店位置的优劣时，既要分析现时的情况，又要对未来的商业价值进行预测评估。主要从以下几个方面进行评估。

(1)拟选的门店地址所在区域在未来城区规划中的前景及其商业价值。

(2)所在区域未来是否会建写字楼、公园、剧院、博物馆纪念场所、学校、科研机构、购物中心等。

(3)未来人口增加的速度、规模及其购买力提高程度。

(4)是否有“羊群效应”，即是否会形成聚集区，可以满足顾客的消费选择，从而达到商业聚集效应。

【技能培养】

技能一 商圈分析理论——赖利(Reilly)法则

(1)赖利法则内容。

赖利认为，由于大城市或者大社区的商店多，商品品种齐全。因此很容易将小城市、小社区的居民吸引过来，即便小社区的居民不得不花费一段走路的时间，他们也会在所不惜。但居民不可能走得特别远，最佳心理距离可用赖利法则的计算公式得出。

赖利法则是指：A 都市和 B 都市皆为市场的中心，这两个都市的商圈分歧点，与都市的人口数成正比，而与距离的平方成反比。经由这个关系所决定的点就叫作分歧点。换句话说，A 都市的人口越多，A 商圈所及范围就越广，分歧点就越往 B 商圈靠。如公式(6-1)所示。

$$D_a = d/(1+\sqrt{P_b/P_a}) \qquad D = D_a + D_b \tag{6-1}$$

D_a 指从 A 都市到分歧点的距离，是 A、B 两个都市吸引力的分歧点。比如，A、B 都市之间距离为 42 公里，A 都市人口 100 万人，B 都市人口 81 万人，则 D_a 如公式(6-2)所示。

$$D_a = d/(1+\sqrt{P_b+P_a}) = 42/(1+\sqrt{81+100}) = 42/1.9 = 22.1 \tag{6-2}$$

即距离 A 都市 22.1 公里处为分歧点。

(2)赖利法则的前提。

①两个竞争性区域的交通同样便利。

②两个城市的商店的竞争力相同,其他因素如人口分布状况等视为不变,或忽略不计。

(3)赖利法则的局限。

①只考虑距离,未考虑其他交通状况(如不同交通工具、交通障碍等)。

②顾客的"认知距离"会受购物经验的影响,如品牌、服务态度、设施等带来的良好的购物体验通常会使顾客愿意走更远的路。

③因消费水准不同,人口数有时并不具代表性。

利用赖利法则进行商圈分析虽较粗略,但在资料不足时仍可适用。

技能二　商圈分析理论——赫夫(Huff)原则

1966 年,赫夫将过去以都市为单位的零售商圈理论改进为以商业街、市场、百货公司、商店等零售业为单位的新模型理论。赫夫利用赖利计算商圈时所使用过的"人口""距离"指标,增加商业集中区的"零售面积规模"指标,将各商圈之吸引力强弱或购物比率发展成为概率模型理论。如公式(6-3)所示。

$$P_{ij} = \frac{\dfrac{S_j}{(T_{ij})^{\lambda}}}{\sum_{j=1}^{n}\dfrac{S_j}{(T_{ij})^{\lambda}}} \tag{6-3}$$

式中:P_{ij}——i 地区的消费者在 j 商业区或商店购物的概率;

S_j——j 商店的规模(营业面积)或 j 商业区内某类商品总营业面积;

Tij——i 地区的消费者到 j 商店的时间距离或空间距离;

λ——通过实际调研或运用计算机程序计算的消费者对时间距离或空间距离敏感性的参数;

$\dfrac{S_j}{(T_{ij})^{\lambda}}$——$j$ 商店或 j 商业区对 i 地区消费者的吸引力;

$\sum$——同一区域内所有商业区或商店的吸引力。

例如,一个顾客有机会在 3 个超市中任何一个超市购物,这 3 个超市的规模与这个消费者家的距离如表 6-1 所示。

表 6-1　顾客距三个超市的距离及超市规模

商店	距离/km	规模/m^2
A	4	50 000
B	6	70 000
C	3	40 000

如果 $\lambda=2$,每个超市对这个顾客的吸引力是多少?

A 超市的吸引力 $= 50\ 000/4^2 = 3\ 125$

B 超市的吸引力 $= 70\ 000/6^2 = 1\ 944$

C 超市的吸引力＝40 000/3^2＝4 444

该消费者到 A 超市购物的可能性：3 125/(3 125 ＋1 944 ＋4 444)＝0.328

该消费者到 B 超市购物的可能性：1 944/(3 125 ＋1 944 ＋4 444)＝0.204

该消费者到 C 超市购物的可能性：4 444/(3 125 ＋1 944 ＋4 444)＝0.467

赫夫原则可用来估计各邻近区域来店顾客人数，计算整体营业潜力。但应用时值得注意的是：顾客前来选购的可能性很大程度上依赖于商品种类。因为商品种类不同，顾客对路途中花费的时间的感受也不同。另外，顾客每次光顾时购买的商品都不完全相同，这意味着商圈处于不断变化之中。

技能三　商圈分析理论——饱和理论

任何一个商圈都可能会处于商店过少、过多和饱和的情况。饱和指数表明一个商圈所能支持的商店不可能超过一个固定数量，超过这个数量就导致每家商店都得不到相应的投资回报。饱和指数的计算如公式(6－4)所示。

$$IRS = C \times RE/RF \tag{6-4}$$

式中：IRS——商圈的零售饱和指数。

C——商圈的潜在顾客数目。

RE——商圈内消费者人均零售支出。

RF——商圈内商店的营业面积。

饱和指数数字越大，则意味着该商圈内的饱和度越低；反之，数字越小，则意味着该商圈内的饱和度越高。在不同的商圈内，应选择零售饱和指数数字较大的商圈开店。

任务二　把握客户需求

【任务引入】

刘伟所在的项目组完成了商圈调研，确立了门店选址。接下来，项目组需要洞察客户需求，通过对客户需求的准确理解和趋势判断，在门店推行一些创新性的营销措施。公司聘请了营销策划公司作为智囊团，给予了很多建议，这些建议主要包括：分析核心目标人群的消费习惯与生活特征；分析竞争对手的门店规划与产品经营状况；预测与本行业匹配并能激发消费欲望的经营形式。

你认可智囊团的这种建议吗？为什么？

【任务分析】

满足核心用户的核心需求。核心用户就是指产品目标用户中的普通用户，而不是专家型用户或者小众型用户，核心需求就是产品的核心竞争力。典型的就是“80/20 法则”，很多时候我们不能为了满足1%的用户需求而影响了99%的用户的使用场景。

挖掘用户的潜在需求。需求并非固定或有一定限度，而是可以通过企业的努力去扩大和创造。因为，需求具有多样性、发展性和层次性等特点，它会随社会和科技进步以及经济发展而变化。而且，有些需求实际存在，但却没被企业发现或者企业对其不予关注，往往是因为这些企业根本不考虑有这样的需求存在，也不去进行调查分析，而一味地“坚信企业自己的想法，固执己见”，或者“构思僵化”等所致。还有一种情形是，连用户自己也不知道是否存在的需求，即潜在需求，要靠企业挖掘、诱导。

【知识导航】

要想做到与消费市场与时俱进，需要门店积极跨越现时消费需求，从迎合市场需求到引导和创造市场需求。

成就顾客价值的一个关键之处在于全面了解和洞察顾客所想、所要与所用，这是顾客获得价值满足的真正诱因和完备条件，因此，对消费市场中各类消费群在各自的生活形态中所产生的欲望、要求和实用情形应切实捕捉，并依这三者之间在顾客生活中的实际体验和使用要求关系来确立和打造门店品牌的效用价值。

相比以往任何时候，消费者对品牌、产品的消费欲望、特征、要求、使用效能等要丰富、严格、实际得多，稍有松懈，消费者马上就能觉醒和顿悟，这也是门店经营和市场营销陷入困境的关键所在。

知识一　消费需求的三个层次——顾客所想

门店需要解决的第一个难题是全面掌控消费群之想，也就是其动态消费的基本欲望，这种欲望较之以往更具有丰富性、漂移性的特点，而且，有些时候营销当局者会将某一特定消费的假象式欲望或幻想当作了满足顾客真正需求的价值来塑造品牌，势必会误入歧途，使企业及品牌功败垂成。如今，顾客的消费欲望具有丰富性、漂移性、背离性三大特点。

所谓丰富性是指：对于现今的市场，消费群的消费意识已经被极度地开启，其容纳品牌产品价值点的空间越来越大，因此，仍然固守单纯的专业纵深，无限细分同类市场，视消费群的认知只停留在纵向化的产品线范围之内必将处处碰壁。如水果连锁门店百果园近两年开始延伸拓展产品线，将一些水果产品线以外的零食产品，如坚果、花生、红薯干等引入门店，丰富了现有产品线，多样化地满足了顾客需求。

所谓漂移性是指：现时的消费不是固守在某一个单独的需求点上，在不同的时机、不同的场合、不同的事件和现象发生等，消费需求会迅速改变，传统的人口统计方法很难在消费欲望上真正奏效。

所谓背离性是指：消费群产生的某种特别的欲望并不是在所有时候都会直接引发其实际的消费行为。在消费群的欲望或幻想中，有些需求是与品牌产品的现时功用相吻合的，有的则是相悖离的特点，不了解这三个特点，门店很容易在确立消费需求的价值特色时进入死胡同。

知识二　消费需求的三个层次——顾客所要

消费需求的第二个层次是顾客所要。即顾客对所需获得的某个品牌产品或服务的要求，这种要求呈现出明显、半明半隐或是非常模糊的特点，尽管这种顾客要求分为三种不同程度，但是顾客会在欲望的驱使下给自己的真正需求制订标准，如果门店提供的品牌产品或服务不太符合这些要求，消费就很难达成。全世界有那么多线上书店和线下书店，而亚马逊为何就能在相对短的时间内快速崛起且成为行业巨头，这是因为它们在真正确认顾客欲望之后，便努力甚至殚精竭虑地去寻找和吻合顾客所要的标准，并以清晰、准确和精到的细致化来铺设通往实际消费行为——试用和重复的通畅桥梁。亚马逊了解到顾客在购书时有如分门别类、快速查询、有无推荐、购书计划、新书介绍等多方面的要求，而不是只要求提供简单的交易流程以达至基本的售卖关系，如果这样，只需找那些能够提供送书上门服务的书店即可。这种顾客的要求往往就是整个需求的核心所在，能够透彻了解顾客所要，就能把握品牌产品或服务价值的关键落点。

知识三 消费需求的三个层次——顾客所用

消费需求的第三个层次就是所用，主要指顾客的实际使用。顾客所用，在后消费时代其范围有了很大的扩展，如以前只是在用途上，而现在变成了运输、路途、尝试、深度体验、使用、分享、补充、改善、处置等。这些都将成为顾客所用的价值内容和元素。亚马逊正是因为把网上购书的功用进行无限地扩展和延伸才逐渐超越其他竞争者而在整个行业独树一帜。

单纯的消费需求中的某一个层次或两个层次的简单组合，无法真正形成品牌产品对于顾客的驱动效应，现时顾客需要的是这三个层次的完美整合。在进行深度挖掘需求本质的前提下，要想做到与消费市场俱进，需要积极跨越现时的消费需求，使品牌价值从迎合市场需求到引导和创造市场需求，这就需要营销者结合上述需求特点进行另类构想，以期完成品牌价值的领先地位。

【小资料】

区域化＋体验式：消费者需要的不仅仅是便利

合肥华润五彩城，地处合肥望江西路与合作化路交口。这一块区域自2008年开始，中高端住宅、写字楼纷纷拔地而起，一些购物中心也已经落地。对合肥华润五彩城来说，进一步满足该板块内生活、工作、学习的市民所产生的生活消费需求，成为区域内消费生态的关键环节，于是提出了“区域化商业中心”的定位。

面对现在合肥日益拥堵的交通，合肥的消费者对于开在家门口的购物中心产生了越来越多的期待。

“我希望能有个商场让我下了班随便逛逛。”

“我希望家门口能有很多好吃的，能让我解决每天的晚饭。”

“我希望我能经常陪我儿子去学画画。”

“我想看午夜场的电影首映，希望家门口有个电影院看完就能回家睡觉。”

……

这些愿望其实很简单，在生活质量日益提升的今天，人们对于生活消费的需求早已经远远超越了“柴米油盐酱醋茶”的范畴。昔日社区里红红火火的小卖部早已不能满足人们对于更高的生活质量的追求。此时，区域化购物中心的产生就成了一种必然。

当然，区域化的购物中心绝对不是升级版的小卖部。抛开体量、品牌、营销模式不说，购物中心注重的体验式的消费模式将更加迎合消费者的日常需求。

“什么是体验？体验就是一定要自己亲身去体验的意思，如类似餐饮、电影院、娱乐、数码，再配合环境、建筑风格等，这些一定要人亲自去感受的。不像零售服装，在网上一点击就能买到，体验就是你要去感受，它不可代替。”合肥华润五彩城项目负责人对记者说，“体验时代，大家更愿意为环境、情感和服务买单。完整的购物中心要带给顾客一种购物体验，形成自己的氛围，这比卖一件产品更重要。”

提升商业项目的体验感，依据消费者需求调整业态配比是五彩城最显著的一大特点。

目前合肥华润五彩城已经招商的业态品类覆盖了超市、零售、快时尚、餐饮、亲子以及影院和KTV等。而在互联网购物兴起的今天，能够驱动人们出门消费的，餐饮娱乐是其中之一。因此，合肥华润五彩城的餐饮娱乐业态占比达到了32%。涵盖影院、KTV、中餐、特餐、咖啡等各种类型。同时，合肥华润五彩城引进了三家亲子体验品牌，提供亲子教育、亲子娱乐服务，提供给周边居民一个亲子互动的场所，同时最大限度地满足全家消费需求。

“体验式”的概念并不新鲜，“区域化”也不是合肥华润五彩城的首创，但是，两者结合并以万象城的运营标准加以运作，这在合肥商业圈里可谓“独树一帜”，在业内人士看来，运营管理才是项目能否成功的关键。不走高端冷艳引领潮流的排头兵，也不走庸庸碌碌寻常商业的老路子，合肥华润五彩城只期以更多的细节、更具体验的模式服务好“黄潜望”板块消费者。

（资料来源：根据网络资料改编）

【技能培养】

技能一　满足现有需求挖掘潜在需求

一个单纯的产品的生命周期在不断缩短，而导致品牌产品生命周期不长的直接原因就是竞争和消费群需求的转换速度，竞争在很大程度上表现为跟进和复制，而最为根本的原因就是消费需求的转变，这种转变随着整体市场和社会生活的丰富和进化，逐渐呈现出多种形式，如依靠网络来满足消费，注重个性主义的物质和精神的回归，希望获得基于产品本身的而又超越产品单纯利益的一种新的体验或生活方式等，这一切都为企业的经营和营销活动提出极大的挑战，当满足于消费市场填充式、跟进调整式的企业经营和营销方式已经无法使企业自身和品牌保持锋利和持久的竞争优势时，超越消费市场的现有需求就成为目前企业的核心课题。如何超越现有需求，有哪些形式和内容可以改变现有需求，在现有需求的另一端又有怎样另类的构想存在，我们必须把这些问题予以梳理，然后分析研究出应对之策，因为后消费时代的消费市场已在冥冥之中对企业发出了如此召唤，这种看不见又摸不着的消费需求空间就是泛价值需求的重要特征之一。

对于一个初生型的企业和品牌，为了起步阶段的生存，一定程度上可以在还没有形成许多上游品牌时对市场进行重兵围剿的局部市场进行跟进式、复制式或调整式经营和营销，前提一定应是此局部市场有足够的竞争空间和相对较大的市场范围，否则新生企业及品牌面对自身的生存和发展只能望洋兴叹。然而，复制、跟进、调整只是权宜之计，最好的方法就是彻底超越现有的消费需求。后消费时代不像以往的消费期，一个新生的品牌需要在陌生的市场上投入相当大的资源来培育，而且耗时很长时间才能逐步激发消费的兴趣，现时的市场，消费群对新的品牌价值接受的速率大大超乎以前，而且消费市场所潜在的需求空间越来越大，几乎超越了产品甚至产业的界限，变得无可预设。

【小资料】

超出用户期望的黄太吉煎饼

在北京建外SOHO西区的10号楼，有一家叫黄太吉的煎饼铺，在这个只有16个座位面积不超过20平方米的店铺外面经常排起长队。有不少人是从朋友、微博、媒体上听说了黄太吉，特意赶过来尝尝到底是什么味道。

为什么大家喜欢到黄太吉买煎饼？因为这里的煎饼是用心做的。何谓用心？就是将自己全身心投入进去，变为产品和服务的一部分。煎饼哪里都有卖，黄太吉的味道也不会比其他地方的好吃太多。但是，这不重要，重要的是这里的服务很棒，这里很好玩，经常会有一些新鲜有趣的玩意儿，消费者都是奔着黄太吉的用户体验来的，都愿意为超出自己预期的体验买单。

黄太吉哪些事情超出了用户预期？比如，黄太吉门前不允许停车，你走进店里的收银台，第一眼看到的不是菜单而是如何停车不会被罚款。如果不幸被罚老板会送上南瓜羹以表安慰。光棍节，这里的油条买一送一，不过你得先拍照证明自己是光棍。六一儿童节，会有“超人”“蜘蛛侠”给大家送煎饼，戴着红领巾来这里还会送你煎饼果子。

如果这些活动还可以理解为吸引顾客搞的营销活动，那黄太吉创始人赫畅研究些"外星人"和"史前文明"的这类冷门的事情，这在别人看来是件不可理喻的事情，你说你一个卖煎饼的不好好研究煎饼怎么做更好吃，却去研究外星人，这事和你有关系吗？片面地看，的确没有关系，但如果我们再深入想想，真的没有关系吗？黄太吉体现了赫畅的信念和经营理念，赫畅不少的理念和宇宙大爆炸的理论颇为相通。在这里，黄太吉希望你买到的不仅仅是好吃的煎饼，还能享受整个买煎饼的体验，让你觉得很好玩，满足你的好奇心，这些体验是其他煎饼店没有的。这也是老板用心之所在，赫畅将自己全身心投入进去，变为黄太吉煎饼的一部分，你买的不仅仅是一个煎饼，还认识了一个卖煎饼的研究外星人的有趣的朋友。

这是一个信仰缺失的年代，这个时代的消费者比以往任何时候都渴望得到认可。这也是为什么像海底捞、黄太吉、三只松鼠等越来越多商家因为卓越的体验而成功。这是时代和社会的大势。以前商家只是把自己定位为卖产品的，他们关心的是如何降低产品价格、提高产品品质来吸引消费者，更多的是薄利多销的策略，靠的是惯性，别人都是这么做的，没有仔细思考商业的本质是什么。

商业的本质是满足消费者的需要。只有真正从人的角度关心用户，不仅要关心他们在买商品的体验，同时也要考虑他们在购买商品之前和之后的需要，从情感上满足他们，这样他们愿意付出比其他商品更高的价格，甚至发自内心地感激你所给他带来的一切美好。

（资料来源：根据网络资料改编）

(1)参照市场现有的消费需求状况，在现有需求上前进一步，既和现有需求保持一定的相关性，又能显著地区别于现有需求。

在中式快餐领域，真功夫为此例的典型，它承袭了中式快餐的营养和口味，又和西式快餐的就餐特点和环境相关，最终开发出一个既区别于传统的现有中式快餐，又区别于现有的西式快餐，有效地超越了现有需求，使其无论是品牌形象和实际效用价值都急剧膨胀。

(2)挖掘潜在需求，使存于消费群需求意识中的概念和效用成为触手可及的事实。

这种消费市场的潜在需求往往是可知的，因为现有消费情形已经影射甚至昭示出下一场消费潮流的基本走向，门店经营和市场营销只需要根据此征兆来挖掘并理清消费群需求意识中觊觎的切实的产品价值，而且根据此价值来规定和组合其产品线，以及由此价值和产品线所演绎的消费生活的各种情状，如此，潜在需求变成了现有需求，另一个潜在需求又将被催生。

【小资料】

鬼屋和密室逃脱 OUT，VR 体验店来"踢馆"

过去几年来，传统密室逃脱门店迟迟没能解决高昂的装修成本。为了让消费者感受刺激、新奇，密室逃脱门店需要在 4～6 个季度内更换主题来保持吸引力，不少墙面都要推倒再重装，时间和经济成本都不低。而 VR 设备带来的福利是，只需要一个四面白墙的简装版密室，就能呈现同样甚至更加刺激的体验。

获得华谊兄弟投资的圣威特科技日前在北京一家大型商场地下一层开了一家占地面积近千平方米的大型 VR 综合室内主题公园。圣威特科技总经理杨涛的观点是：VR＋时代正式来临，VR＋主题公园＋娱乐＋游戏＋一切的体验感项目都要纷纷浮出水面。

(1)VR 版的密室逃脱。

作为 VR 的排头兵和马前卒，"蛋椅"曾为 VR 的普及作出了不小的贡献。这场自 2014

年开始兴起的 VR 蛋椅热，在 2015 年达到高潮后迅速黯淡。直接原因是，VR 蛋椅的运营商能赚到钱的只是极少一部分，绝大部分都挣扎在亏损的边缘或已经因为亏损而退出。

同样等待改造的还有传统的鬼屋和密室逃脱门店。一般来说，位于某个地下室中等难度的密室标价为 70～90 元/人，游戏参与者最少 4 个人。作为这几年兴起的线下娱乐新方式，不少密室逃脱门店在进驻购物中心之初都能创造出不错的营业额。

RET 睿意德中国商业地产研究中心此前发布的《新兴业态研究报告》数据显示，购物中心内规模较大的密室逃脱年平均盈利可达 200 万～500 万元。虽然能赚钱，但由于消费群体的固定和市场容量有限，不少密室逃脱还是被评价过于"短命"。

(2)VR 如何改造主题公园。

《第一财经日报》记者了解到，目前行业对 VR 线下体验市场按照体量划分成三种运营模式：线下体验馆、主题乐园以及主题公园。之前以蛋椅为主的小型 VR 线下体验馆面积一般在 30～50 平方米之间，体验项目较少。而如今面积在 50～400 平方米的中型 VR 线下体验店，更像是传统密室逃脱、鬼屋的升级版，运营成本相对更高。更具挑战的是 VR 主题公园模式，把虚拟现实和主题公园模式相结合，能同时容纳上百人。

目前，中国市场并不缺少主题公园。前瞻产业研究院此前发布的一份报告显示，当前中国 70% 主题公园处于亏损状态，20% 持平，只有 10% 实现盈利，约有 1 500 亿元资金套牢在主题公园投资之中。于是，VR 技术的发展能否给主题乐园带来新的吸引力成为业界关注的方向。

在杨涛规划的主题乐园中，旋转木马都要戴着 VR 设备来玩。"现在玩旋转木马的时候你是固定的，如果戴上 VR 去玩，你可能置身宇宙或者置身海底，可以看到周围的各种各样的环境。同时，你也还在旋转，依然是旋转木马的感受但可以让你完全跳出已有的场景，这是 VR 技术的一个优势。"

在杨涛看来，VR 技术能够给用户带来注入效果。轻量型的 VR 线下体验店会慢慢地被家庭 VR 所取代，因为两者差别不是特别大，只有大规模的 VR 给用户带来强刺激、强视觉、强音效的注入效果时，这样的体验才能和家庭 VR 设备明显区别开。

"这就像电视和电影的差距，电视机推广出来的时候，有人说电影要死，但实际上电影不仅没死反而还在蓬勃地发展，就是因为电影能够带来电视做不到的注入效果。"杨涛解释道。

（资料来源：2016 年 8 月 3 日第一财经）

(3)开发无意识需求，使一种隐藏在消费空间里的全新的生活方式脱颖而出。

此种需求在现有消费市场几乎难觅踪影，因为它与顾客的现有生活方式存在很大的不同，故这种消费需求的价值一般较难开发，但只要留心消费群的生活形态，在其各个生活场景中去体察和捕捉，这种在消费群的意识中并没有呈现的需求仍然会被创造出来，微波炉的出现即为此类的佐证。微波炉所产生的实际效用价值和由此引发的一场消费革命起初并未在消费市场表现出应有的征兆，消费群也根本不可能想到有一种能够在极短的时间内就可加热食物的产品，但在消费群的许多生活场景里确实隐藏着一种替代灶具等现有工具来加热的需求，只是这种需求一般情况不可能与微波炉这种最终出现的产品相联系，或许是其他什么类型的能解决快速加热食物而且方便的产品。微波炉的诞生开创了消费市场一个无意识的消费空间，也使一种新的改变饮食方法的消费得以产生，这是另一种生活方式，是基于现时顾客生活特征的重要消费价值。不仅如此，商务网站的最初运营同样创造了一个无意识的消费空间，它使用网络将商务活动与交易变成一种全新的商务生活体验，阿里巴巴、携程旅行网的成功都是典型的代表。

(4)打破现有产业界限,开创重新定义一种消费价值的需求空间。

如果我们把目光紧盯在企业自身和实际的竞争上,一般情形下很难有突破产业界限的宏观思维,如果长期陷入对传统企业经营和市场营销的苦思冥想,同样只能是一叶障目。只有把目光投向顾客尤其是顾客的生活,我们才会发现消费需求的空间有多大,甚至可以无限延伸。我们先来模拟一下,一个消费者在日常的消费生活中的实际情形:客户在晚间放松几小时,这时他(她)的需求方式变了很多,看电视、按摩、泡吧、喝咖啡、与朋友聚会、上网等,这时基于这种放松的消费方式所产生的消费空间变得无限广阔,如果有一个品牌产品能够提供这些放松方式合成的消费,顾客肯定会趋之若鹜,众所周知的太阳马戏就是这样一个品牌。再比如,麦当劳将儿童娱乐和西式快餐进行结合。这些善于打破产业界限的企业在商业经营和市场营销上都产生了令人瞩目的强势市场效应,其品牌价值和竞争地位大家都有目共睹。

任务三　制订目标市场营销策略

【任务引入】

刘伟所在的公司已在北京、上海、广州等一线城市开设了多家服装门店,这些服装大多面向30～45岁的高收入的白领女性而出售,门店的品牌定位是提供时尚职业装的服装连锁店。针对长沙市场新开的门店,刘伟所在的团队面临制订目标市场营销策略的任务。

(1)制订目标市场营销策略的第一步是什么?

(2)在市场细分的过程中,新的门店是否可以照搬公司在其他城市门店的细分标准?

(3)是否需要为新的门店拟定新的定位策略?

【任务分析】

多变量的市场细分。当企业生产的产品通用性比较强,消费者的偏好比较一致时,企业可以选择其中一个影响消费者需求最强的因素来进行细分。但是,按照单一变量来细分的市场显得过于粗略,不能把消费者对同一商品的不同需求和偏好明确地区分开来。所以,更多的情况下,企业是采取多种变量来进行市场细分。多变量的细分就是根据影响消费者需求的两种或两种以上的因素进行市场细分。

定位的可持续性。定位一旦确立,应保持其持续性,除非环境发生重大变化导致经营战略出现问题,才会启动重新定位策略。但是,中国企业在市场经营的过程中,常常因为追逐新的目标人群和新的需求而不断改变定位策略,从而导致在目标消费人群心目中的定位出现认知混乱情况,这种短视行为是不可取的。

【知识导航】

知识一　目标市场营销

美国营销学家菲利浦·科特勒于20世纪50年代中期进一步发展和完善了温德尔·史密斯的市场细分理论,并最终形成了成熟的目标市场营销理论。目标市场营销又称STP营销或STP三部曲,STP即市场细分(segmenting)、选择目标市场(targeting)和产品定位(positioning)。STP是整个营销建设的基础,它是指企业需要先根据对消费者群体进行细分,确认能够获取利润的目标市场,并将产品及服务定位在目标市场当中。具体而言包括:

市场细分就是把某一产品或者服务根据需求顾客或顾客群体上的差异划分为不同投放目标区域的过程；目标市场是指企业的产品将要投入的经过细分之后的市场，也是企业最有可能获取利润的市场；市场定位就是在营销过程中把其产品或服务确定在目标市场中的一定位置上，即确定自己产品或服务在目标市场上的竞争地位。

知识二　零售市场细分

任何门店都满足不了所有消费者群的全部需求，也就是说，任一家门店都只能获得一部分市场，满足一部分消费人群的需求。门店应当根据自身情况和消费者行为及心理活动特点，广泛的零售市场鉴别出对自身具有特殊意义的消费者群体，并根据这部分消费群体的特点、市场竞争状况和该门店的优势，制订出定位策略。

零售市场细分是指根据零售市场中不同消费者的需求特点、消费行为和消费习惯等不同特征，按一定的标准，把市场分割为具有类似的若干不同的消费者群，并从中选择一个或多个子市场作为门店的目标市场的活动过程。实际上是一种求大同存小异的市场分类方法。它不是寻求产品的分类，而是寻求对消费者进行分类。

值得注意的是，市场细分并不是把零售市场加以分解，实际上它常是一个聚集的过程，就是把对门店产品最易做出反应的消费者集合成群。聚集的过程可以依据各种变量连续进行细分，直到鉴别出规模足以实现门店利润的一个消费者群。

【小任务】

制订目标市场营销策略：屈臣氏集团创建于1828年，是长江和记有限公司旗下的国际零售及食品制造机构，业务遍布24个国家和地区，共经营超过12 000间零售商店，聘用117 000名员工。集团涉及的商品包括保健产品、美容产品、香水、化妆品、日用、食品、饮品、电子产品、洋酒及机场零售业务。屈臣氏在中国200多个城市拥有超过1 000家店铺和3 000万名会员，是中国目前最大的保健及美容产品零售连锁店。

请根据屈臣氏相关背景资料，分析其在制订目标市场营销策略时，如何进行市场细分、目标市场选择、定位三个步骤。

【技能培养】

技能一　门店市场细分

零售市场细分是门店正确制订营销策略和选择适当的目标市场的依据，也是门店实现经营目标的保证。具体有以下作用：有利于分析市场时机，发现新的市场机会；有利于提高门店的应变能力，便于门店调整营销策略；有利于集中有限的人力、物力等资源投入到目标市场，从而取得较优的经济效益；有利于分配市场经营预算，避免资源的浪费；避免单纯地采用价格竞争。门店市场的细分一般要经过以下四个步骤。

1. 确定要面对的市场

门店可以根据其内部的优势和劣势，内部资源特点和外部的环境以及门店的长远规划，首先确定其拟进入的大概市场范围，包括门店产品的选择、消费者的类型、地域范围以及门店决定参与竞争的区域和门店对顾客关系的目标设定。

2. 为细分市场的识别选择细分依据

通常，门店是组合运用有关变量来细分市场，而不是单一采用某一变量。概括起来，细分消费者市场的变量主要有地理变量、人口变量、心理变量、行为变量这四大类。以这些变量为依据来细分市场就产生了地理细分、人口细分、心理细分和行为细分四种市场细分的基本形式。

(1)按地理变量细分市场。即按照消费者所处的地理位置、自然环境来细分市场。例如,根据国家、地区、城市规模、气候、人口密度、地形地貌等方面的差异将整体市场分为不同的小市场。地理变数之所以可作为市场细分的依据,是因为处在不同地理环境下的消费者对于同一类产品往往有不同的需求与偏好,他们对门店采取的营销策略与措施会有不同的反应。

(2)按人口变量细分市场。即按人口统计变量,如年龄、性别、家庭规模、家庭生命周期、收入、职业、教育程度、宗教、种族、国籍等为基础细分市场。

性别:由于生理上的差别,男性与女性在产品需求与偏好上有很大不同,例如,在服饰、发型、生活必需品等方面均有差别。

年龄:不同年龄的消费者有不同的需求特点,如青年人对服饰的需求与老年人的需求就有差异,青年人需要鲜艳、时髦的服装,老年人则需要端庄素雅的服饰。

收入:低收入和高收入消费者在产品选择、休闲时间的安排、社会交际与交往等方面都会有所不同。

职业与教育:消费者职业的不同、所受教育的不同也会导致所需产品的不同。例如,农民购买自行车偏好载重自行车,而学生、教师则喜欢轻型、样式美观的自行车。

家庭生命周期:一个家庭,按年龄、婚姻和子女状况,可分为单身、新婚、满巢、空巢和孤独五个阶段。在不同阶段,家庭购买力、家庭成员对商品的兴趣与偏好也会有很大的差别。

(3)按心理变量细分市场。即根据购买者所处的社会阶层、生活方式、个性特点等心理因素细分市场。

社会阶层:指在某一社会中具有相对同质性和持久性的群体。处于同一阶层的成员具有类似的价值观、兴趣爱好和行为方式,而不同阶层的成员对所需的产品也各不相同。识别不同社会阶层消费者所具有的不同特点,对于很多产品的市场细分将提供重要依据。

生活方式:人们追求不同的生活方式也会影响他们对产品的选择。例如,有的追求新潮时髦,有的追求恬静、简朴,有的追求刺激、冒险,有的追求稳定、安逸。西方的一些服装生产门店为"简朴的妇女""时髦的妇女"和"有男子气的妇女"分别设计不同服装;烟草公司针对"挑战型吸烟者""随和型吸烟者"及"谨慎型吸烟者"推出不同品牌的香烟,均是依据生活方式细分市场。

个性:指一个人比较稳定的心理倾向与心理特征,它会导致一个人对其所处环境做出相对一致和持续不断的反应。一般来说,个性会通过自信、自主、支配、顺从、保守、适应等性格特征表现出来。因此,个性可以按这些性格特征进行分类,从而为门店细分市场提供依据。在西方国家,对诸如化妆品、香烟、啤酒、保险之类的产品,一些门店以个性特征为基础进行市场细分并取得了成功。

(4)按行为变量细分市场。即根据购买者对产品的了解程度、态度、使用情况及反应等将他们划分成不同的群体。很多人认为,行为变数能更直接地反映消费者的需求差异,因而成为市场细分的最佳起点。

3. 为市场选择最佳细分依据

门店应不断利用上述方法或者是其他新开发的方法对市场进行不断的细分,特别是寻找那些可以战胜竞争对手,获得竞争优势的方法。门店应对各种细分要素进行评价,列出关键细分要素，选择最有利于制订门店战略和获得竞争优势的要素为最佳细分基础，并进一步对每个关键要素进行分析。

4. 识别各个细分市场，对其吸引力和竞争情况进行评估并确定要进入的目标市场

为了使细分市场具有真正的实用价值，保证细分市场能为门店制订有效的营销战略服务，门店在市场细分时，应遵循下列原则。

(1)可衡量性。是指用来细分市场的标志，必须可以被衡量。应把握三方面的内容：首先，消费者对门店的产品和服务有不同的偏好，对门店的营销策略具有明显不同的反映；其次，门店必须能够获取有关消费者的准确信息；最后对于细分市场的投入与产出能够定量分析，且便于对市场进行可行性研究，使门店选择效益好的目标市场。

(2)可进入性。是指细分出来的市场，门店能够去开发和挤占。市场细分的目的是能利用自己的资源与力量进入目标市场。因此，在确定细分市场时，要注意结合门店的具体条件，充分利用现有的人力、物力、财力和技术能力。发挥门店市场经营策略的作用，使其能够顺利地进入目标市场并能有效地经营。

(3)相对稳定性。指在一定时间和条件下，市场细分的标识及有用的细分市场能够保持相对不变。门店占领市场后，在一定时期内不必改变自己的目标市场，这样有利于门店制订长期、稳定的市场经营战略与策略。然而，这种稳定性是相对的、暂时的，门店应根据客观条件的变化来相应调整自己的市场经营策略。

(4)盈利性。是指门店在进入目标市场后，能够获得预期利润。选择目标市场的目的，是有利可图的。这就要求目标市场应有适当的规模，有现实与潜在的需求，有一定的市场容量和购买承受力，不仅能保证门店在短期内盈利，而且能使门店保持较长期的收益，有一定的发展潜力。

技能二 目标市场的确定

市场细分的目的在于有效地选择并进入目标市场。所谓目标市场，就是门店决定要进入的哪个市场部分，也就是门店拟投其所好、并为之服务的消费群，这个消费群有颇为相似的需要。在现今市场经济条件下，产品消费群体各有不同的需求，而且分散在不同地区。因此，一般来说，任何门店都不可能很好地满足所有的顾客群体的不同需要。为了提高门店的经营效益，门店必须细分市场，并且根据自己的任务目标、资源和特长等，权衡利弊，决定进入哪个或哪些市场部分，为哪个或哪些消费群服务。

1. 评估细分市场

在评估各种不同的细分市场时，门店必须考虑两个因素，即细分市场结构的吸引力、门店的目标和资源。首先，门店必须了解潜在的细分市场是否对公司有吸引力，如它的大小、成长性、盈利率、规模经济、低风险等。门店的目标消费者最好是有一定消费能力、忠诚和能影响其他人的人。其次，门店必须考虑对细分市场的投资与门店的目标和资源是否相一致。某些细分市场虽然有较大吸引力，但不符合门店长远目标，因此不得不放弃。即使这个细分市场符合门店的目标，它也必须考虑其是否具备在该细分市场获胜所必需的技术和资源。无论哪个细分市场，要在其中取得成功，必须具备某些条件。如果门店在某个细分市场缺乏一个或更多的能力并且无法取得，该细分市场就应该放弃。但是，门店光凭必要的能力是不够的。如果它要真正赢得该细分市场，它需要发展其压倒竞争者的优势。门店如果不能制

造某些优势价值，就不应该进入该市场或细分市场。

2. 选择目标市场及进入战略

门店在对不同细分市场评估后，就必须对进入哪些市场和为多少个细分市场服务做出决策。由于进入市场的范围不同，我们选择的进入战略也完全不同。

(1)无差异性营销。无差异性营销的优点是由于产品单一，从而降低研究开发、生产、储存、运输、促销等成本费用，能以低成本取得市场竞争优势。缺点是忽视了各子市场需求的差异性，门店难以长期采用。一旦竞争者采取差异化或集中化的营销策略，门店必须放弃无差异营销，否则，顾客会大量流失。

(2)差异性营销。门店针对不同的子市场，推出不同的产品，推行不同的营销方案，最大限度地满足各个子市场的需要。差异性营销的优点是由于门店在产品设计、推销宣传等营销策略方面能针对不同的子市场，有的放矢，从而有利于提高产品的竞争力，提高市场占有率；此外还有利于建立门店及品牌的知名度。缺点是多品种经营，势必增加生产及营销成本，增加管理的难度。因此，该策略多为实力雄厚的大公司所采用。

(3)集中性营销。门店将所有的资源力量集中，以一个或少数几个性质相似的子市场作为目标市场，进行专业化经营，力图在较少的子市场上获得较大的市场占有率。集中性营销的优点是目标市场集中，门店资源集中，能快速开发适销对路的产品，树立和强化门店和产品形象，也有利于降低生产成本，节省营销费用，增加门店盈利。缺点是目标市场狭小，经营风险较大。一旦市场需求突然发生变化，或出现更强的竞争对手，门店就可能陷入困境。该策略适用于实力弱，资源少的小型门店。

(4)定制营销。若将市场细分进行到最大限度，则每一位顾客都是一个与众不同的细分市场。由于现代信息技术和现代制造业的迅猛发展，使得为顾客提供量体裁衣式的产品和服务成为可能。

定制营销是指门店在大规模生产的基础上，将每一位顾客都视为一个单独的子市场，通过与顾客进行个体的沟通，明确并把握特定顾客的需求，并为其提供不同方式的满足，以更好地实现门店利益的活动过程。定制营销也被称为一对一营销、个性化营销。定制营销的适用范围十分广泛，不仅适用于自行车、汽车、服装、家具等有形产品，也适用于金融、咨询、旅游、餐饮等服务领域。

定制营销的突出优点是，能极大地满足消费者的个性化需求，提高门店竞争力；以需定产，有利于减少库存积压，加快门店的资金周转；有利于产品、技术上的创新，促进门店不断发展。但定制营销有可能导致营销工作的复杂化，增大经营成本和经营风险，因此，定制营销需要建立在定制的利润高于定制的成本的基础之上。

技能三　进行市场定位

市场定位即企业及产品确定在目标市场上所处的位置。市场定位是由美国营销学家艾·里斯和杰克·特劳特在 1972 年提出的，其含义是指企业根据竞争者现有产品在市场上所处的位置，针对顾客对该类产品某些特征或属性的重视程度，为本企业产品塑造与众不同的、印象鲜明的形象，并将这种形象生动地传递给顾客，从而使该产品在市场上确定适当的位置。

在进行市场细分，选择目标市场后，门店需要针对目标人群进行定位，定位的策略包括以下五种。

1. 价值定位策略

价值定位策略强调的不仅仅是价格,而是利润与价格之比。也就是说,以比竞争者低的价格提供与竞争者相同的利益,或者以与竞争者相同的价格提供明显高于竞争者的利益。从表面上看,价值定位策略符合定位策略的标准,可实际上单纯的低价并不足以吸引消费者,只有在消费者认定某一门店所提供的价值高于其竞争者时,他们才会被吸引。

【小资料】

名创优品的价值定位策略

名创优品将品牌定位为“传统零售界的淘宝”,所以它以淘宝为参考对象,死盯淘宝,淘宝哪里做得不好,它就有针对性地完善;淘宝做得好的地方就去参考借鉴,实在无法树立优势,就尽可能地避免直接竞争;淘宝有的它得有,淘宝没的就是它最应该优势化的地方。

纵观当前电商在中国的发展,在线购物虽然渗透率在逐渐提高,但是主要集中在服装制造、电子制造等领域,快消品领域的电商渗透率还比较低,在3%～5%,所以名创优品选择快消品作为切入点,实现差异化经营。快消品的单价一般较低,物流成本与商品价格的不匹配,会抑制人们通过线上渠道购买快消品的欲望,电商在快消品领域具有先天劣势。此外,消费者购买快消品的心理风险相对较小,低价不会造成消费者对产品的巨大抵触,名创优品正是把握住了快消品的这些特点,以快消品迅速切入市场。

淘宝最遭人诟病的无疑是其“电商假货基地”的形象,为了避免重蹈覆辙,名创优品必须要在低价的同时维持优雅贵气,以气质取胜,所以它巧妙地利用了消费者的心理陷阱,做足了“面子工程”。名创优品 Logo 设计虽然给人一种杂糅了优衣库、无印良品等日本知名品牌的感觉,但也正是这种浓郁的日系风将这个“杂货店”格调瞬间提高一个档次。徒有日文名字当然不行,名创优品店铺装潢很精致,让你完全感觉不到这就是“一元店”的升级版,店铺购物环境反而会让人产生这是品牌折扣店的错觉。

名创优品避免沦为“造假基地”的另一秘诀就是原创设计,满足消费者多样化、个性化需求。名创优品有自己的设计师团队,80%日本原创设计产品确保了名创优品的品牌性、原创性。而名创优品产品研发设计依据,通通来源于店铺内信息控制平台对消费者行为数据的分析,这就使得商品在具有功能性、实用性的同时,还能兼具流行感、设计感,更深层次地满足顾客需求。淘宝在逐渐边缘化之后,也开始了向个性化方面转型,提倡原创设计,不过名创优品在这方面已经走在淘宝前面。

(资料来源:2015 年 12 月 17 日中研网)

2. 时间定位策略

时间定位策略的首要目的是帮助那些生活节奏较快的消费者节省购物时间。随着现代生活节奏的加快,越来越多的消费者看重时间更看重金钱。为了节省购物时间,他们宁肯多跑一段路,多花一点钱。采用时间定位策略的门店,将其店址设计得更易于接近,将其商品摆放得更易于选择,甚至使门店成为“一站购买”式门店,即在一个门店内,消费者可以买到某一类别的商品,无须再到别的门店购买。

3. 关系定位策略

关系定位策略的侧重点在于门店所提供的服务。门店通过向消费者提供全面的售前、售中和售后服务,与消费者频繁地接触,与消费者建立起较为密切的关系。由于门店与消费者的关系要靠门店营销人员来建立和维持，所以关系定位策略的成功与否在很大程度上取决于营销人员的服务态度。正是因为这一点，采用关系定位策略的门店应特别重视营销人员的培训和管理。有迹象表明，一方面，随着人们教育水平的提高，消费者越来越看重自己的个性；另一方面，随着信息技术的发展，门店采用客户关系管理系统，可以很轻松地记录、处理和传递有关消费者的信息，关系定位策略可以大行其道。另外，一些采用关系定位营销的门店，不仅为消费者提供商品交换的服务，而且提供主要以盈利为目的的服务，如美容、健身等连锁门店。

4. 体验定位策略

体验定位策略最注重的是消费过程本身。它试图使整个消费过程充满新奇、激动人心。同样是一杯咖啡，在星巴克喝和在街边咖啡馆喝，给你带来的绝对不是同一种体验。采用体验定位策略的门店，从视觉、听觉、触觉、感觉等多重体验途径，以消费者为核心打造全流程的极致体验。以黄太吉为例，而黄太吉只开在北京、上海等一线城市的一线商圈。店铺的产品、包装、店堂设计、服务员形象、话题、自媒体内容，包括创始人故事都是为了迎合目标人群，也就是我们说的以消费者为核心的全流程极致体验。别人只是卖煎饼，而黄太吉是卖体验。提升体验的与众不同的措施包括：心灵鸡汤式的小票语录，赫畅轰动京城的外星人演讲，微博上及时回复消费者吐槽与点赞，这一切都让消费黄太吉的人贴上一个有个性的标签。

5. 产品定位策略

当门店经营的产品独具特色，门店可以采用产品定位策略，突出产品的特殊功效、高品质、高科技含量等。一旦采用这种策略，门店必须保持产品在功效、质量、科技含量等层面的独特性，才能真正实现在消费者心目中的独树一帜。

【小资料】

雕爷牛腩的产品定位策略

雕爷牛腩餐厅，是中国第一家“轻奢餐”餐饮品牌，所谓轻奢餐，雕爷牛腩这么解释：是介于快餐和正餐之间的用餐感受，比低价位的快餐要美味和优雅，又比豪华正餐节省时间和金钱。“把一种食物，探索到细致入微，雕琢出大巧大拙！”此概念由雕爷牛腩首先提出。他们经营这家餐厅所追求的就是“无一物无来历，无一处无典故”：花重金从香港食神戴龙手中买断秘方、加工切制牛腩的刀选用大马士革钢锻造，炖牛腩的锅已申请专利，顾客到店喝的水则是“斐济(FUI Water)”和“盛棠(SaratogaSpring Wa-ter)”。

1. 神秘营销：未开业就制造神秘

雕爷牛腩餐厅在开业前进行了半年的“封测期”，京城各界数百位美食达人、影视明星均前来试菜，乃至圈内明星皆以获得雕爷牛腩“封测邀请码”为荣。经过不断微调，餐厅于 2013 年 5 月 20 日正式对外营业，并大受食客热情追捧。

2. 产品营销：好好讲故事

(1)食神咖喱牛腩。“我的咖喱牛腩饭，才真的是黯然销魂饭。”用大笔墨介绍这道菜：雕爷牛腩主厨——食神戴龙为了咖喱牛腩这个配方，改进二十余年，真正匠心独运，一口下去，味道分为三层。第一层是带着咖啡豆微苦之异香，充满口腔；第二层为辛香鲜味道急速袭来，刺激味蕾；第三层仿佛公蟹蟹膏，胶着感及回甜，凝结舌尖。

(2)鲍鱼金汤牛腩面。戴龙在为李嘉诚、董建华等提供家宴料理时，常有女眷不喜食辣，不碰咖喱牛腩，所以戴龙便烹制了这道鲍鱼金汤牛腩面。秘密全在汤里，鲍鱼的鲜美、牛骨的醇厚，再配以老母鸡、牛筋、冬菇等十种食材，长时间熬制和常见的猪骨浓汤不同，牛骨熬汤，极为费料，所需时间成本均数倍于猪骨汤。但妙处在于，牛骨汤的味道，也仿佛牛排与猪排之区别。

茶水：高档茶水，免费，无限续杯。雕爷牛腩餐厅为男性顾客提供西湖龙井、冻顶乌龙、茉莉香片、云南普洱四种茶水，但不必付费。味道从清到重，颜色从淡到浓，工艺从不发酵、半发酵到全发酵。而女性顾客在餐厅则能同时享受到洛神玫瑰、薰衣草红茶、洋甘菊金莲花三种花茶，分别有美目、纤体和排毒之功效。同样不用付费，无限续杯。

米饭：高档米，无限量免费续添。食神咖喱牛腩所配送的米饭，三碗分别为日本越光稻、蟹田糙米、泰国香米。和茶水一样，米饭也可以无限量免费续添。

筷子：鸡翅木筷子，可以带回家。雕爷牛腩所用筷子甄选缅甸"鸡翅木"，上面激光蚀刻"雕爷牛腩"Logo，这些筷子是全新的，未曾被他人使用，用餐完毕套上特制筷套，当作礼物送给顾客。作为纪念品，它同时在提醒你曾经体验过一顿奢华且私密的美食大餐。

刀：定制世界上最昂贵的刀做菜。为了牛腩，雕爷牛腩研发目前世界第一昂贵的中式菜刀。这种由"大马士革钢"锻造后的刀身，拥有海涛般美丽纹理古称"穆罕默德纹"，为什么相比所有吹毛断发的好刀，大马士革钢的刀具更适合切牛腩呢？答案在它的纹理：肉眼看不见，在显微镜下，这纹理居然是由无数小锯齿组成的。所以在切割生牛腩时，配合"滚刀法"切割，行云流水，得心应手。

碗：制造一只与众不同的碗。雕爷牛腩为这碗牛腩面，发明了一款专利"碗"——上方很厚重，很粗糙，端起来手感好，而对着嘴喝汤的1/3，则很薄、很光滑。在碗边缘位置，开了一个拇指斜槽，为了方便卡住汤勺，端起来喝汤时，勺就不会乱动。这只碗的大小、薄厚、功能，放别的食物，别扭无比。但吃鲍鱼金汤牛腩面，则得心应手，舒适无比。换句话说，这碗面也只有放在这只碗里，才能呈现最佳状态。

锅：专利锅。炖牛腩的锅，是雕爷牛腩申请的专利发明，并且还亲切地给锅起了个外号——铁扇公主。因为牛魔王，最怕的就是她。

（资料来源：根据网络资料改编）

任务四 制订营销组合策略

【任务引入】

刘伟所在的项目团队通过调研了解到：长沙是湖南省的省会城市，在2015年中国城市GDP排名中位列13，来自长沙市统计局发布的2015年长沙城镇居民消费年度报告显示，长沙城镇居民年人均消费性支出26 779元，比2014年增长19.8%。与中部其他省会城市相比，长沙人"花钱"兴致最高，城镇居民72.7%的收入都用来消费，比武汉市高6.6%，比郑州高3.5%。此外，湖南的时尚消费拥有良好的基础，甚至正在快速追赶北上广深。

接下来，刘伟所在的团队将为长沙市场新开门店制订营销组合策略。

(1)新门店中的产品配置是否需要和北上广深的门店保持一致？

(2)为了推动产品销售，开业促销活动以"折扣促销"为内容是否合适？

(3)在开业促销传播中，新门店如何利用新媒体手段进行造势？

【任务分析】

(1)市场营销组合具有动态性。市场营销组合的出现,意味着市场经营观念发展到了新的阶段——市场营销观念。市场营销观念的核心是以目标顾客的需要为中心,实行市场营销组合,着眼于总体市场,从而取得利润,实现企业营销目标。而顾客的需求处于动态的变化过程中,而且不同区域的顾客具有不同的需求特点,因此,企业在不同区域推行的市场营销组合应有所区别。

(2)新媒体适合精准营销。新媒体涵盖了所有数字化的媒体形式。包括所有数字化的传媒体、网络媒体、移动端媒体、数字电视、数字报纸杂志等。新媒体迎合人们休闲娱乐时间碎片化的需求,满足随时随地互动性表达、娱乐与信息需要,而且,人们使用新媒体的目的性与选择的主动性更强,媒体使用与内容选择更具个性化,导致市场细分更加充分。因此,新媒体适合企业针对目标人群进行精准营销。

【知识导航】

知识一　营销组合

营销组合,即通过对市场环境、企业自身能力、行业竞争状况等要素进行综合运用的过程,在目标市场上完成企业的目标的手段。市场营销的最终目的便是获取利润,而实现这一目标的有效手段就是满足消费者的需要。由于消费者的需要是建立在其不同阶层、不同消费水平之上的,因此会显示出多样化的表现。相应的,企业也需要制订相应的多样化手段来满足消费者的各种形式的消费需要。因此,企业必须将目前自己所掌握的各种基本性措施进行合理的组合,形成营销组合策略,来进行市场营销活动。将营销组合的相关要素进行有效的搭配组合,才是制订出企业的营销战略的基础性工作。对营销要素进行组合的根本性目的是尽可能地满足不同层次消费者的需求,同时,也将通过这种组合方式,在市场上进行有效的竞争行为,从而达到从竞争对手手中抢占市场份额的目的。

1960 年,美国密西根州立大学教授杰罗姆·麦卡锡在其第一版《基础营销学》中,第一次提出了著名的“4P”营销组合经典模型,即产品(product)、价格(price)、渠道(place)、促销(promotion)。其中,产品是指注重开发的功能,要求具有独特的卖点,把产品的功能诉求放在第一位;价格是指根据不同的市场定位,制订不同的价格策略,产品的定价依据是企业的品牌战略,注重品牌的含金量;渠道是指企业并不直接面对消费者,而是注重经销商的培育和销售网络的建立,企业与消费者的联系是通过分销商来进行的;促销是指企业注重销售行为的改变来刺激消费者,以短期的行为,如让利、买一送一、营销现场气氛等促成消费的增长,吸引其他品牌的消费者或导致提前消费来促进销售的增长。

“4P”是营销策略组合通俗经典的简称,奠定了营销策略组合在市场营销理论中的重要地位,它为企业实现营销目标提供了最优手段,即最佳综合性营销活动,也称整体市场营销。

知识二　市场营销组合策略的特点

1. 营销组合因素的可控性

市场营销组合的因素,是企业可以主动控制的因素,企业有选择的余地。企业可以通过市场调研,针对目标市场的特点,决定自己的产品组合,拟定定价目标,选择销售渠道,采用某种促销方式。

2. 市场营销组合的动态性

制订营销组合策略时,只要其中一个因素发生变化,就会影响其他因素,形成新的组合。

3. 市场营销组合策略的复合性

企业可控制的“4P”组合是企业的整体营销策略，而每个“P”所包含的因素也有一个组合问题。

4. 市场营销组合策略的统一性

各种营销手段都会对顾客的购买行为产生影响，因而必须采取整体最优营销手段，以保证市场营销活动的有效性。

【技能培养】

技能一　产品策略

产品策略是指门店所采取的一系列有关产品本身的具体营销策略，主要包括产品组合策略、新产品策略、产品生命周期策略等。产品策略是市场营销组合策略的核心，是价格策略、分销策略和促销策略的基础。

1. 产品组合策略

产品组合是门店售予购买者的一组产品，它包括所有产品线和产品项目。产品组合包括以下概念。

①产品项目。即产品大类中各种不同品种、规格、质量的特定产品，门店产品目录中列出的每一个具体的品种就是一个产品项目。

②产品线。它是许多产品项目的集合，这些产品项目之所以组成一条产品线，是因为这些产品项目具有功能相似、用户相同、消费相连带等特点。

产品组合具体便是门店经营的全部产品线、产品项目的组合方式，即产品组合的宽度、深度、长度和关联度。产品组合的宽度是门店经营的产品线的多少。如一家销售日化用品的门店销售清洁剂、牙膏、肥皂、纸尿布及纸巾等共 50 种产品线，表明产品组合的宽度为 5。产品组合的长度是门店所有产品线中产品项目的总和。产品组合的深度是指产品线中每一产品有多少品种。如这家销售日化用品的门店的牙膏产品线下的产品项目有 3 种，佳洁士牙膏是其中 1 种，而佳洁士牙膏有 3 种规格和 2 种配方，佳洁士牙膏的深度是 6。产品的关联度是各产品线在最终用途、生产条件、分销渠道和其他方面相互关联的程度。

门店进行产品组合的策略依据产品组合的四个维度，即增减产品线的宽度、长度、深度或产品线的关联度。而要使得门店产品组合达到最佳状态，即各种产品项目之间质的组合和量的比例既能适应市场需要，又能使门店盈利最大，需采用一定的评价方法进行选择。评价和选择最佳产品组合并非易事，评价的标准有许多选择。

2. 产品生命周期策略

产品从投入市场到最终退出市场的全过程称为产品的生命周期，该过程一般经历产品的导入期、成长期、成熟期和衰退期四个阶段。

在产品生命周期的不同阶段，产品的市场占有率、销售额、利润额是不一样的。导入期产品销售量增长较慢，利润额多为负数。当销售量迅速增长，利润由负变正并迅速上升时，产品进入了成长期。经过快速增长的销售量逐渐趋于稳定，利润增长处于停滞，说明产品成熟期来临。在成熟期的后一阶段，产品销售量缓慢下降利润开始下滑。当销售量加速递减，利润也较快下降时，产品便步入了衰退期。研究产品生命周期对门店营销活动具有十分重要的意义。

①导入期策略。导入期是新产品首次正式上市的最初销售时期，只有少数创新者和早期采用者购买产品，销售量小，促销费用很高，竞争不太激烈。这一阶段门店营销策略的指导思想是，把销售力量直接投向最有可能的购买者，即新产品的创新者和早期采用者，让这两类具有领袖作用的消费者加快新产品的扩散速度，缩短导入期的时间。具体可选择的营销策略有：快速撇脂策略，即高价高强度促销；缓慢撇脂策略，即高价低强度促销；快速渗透策略，即低价高强度促销；缓慢渗透策略，即低价低强度促销。

②成长期策略。处于成长期的产品，其性能基本稳定，大部分消费者对产品已熟悉，销售量快速增长，竞争者不断进入，市场竞争加剧。门店为维持其市场增长率，可采取以下策略：改进和完善产品；寻求新的细分市场；改变广告宣传的重点；适时降价等。

③成熟期策略。成熟期营销应该主动出击，以便尽量延长产品的成熟期，具体策略有：市场改良策略，即通过开发产品的新用途和寻找新用户来扩大产品的销售量；产品改良策略，即通过提高产品的质量，增加产品的使用功能，改进产品的款式、包装，提供新的服务等来吸引消费者。

④衰退期策略。针对衰退期的产品，门店可选择以下四种营销策略：维持策略、转移策略、收缩策略、放弃策略。

3. 新产品开发策略

市场营销意义上的新产品含义很广，除包含因科学技术在某一领域的重大发现所产生的新产品外，还包括：在生产销售方面，只要产品在功能或形态上发生改变，与原来的产品产生差异，甚至只是产品从原有市场进入新的市场，都可视为新产品；在消费者方面，则是指能进入市场给消费者提供新的利益或新的效用而被消费者认可的产品。几种典型的新产品开发策略如下。

①冒险策略。冒险策略是具有高风险性的新产品策略，通常是在企业面临巨大的市场压力时为之，企业常常会孤注一掷地调动其所有资源投入新产品开发，期望风险越大，回报越大。该策略的产品竞争领域是产品最终用途和技术的结合，企业希望在技术上有较大的发展甚至是一种技术突破。新产品开发的目标是迅速提高市场占有率，成为市场的领先者。创新度力求达到最高，即首创，甚至是首创中的技术性突破，创新的技术来源采用自主开发、联合开发或技术引进的方式。实施该新产品策略的企业需具备领先的技术、巨大的资金实力、强有力的营销运作能力。中小企业显然不适合运用此新产品开发策略。

②进取策略。进取策略是由以下要素组合而成：竞争领域在于产品的最终用途和技术方面，新产品开发的目标是通过新产品市场占有率的提高使企业获得较快的发展；创新程度较高，频率较快；大多数新产品选择率先进入市场；开发方式通常是自主开发；以一定的企业资源进行新产品开发，不会因此而影响企业现有的生产状况。新产品创意可来源于对现有产品用途、功能、工艺、营销策略等的改进，改进型新产品、降低成本型新产品、形成系列型新产品、重新定位型新产品都可成为其选择。也不排除具有较大技术创新的新产品开发，该产品策略的风险相对较小。

③紧跟策略。紧跟策略是指企业紧跟本行业实力强大的竞争者，迅速仿制竞争者已成功上市的新产品，来维持企业的生存和发展。许多中小企业在发展之初常采用该新产品开发策略。该策略的特点是：产品的竞争领域是由竞争对手所选定的产品或产品的最终用途，本企业无法也无须选定；企业新产品开发的目标是维持或提高市场占有率；仿制新产品的创新程度不高；产品进入市场的时机选择具有灵活性；开发方式多为自主开发或委托开发；紧

跟策略的研究开发费用小，但市场营销风险相对要大。实施该新产品策略的关键是紧跟要点及时、全面、快速和准确地获得竞争者有关新产品开发的信息是仿制新产品开发策略成功的前提；其次，对竞争者的新产品进行模仿式改进会使其新产品更具竞争力，而强有力的市场营销运作是该策略的保障。

④保持地位或防御策略。保持或维持企业现有的市场地位，有这种策略目标的企业会选择新产品开发的防御策略。该策略的产品竞争领域是市场上的新产品；新产品开发的目标是维持或适当扩大市场占有率，以维持企业的生存；多采用模仿型新产品开发模式；以自主开发为主，也可采用技术引进方式；产品进入市场的时机通常要滞后；新产品开发的频率不高；成熟产业或夕阳产业中的中小企业常采用此策略。

接下来我们一起看看 ZARA 独特的产品策略。西班牙知名服装品牌 ZARA 属于在全球排名第一的服装零售商 Inditex 公司旗下的品牌，至今，ZARA 已在全球 57 个国家和地区拥有分店，并且每年都以 70 家左右的速度增长。

ZARA 用 3 000 万美元重组其信息系统。通过收购，将 1 200 家生产企业变为自己的战略联盟。招募了 480 人的庞大的设计师队伍，这些设计师的一个别名应叫“抄版员”。同时在巴黎、米兰、纽约等时装时尚发布地建立了完备的时尚情报站。通过这样的战略部署，全球任何一个地方最时尚的时装款式出来，ZARA 都可以在 5 天内生产出产品，推向市场，并且可以在竞争对手推出同样款式的 5 天内，把所有的同类产品全部下架。这保证了 ZARA 喝到的是“头啖汤”，一直可以引领时尚潮流。

ZARA 的战略要求公司在全年中不断地推出大量各种各样的新产品。ZARA 公司高级经理 Diaz 认为公司经营的是“时装”，不是传统卖衣服的。顾客购买是因为他们喜欢“时装”，而不是喜欢 ZARA 公司。对顾客来说，ZARA 公司的连锁店意味着，他们可以在那里找到最新的、限量供应的“时装”。在某种程度上，由于公司经营的是价格不高的“时装”形象，连锁店的存货水平非常低，通常每种款式只有几件，换句话说这几件库存通常都是摆在展览的橱窗里的。由于低库存的方针，经过一天的销售后经常可以看到空空的货架，连锁店非常依赖有序而又迅速的新产品来补充货源。

另外，ZARA 建立了强大的信息整合与反馈系统，坚持从顾客的需求出发，及时对客户的需求做出反应，从最开始就弥补了生产导向的不足，根据顾客的需求，ZARA 的生产、运营管理者和设计师们聚在一起共同探讨将来流行的服装款式会是什么样子，用什么样的布料，大致成本以及售价等问题，并尽快形成共识。在新产品设计过程中，密切关注潮流和消费者的购买行为，搜集顾客需求的信息并汇总到西班牙总部的信息库中，为设计师设计新款式提供依据，以快速响应市场需求。

技能二　价格策略

按照产品与市场情况，灵活地运用各种定价方法与策略，可以吸引顾客，刺激购买，扩大产品销路，实现营销目标。对门店而言，主要包括新产品定价策略和折扣定价策略。

1. 新产品定价策略

在门店的新产品上市，竞争对手还没有同样的产品跟上时，门店有两种价格策略可供选择：一是速取策略，又称之为“撇油策略”，这是一种高价策略。在新产品投入市场时把价格定得高一些，利用一定时期的垄断地位，及时获取较高的收益。适用于需求量较大、需求弹性较小、仿制较难的新产品。其优点是单位产品利润大，短时间内即可收回投资，竞争者跟上来时，门店已获得了丰厚的利润；能使顾客产生品质优良的印象，树立产品的形象，更有利于吸引求新顾客的注意。其缺点表现在以高价投入市场，可能会出现声誉尚未树立而销售增长缓慢的不利形势；如果产品畅销，高价带来的高额利润会诱使大批竞争者进入市场，造成价格猛跌直至无利可图。二是渐取策略，又称之为“渗透策略”，是指以低价将新产品投放市场的一种策略。适用于市场已有类似代用品，顾客对价格较为敏感，或易于仿制的新产品。其优点是可迅速吸引大批顾客，在短时期内打开产品销路；对竞争者诱惑不大，可减少竞争，门店获得并保持较高的市场占有率；可使门店经营稳定，获取长期利润。其缺点表现在新产品开发投资一般较大，要较长时期才能收回。这时期如市场情况发生变化，如竞争门店将性能更好的新产品投入市场，门店就会无利可图。

2. 折扣价格策略

折扣价格策略是指非正式的或一定时间让价的策略。其优点是能吸引顾客加大购买量或成为门店的长期顾客；在一定时期内能增加销售额，加速门店资金周转；比降价具有更大的灵活性。具体形式主要有业务折扣、数量折扣、现金折扣和季节性折扣。

我们来看看 ZARA 的价格策略。在服装设计之余，参与 ZARA 设计的采购专家与市场专家已经共同完成了该服装的定价工作，这一价格当然也是参照数据库中类似产品在市场中的价格信息来确定的。定好的价格就被换算成多国的货币额，并与服装的条形码一起印于标价牌上，并在生产之初就已经附着在服装上了。因此，新款服装生产出来之后无须再定价和标签，通过运输到达世界各地的专卖店之后就可以直接放在货架上出售。

在“价格”的认识方面，国内品牌企业在进行产品营销时，总是认为“时尚”产品除本身高额的研发及生产成本外，还要附加更多的品牌价值在其中，因此，应该也必然是“高价值”产品。不过，ZARA 的想法却有所不同，他们认为再好的产品，如果卖不出去也只是占用库房、压滞资金的一堆废品而已，与其待价而沽，不如赶紧产生现金，促成二次生产。有人总结 ZARA 是“一流的形象、二流的生产、三流的价格”：一流的形象是因为其选址、橱窗、店面陈列和款式等，“情调”与“内涵”是成熟消费者认知品牌及产生重复购买意愿的“引路石”，而且 ZARA 从服务到陈列、从策划到跟随式设计策略无不按这种“潜规则”去实施和操作；二流的生产是因为它并没有采用最顶尖品牌那样高档的面辅料，也远不如中国大牌服装企业的自动吊挂流水线等先进生产设备和高素质的熟练工人；三流的价格是因为它没有了昂贵的设计、广告等费用，原材料成本也比较低，其产品定价只有设计师品牌服装的 1/6～1/4 甚至更少。

通过对 ZARA 公司运作模式的研究发现，ZARA 为顾客提供“买得起的快速时装”。在库存的压缩和系统的管理上，ZARA 无疑是最优秀的，但是面对多变的市场，ZARA 同样回避不了打折促销这个话题。在 ZARA 公司优秀的电脑管理系统里，每天都会统计一些缺码、滞销的产品，这些产品通常被就地打折处理，以更换新品。在每年全场打折的季节，ZARA 就会推出那张布满许多放射线条的深咖啡海报，一批忠实的 ZARA 迷们就会知道他们购物狂乐节日的来临。

技能三　渠道策略

渠道策略指企业为了使其产品进入目标市场所进行的路径选择活动和管理过程。它关系到企业在什么地点、什么时间、由什么组织向消费者提供商品和劳务。企业应选择经济、合理的分销渠道，把商品送到目标市场。

1. 门店连锁经营模式

连锁经营是一种商业组织形式和经营制度，是指经营同类商品或服务的若干个企业，以一定的形式组成一个联合体，在整体规划下进行专业化分工，并在分工基础上实施集中化管理，把独立的经营活动组合成整体的规模经营，从而实现规模效益，是一种经营模式。

①直营连锁。它是连锁经营的基本形态，是连锁企业总部通过独资、控股或兼并等途径开设门店、发展壮大自身实力和规模的一种连锁形式。连锁企业的所有门店在总部的直接领导下统一经营，总部对各门店实施人、财、物及商流、物流、信息流、资金流等方面的统一管理。即所有的店铺都是由同一经营实体—总公司所有。

直营连锁的特点：必须是同一资本开设门店，这也是直营连锁与特许连锁和自由连锁最大的区别；经营管理高度集中统一；统一的核算制度。

直营连锁的优点很多，包括高度集权管理可以统一调度资金，统一经营战略，统一管理人事，统一开发和利用企业整体性资源；具有雄厚的实力，易于同金融机构、生产厂家打交道；可以充分规划企业的发展规模和速度；在新产品开发与推广、信息管理现代化方面也能发挥出整体优势。但是直营连锁也有难以克服的自身缺陷，由于直营连锁以单一资本向市场辐射，各门店由总部投资兴建，因而易受资金、人力、时间等方面的影响，发展规模和速度有限。此外，各分店自主权小，利益关系不紧密，其主动性、积极性、创造性难以发挥出来。

②自由连锁。自由连锁是企业之间为了共同利益结合而成的事业合作体，各成员店是独立法人，具有较高的自主权，只是在部分业务范围内合作经营，已达到共享规模效益的目的。即各店铺资本所有权独立，采用共同进货，协议定价的一种商业横向联合。

自由连锁的特点：成员店拥有独立的所有权、经营权和核算权；总部与成员店之间的关系是协商与服务的关系；维系自由连锁经营的经济关系纽带是协商制订的合同。

自由连锁的优势在于：其门店独立性强、自主权大、利益直接，有利于调动积极性和创造性；连锁系统集中管理指导，有利于提高门店的经营管理水平；统一进货、统一促销，有利于各门店降低成本，享受规模效益的好处。因此，自由连锁具有较好的灵活性、转换性和发展潜力，它既具有连锁经营的规模优势，又能保持独立小商店的某些经营特色。但是，这种形式也有其劣势，包括连接纽带不紧，凝聚力相对较弱；各门店的独立性大，总部集中统一运作的作用受到限制，因而组织不够稳定，发展规模和地域有一定的局限性；由于过于民主，决策迟缓，相对来说竞争力受到影响。

③特许连锁。这是总部与加盟店之间依靠契约结合起来的一种形式，即以单个店铺经营权的授权为核心的连锁经营。风靡世界的肯德基、麦当劳、7—11 便利店都是特许连锁组织的典型代表。

特许连锁的特点：特许连锁经营的核心是特许权的转让；总部与加盟店之间的关系是通过签订特许合约而形成的纵向关系；特许连锁经营的所有权是分散的，但经营权高度集中，对外要形成一致形象；加盟总部提供特许权许可和经营指导，加盟店要为此支付一定费用。

特许连锁经营的优点：特许连锁经营可以突破资金和时间限制，迅速扩张规模；刺激加盟店主更加积极肯干，有助于事业发展；可以降低经营费用，集中精力提高企业管理水平；但是缺点也十分明显，加盟店有时会闹独立，难以控制。个别经营失败的加盟店会连累总部声誉和使总部形象受损。当总部发现加盟者不能胜任时，无法更换加盟者。

2. 门店布局策略

门店是终端销售网点，它所采取门店的布局策略包括以下三种。

①密集网点策略。密集网点策略意味着门店为了尽可能提高产品的覆盖率，在市场上设立尽可能密集的网点。这种策略最适用于便利品，它通过最大限度地便利消费者而推动销售的提升。采用这种策略有利于广泛占领市场，便利购买，及时销售产品。

②独家网点策略。独家网点策略是指在一定地区、一定时间只设立一家门店销售产品。独家网点策略的优点是，可以集中配置优质资源，提高独家网点的服务能力，并且通过独家网点的布局树立门店独特的品牌形象。缺点是消费者的购买便利性很差。这种策略适用于服务要求较高的专业产品，或者是奢侈品类产品。

③选择性网点策略。选择性网点策略介于密集网点策略和独家网点策略之间，采用这种策略，可以使门店获得适当的市场覆盖面。与密集网点策略相比，采用这种策略具有较强的控制力，成本也较低。

以 ZARA 的渠道策略为例，ZARA 有着庞大的销售网络，在全球 50 多个国家拥有2 000多个销售门店，其中有 760 多家 ZARA 专卖店，然而更重要的是，经过多年的投入和建设，ZARA 建立起高技术的分销系统，它是全球唯一一家能够在 15 天内将生产好的服装配送到全球 850 多个店的时装公司。ZARA 坚持自己拥有和运营几乎所有的连锁店网络的原则，同时投入大量资金建设自己的工厂和物流体系，有自己的设计师队伍，产品全部自己设计，有自己的工厂，能快速地根据需要实行生产，而在设计、生产级门店之间，一流的信息处理和整合系统和一流的物流体系做了良好的连接。公司组织不同的配送中心，这些配送中心分别属于不同的国家。重点是这些配送中心都十分接近自己的重点销售市场与加工协作厂商。这样就会使自己的物流达到快速有效。拉科鲁尼亚的物流中心，订单收到后，8 个小时以内就可以装船运走；除了在西班牙的总部物流中心，ZARA 公司还在巴西、阿根廷和墨西哥建有 3 个小型的仓储中心，用来对南半球在不同季节的需求。同时，先进的配送设备也使各地店铺的库存量得到最直接的反馈。物流数据的共享使货品的销售量与库存量都会直接地反映在物流当中，便于物流的调配与使用。ZARA 极速得令人眩晕的供应链由 IT 支撑，在 ZARA 的连锁门店，IT 系统已部署到每个门店，每个店独立处理货单，门店经理负责查看店中的货品销售情况，然后根据下一周的需求向总部订货。总部通过互联网把这些信息汇总，发送给西班牙的工厂，以最快的速度生产和发货。另外 ZARA 信息系统对分销过程中的物流配送进行跟踪管理。ZARA 的分销设施非常先进，运行时需要的人数非常少。大约 20 公里的地下传送带将商品从 ZARA 的工厂运到位于西班牙 ZARA 总部的货物配送中心。为了确保每一笔订单准时到达目的地，ZARA 没有采取浪费时间的人工分拣方法，而是借用了光学读取工具，这种工具每小时能挑选并分拣超过 60 000 件衣服。在 ZARA 总部还设有双车道的高速公路直通配送中心。由于其高速、高效的运作，这个货物配送中心实际上只是一个服装的周转地，而不是仓库。

庞大的销售网络和高效率的分销系统，是 ZARA“快速、敏捷、多品类、小规模、大终端的竞争战略”得到了最佳的执行，得以坐上服装业极速时尚业的头把交椅，而这一分销系统也被作为经典案例供多方研究。

【小资料】

迎接全渠道零售，把握分销主动权

近年来，网络零售的高速发展，正影响和改变传统的分销模式，随着技术的发展和零售变革，全渠道零售将是未来的发展趋势，全渠道模式下，分销渠道和分销模式也将发生深刻的变化。

一、我国分销渠道发展现状

①传统松散分销渠道长期存在：由于我国零售集中度较低，地区发展不平衡，传统分销模式仍然是主流。②传统分销进入微利时代，渠道效率下降：传统的分销成本高，销售和管理费用不断攀升，获取客户的成本也在不断加大，行业的低利润率很难再支撑高额的分销成本，渠道效率也在不断下降。③百货联营模式备受挑战，亟待转型：一、二线城市由于网络零售及移动购物的高速发展，传统分销模式受到严重冲击，对传统零售终端的影响巨大，如百货联营模式备受挑战。④连锁经营霸主地位受到挑战：以连锁经营模式迅速扩张占据市场主体的企业地位受到严重威胁，面临转型的艰难抉择。⑤网络零售促使分销模式重构：随着O2O的推进和全渠道模式的到来，分销渠道的变革将更为深刻。

二、网络零售发展与全渠道零售现状

①网络零售高速发展：2013年，我国网络零售市场发展态势良好。数据显示，2013年，中国网络零售市场规模达到18 851亿元，较去年增长了42.8%，市场进入了相对稳定的增长期。②传统零售企业网络零售业务处于初级阶段：全渠道是未来方向，但传统企业开展网络零售或与电商企业O2O融合是切入点，据中国连锁经营协会的调查显示，我国全渠道零售业务，无论是处于前沿的电商企业，还是传统零售的网络零售抑或是二者的O2O融合，销售规模尚小，布局O2O模式，成效尚不显著，缺乏专业人才，制约企业发展，整体都处于发展的初级阶段。但随着线上线下的融合发展，O2O将是迈进全渠道的重要一步。

三、全渠道模式对分销的影响

①对生产厂商的影响：全渠道模式增加新渠道，提升议价能力；打破原有价格体系；拉近与消费者距离，需求直接引导生产；重构生产模式，重新定义生产商概念；节约社会成本，提高分销效率。②对批发代理影响：全渠道模式的冲击无疑是巨大的，减少中间环节，提高效率减低费用；实现规模经济，提高流通效益；库存管理优化，提高流通效率。③对零售终端的影响：全渠道对零售终端的影响更为深刻，渠道多元化发展，零售格局正在重塑。传统零售企业盈利模式受到冲击，促使企业积极进行全渠道变革。

四、全渠道模式下我国分销体系的发展趋势

全渠道模式下，我国分销体系的发展将呈现如下几个趋势。

一是传统零售分销体系的变化将是长期过程。二是多元化分销渠道组合以适应目标市场的需求。随着市场细分，分销组织也将呈现长尾变化和多元化发展，企业只采用单一分销渠道已经不能满足目标市场的需求，企业需要在不同时期、对不同商品采用差异化分销渠道，通过多种方式、多个渠道达到目标市场，多元化分销。三是互联网及移动互联网促分销体系扁平化和一体化。分销渠道扁平化和一体化，处于终端的零售企业将有机会与厂商和消费者建立最直接、最密切的关系，成为供应链上下游的整合者。四是零售集中度将快于连锁化时代，分销结构也趋于集中化。在可预见的未来，网络零售仍将持续快速发展，市场集中度的天平也将继续偏向电商，同时随着传统零售企业的介入以及全渠道模式的探索，零售企业的集中度将因此进一步提升，速度将远快于连锁化时代，分销链条上的渠道整合也将进一步深化和集中，整合并购将进一步加剧。五是掌握供应链核心的物流快递企业成为分销的一部分。

五、苦练内功迎接全渠道零售，把握分销主动权

面对全渠道模式对分销渠道的影响，需要企业有更强的整合资源的能力，无论是横向的线上线下业务整合，还是纵向的供应链上下游整合，以及消费者的把控，都对企业提出了全

新而富于挑战的要求，面对即将来临的全渠道零售，要在新的分销体系下掌握更大的话语权，需要提前修炼内功，打好基础，迎接挑战，做好以下准备。

一是加大基础能力建设，变革模式。二是加强信息化建设，夯实基础。三是用全渠道思维，全渠道营销。四是线上线下整合，小步快跑。五是布局移动网络平台，抢占先机。六是积极探索全渠道模式，合作共赢。

（资料来源：2014 年 10 月 28 日富基融通网）

技能四　促销策略

促销是指以人员或非人员的方法，说服和帮助顾客购买某项商品或劳务，或使顾客对卖方的观念产生好感。促销可以分为人员推销或非人员推销两大类；非人员推销又可分为广告、公共关系和营业推广等各种方式。

1. 广告策略

广告是指通过大众传播媒体，把门店的产品或劳务的信息传递到目标市场上去，以增强消费者的了解和信任，扩大产品的销售。广告在沟通市场信息、扩大流通、指导消费、促进生产等方面发挥了越来越重要的作用。广告设计必须符合下列要求：一是真实性。广告必须真实，不能浮夸、欺骗或攻击他人。二是具有针对性。必须针对顾客的心理特征、消费偏好等选择设计方案，突出广告主题。三是创造性。在内容或形式上都必须独具特色，吸引力强。四是简明性。必须简明扼要，在有限的版面、时间内输出尽可能多的信息。五是艺术性。内容上要给以知识和美的享受，在形式上力求图文并茂，具有艺术感染力。六是合法性。广告在内容、项目、形式上都必须遵守国家广告管理法律和其他有关法律法规。七是广告媒体的选择必须符合产品特点和消费者的阅读或者观看习惯。针对产品种类及特点不同的产品应选择不同的广告媒体，媒体的覆盖面应与产品销售范围相一致；同一种产品，可以因广告目的或内容的不同而选择不同的媒体，还要综合考虑费用与效果的关系。

2. 人员推销策略

人员推销和顾客保持直接接触，具有很大的灵活性。首先，推销人员可以事先对潜在顾客进行研究，推销的成功率高；其次，推销员的活动往往可以促成及时的购买行为；再次，推销人员除了承担推销工作以外，还可以同时兼做市场服务，搜集情报，进行市场调查研究等工作；最后，推销人员可以促使买卖双方从单纯的买卖关系，发展到建立深厚的个人友谊，互相信任，发展长期的合作。在门店，导购员从事的都是人员推销的工作。

3. 公共关系策略

在从事公关活动时，要从门店的自身条件、产品特点以及公关的目标出发，综合、灵活地运用各种公关手段。具体来说，可运用到以下各方面：宣传新技术在本门店的应用，宣传现代化管理方法在门店取得的成果；介绍产品的特点和使用给用户带来的利益等。

4. 营业推广

营业推广是指门店采取的能刺激顾客的强烈反应，促进短期购买行为的各种促销措施，营业推广的主要特点是向顾客提供特殊的购买机会或优惠条件，能迅速地吸引顾客的注意激起购买行为，在短期内扩大销售。

一起来看看 ZARA 的促销策略，与其他企业相比，ZARA 在促销方面具有相当的独特性。在 ZARA 的品牌管理模式中，有着著名的“三不”原则，即不做广告、不打折、不外包。

没有广告、没有促销，这样的独特个性使消费者对此品牌更加忠诚。

不做广告。ZARA每年的广告额只占销售额的0.3%，远远低于行业3%～4%的平均水平。ZARA在广告以外主要有三个沟通策略。一是通过电子邮件、顾客服务热线等来搜集顾客意见，增加顾客的反馈渠道，既节约成本又保证效率。二是ZARA运用商铺的地理位置来宣传自己，选址都选在最发达城市的最好地段，如美国的第五大道、法国的香榭丽舍大街、中国上海的南京路等。并与国际顶尖品牌相邻，无形之中就提高了自己的品牌水准。三是ZARA通过门店形象和体验环境来打造自己的品牌，ZARA坚信"门店是最好的广告"，在全球的700多家专营店，每家都可以称为小型商场，装修豪华宽敞，拥有万余平方米的面积，上万种不同款式的服装，使消费者能够形成"一站式"购物环境。

不打折，不促销。在价格折扣方面，ZARA公司采用少折扣策略。因为公司的产品都是"少量、多款"，消费者如不在第一时间购买，就存在再也买不到的风险，所以消费者往往无法等到季末或岁末打折就会迅速购买。由于ZARA每件款式的产量少和不停推出新款式的策略，使顾客的购物欲望得以提升，只有少部分产品会囤积起来，故货品大多都能以正价卖出。一般，ZARA最多只有不超过18%的服装不太符合消费者的口味，需要打折销售，这只有行业平均水平35%的一半。而且ZARA也只在一年内有两个明确的时段进行有限的降价销售，与业内普遍采用的连续性降价方法绝不相同，因此它的折扣促销的成本大大降低。而且专卖店每周根据销售情况下订单两次，这就减少了需要打折处理存货的概率，以H&M经营状况最好的2001年为例，GAP打折商品为14%，H&M为13%，而ZARA只有7%。有限的货品增强了顾客对于ZARA的新鲜感，每年消费者平均光顾其商店17次，而行业平均水平仅为3～4次。

【小资料】

海底捞营销组合策略分析

1. 产品策略

(1)品牌形象的塑造。"海底捞"源于四川传统娱乐活动麻将的一个术语，经过长时间的发展，已经具有了更深刻的含义。"海"表面上指大海的无穷无尽，实指海底捞在全国已经打响的品牌。"底"是指海底捞的用人原则，即员工都必须从底层做起。"捞"是指员工通过自己的综合素质，才能用双手改变命运。此外，"海底捞"还含有人们在吃火锅时，"捞菜"的意味。总之，"海底捞"这个名称与中国传统文化相契合，暗含海底捞的理念，受到了人们的广泛认同。

(2)推陈出新——新菜品的开发。产品是品牌的物质载体，是塑造品牌的基础，也是消费者认识品牌、形成品牌印象的最重要的渠道。在竞争激烈的餐饮行业，"海底捞"一直努力让自己对新菜品的研发处于行业领先水平，增强竞争力。具体策略包括以下几个。

①缩减菜品规模数量以加强控制的有效性。

②建立菜品的成分分析制度，明示每款菜品的营养成分、结构含量。

③提供针对顾客年龄、针对顾客性别、针对顾客体质、针对季节的菜品搭配科学建议。

④每年推出1～2款有影响有效率的火锅品种，每季度推出5～10款新菜品。

(3)产品系列化——产品差异化战略。根据不同地区顾客口味差异，"海底捞"推出了与当地风俗相结合的极具特色的锅底和蘸料，满足了广大消费者的个性化需求。"海底捞"计划用5年时间，在保证食品安全的前提下，把公司菜品打造成三大系列：一是健美食品系列，即能预防肥胖以及胆固醇高等疾病，保持人体营养均衡的食品系列；二是绿色食品系列，即安全无害、无污染，绝对新鲜的食品；三是营养食品系列，即能补充人体所缺乏的各种微量元素，具有增强抵抗力和开发智力的产品。

2.价格策略

价格与包装一样，能够体现品牌地位。海底捞的定价策略体现了其大众消费的品牌地位，符合广大消费者的需求和消费水平。

(1)中档定价。“海底捞”主推的是符合广大消费者消费水平的产品，对产品的质量要求很高。它将传统火锅技艺与现代的生产基地、物流体系集合起来，推出了一系列“绿色，健康，营养，特色”的产品。

(2)统一定价。所有直营店的价格是一样的，一律按照总部定价，公平地对待每一位顾客。“海底捞”通过对价格策略向消费者传递的信息是：“海底捞”物有所值，不是靠昂贵的菜品价格获得企业利润，而是通过优质服务吸引顾客多次消费来获得利润。

3.销售渠道策略

(1)直营店——摒弃了传统的加盟模式，坚持采用直营模式。

①选址布点精益求精、直接进驻目标市场。“海底捞”大都选址在繁华的商业区或餐饮服务集中区，这些地段的人流量大且消费水平适合大众，有很高的市场渗透力。比如，北京市东城区王府井大街、上海市普陀区长寿路等。

②门店形象整齐划一，全面塑造品牌形象。

③扩张数量严格控制。

④自上而下层层深入，分三级管理。

具体策略为：总部管大区、大区管小区、小区管分店。

(2)网络营销。

由“海底捞”开创的火锅外买，深受大众喜爱。

4.促销策略

(1)建立一支高素质、高效率的营销队伍。

①各分店都要有意识地在优秀服务员中选拔营销人员，提高营销人员的文化素质，丰富营销人员的饮食文化、饮食保健、饮食健康等知识。

②建立针对大客户和贵宾的服务营销人员制度。

(2)改变传统火锅菜单，制作图文并茂的精美点菜册。

(3)建立新菜品展示推介区(柜)。

(4)开展网上订餐，送餐上门业务。

(5)建立菜品及底料质量顾客安全告知栏。

将公司生产的底料及各种配料料包的生产执行标准公布，每季度将公司基地生产的各种底料料包检验报告公布，将有的菜品无污染证书公布。

(6)建立推广新火锅新菜品的整体营销制度，确保营销成功度。

包括宣传海报、制作方法介绍、营养成分分析、培训营销员计划、有营销策略介绍等一揽子整体营销方案。

(7)完成底料及若干配料上市销售的目标任务。

分三步走：一步依托分店的优势和影响力在店内设专柜销售；二步开设专店经营；三步进入大型超市。

(资料来源：根据网络资料改编)

【项目训练】

一、训练任务:策划一场开业促销活动

1. 训练内容及要求

刘伟公司在长沙市的新门店即将开业,请帮其策划一场开业促销活动。

2. 训练要求

(1)活动目的。

塑造品牌在长沙市的知名度。

(2)活动人群。

30～45 岁高收入、高学历背景的女性,主要是指大型企事业单位中高层管理人员、公务员、教师等。

(3)活动手段。

综合运用广告、公关、营业推广等手段。

3. 拓展资源:促销活动方案的框架

(1)活动目的。

对市场现状及活动目的进行阐述。市场现状如何? 开展这次活动的目的是什么? 是处理库存? 是提升销量,是打击竞争对手,是新品上市,还是提升品牌认知度及美誉度? 只有目的明确,才能使活动有的放矢。

(2)活动对象。

活动针对的是目标市场的每一个人还是某一特定群体? 活动控制在多大范围内? 哪些人是促销的主要目标? 哪些人是促销的次要目标? 这些选择的正确与否会直接影响到促销的最终效果。

(3)活动主题。

在这一部分,主要是解决两个问题:确定活动主题、包装活动主题。

降价,价格折扣,赠品,抽奖,礼券,服务促销,演示促销,消费信用,还是其他促销工具? 选择什么样的促销工具和什么样的促销主题,要考虑到活动的目标、竞争条件和环境及促销的费用预算和分配。在确定了主题之后要尽可能艺术化地"扯虎皮做大旗",淡化促销的商业目的,使活动更接近于消费者,更能打动消费者。这一部分是促销活动方案的核心部分,应该力求创新,使活动具有震撼力和排他性。

(4)活动方式。

这一部分主要阐述活动开展的具体方式。有两个问题要重点考虑。一是,确定伙伴。是门店单独行动,还是联合其他组织机构? 和政府或媒体合作,有助于借势和造势;和其他联合可整合资源,降低费用及风险。二是,确定刺激程度。要使促销取得成功,必须使活动具有刺激力,能刺激目标对象参与。刺激程度越高,促进销售的反应越大。但这种刺激也存在边际效应。因此必须根据促销实践进行分析和总结,并结合客观市场环境确定适当的刺激程度和相应的费用投入。

(5)活动时间和地点。

促销活动的时间和地点选择得当会事半功倍,选择不当则会费力不讨好。在时间上尽量让消费者有空闲参与,在地点上也要让消费者方便。不仅发动促销战役的时机和地点很

重要，持续多长时间效果会最好也要深入分析。持续时间过短会导致在这一时间内无法实现重复购买，很多应获得的利益不能实现；持续时间过长，又会引起费用过高而且市场形成不了热度，并降低顾客心目中的身价。

(6)媒体传播方式。

一个成功的促销活动，需要全方位的传播配合，包括广告与公关传播的配合。选择什么样的广告创意及表现手法？在移动互联网时代选择什么样的媒介进行传播以及如何传播？这些都意味着不同的受众抵达率和费用投入。

(7)前期准备。

前期准备分三块：人员安排、物资准备、试验方案。

在人员安排方面要“人人有事做，事事有人管”，无空白点，也无交叉点。谁负责与政府、媒体的沟通？谁负责文案写作？谁负责现场管理？谁负责礼品发放？谁负责顾客投诉？要各个环节都考虑清楚，否则就会临阵出麻烦，顾此失彼。

在物资准备方面，要事无巨细，大到车辆，小到螺丝钉，都要罗列出来，然后按单清点，确保万无一失，否则必然导致现场的忙乱。

尤为重要的是，由于活动方案是在经验的基础上确定，因此有必要进行必要的试验来判断促销工具的选择是否正确，刺激程度是否合适，现有的途径是否理想。试验方式可以是询问消费者，填调查表或在特定的区域试行方案等。

(8)中期操作。

中期操作主要是活动纪律和现场控制。纪律是战斗力的保证，是方案得到完美执行的先决条件，在方案中对应对参与活动人员各方面的纪律做出细致的规定。现场控制主要是把各个环节安排清楚，要做到忙而不乱，有条有理。同时，在实施方案过程中，应及时对促销范围、强度、额度和重点进行调整，保持对促销方案的控制。

(9)后期延续。

后期延续主要是媒体宣传的问题，对这次活动将采取何种方式在哪些媒体进行后续宣传？脑白金在这方面是高手，即使一个不怎么样成功的促销活动也会在媒体上炒得盛况空前。

(10)费用预算。

没有利益就没有存在的意义。对促销活动的费用投入和产出应做出预算。

(11)意外防范。

每次活动都有可能出现一些意外。如政府部门的干预、消费者的投诉，甚至天气突变导致户外的促销活动无法继续进行等。必须对各个可能出现的意外事件做必要的人力、物力、财力方面的准备。

(12)效果预估。

预测这次活动会达到什么样的效果，以利于活动结束后与实际情况进行比较，从刺激程度、促销时机、促销媒介等各方面总结成功点和失败点。

二、案例分析：“久久”书店的生意经

北京有一家书店名叫“久久”，铺面不大，在经营上却颇有特色，有些地方甚至有悖“常理”。比如，书店规模不大理应节约开支，但这家书店却买进一辆货车，涂上店名并写上“流动书架”，来往各大专学院。再比如，按常理书店内不应设有座位，以免顾客坐下来阅读而影响书的出售，但这家书店却全部开架，地毯铺地，音乐轻柔，店中间设有几张桌椅，顾客可以坐在那里翻阅或抄写。

据书店负责人刘女士介绍，这样做是因为该书店将顾客定位在高等院校师生、科研机构工作人员。各大专学院每月都要举办1～2次的书市，“久久”书店则总是他们的主要邀请单位。通过这些书市，“久久”得到了可观的经济收入。同时，这些大专学院的学生以及毕业后走向工作岗位的人士普遍认同“久久”，许多人宁愿舍近求远，从距离较远的地方赶来，到“久久”阅读、购书。

（资料来源：根据网络资料改编）

请思考：

(1)“久久”这些有悖经营“常理”的做法，为什么能取得成功？

(2)怎样做好门店经营与顾客定位相适应？

参考文献

[1] 黄宪仁. 店长操作手册[M]. 北京:电子工业出版社,2015.
[2] 冯建军. 金牌店长达标手册[M]. 北京:经济管理出版社,2011.
[3] 曹海灵,郭奇. 优秀店长管理手册[M]. 北京:中国时代经济出版社,2012.
[4] 张谦. 给你个门店,你该怎么管? [M]. 北京:中国财政经济出版社,2014.
[5] 余杰奇. 店长的绝学[M]. 北京:北京妇女儿童出版社,2015.
[6] 饶君华,罗俊. 连锁门店营运管理[M]. 北京:高等教育出版社,2014.
[7] 陆影. 连锁门店营运与管理实务[M]. 大连:东北财经大学出版社,2009.
[8] 王晓阔,吴小梅. 连锁经营配送中心运营实务[M]. 北京:机械工业出版社,2009.
[9] 张智清. 商品学基础[M]. 北京:电子工业出版社,2008.
[10] 赵明晓. 连锁企业商品采购[M]. 北京:清华大学出版社,2010.
[11] 操阳,李卫华. 连锁经营实训[M]. 大连:东北财经大学出版社,2015.
[12] 姜义平,庞德义. 连锁门店管理实务[M]. 北京:北京大学出版社,2013.
[13] 隆意,尚珂,顾丽萍. 连锁企业门店管理[M]. 北京:中国发展出版社,2015.
[14] 冯建军. 卓越店铺管理的 23 个流程和 21 个标准[M]. 北京:经济管理出版社,2015.
[15] 魏炜,朱武祥. 发现商业模式[M]. 北京:机械工业出版社,2015.
[16] 马志坚,刘海川. 三维商业模式[M]. 北京:中华工商联合出版社,2014.
[17] 亚历山大·奥斯特瓦德,伊夫·皮尼厄. 商业模式新生代[M]. 王帅,毛心宇,严威,译. 北京:机械工业出版社,2012.
[18] 郑翔洲. 新商业模式创新设计:转型重塑企业核心竞争力[M]. 北京:电子工业出版社,2012.
[19] 野口吉昭. 商业模式思维的 30 个技巧[M]. 谭冰,译. 上海:上海交通大学出版社,2015.
[20] 王靖飞. 顶层商业模式:从顶层设计重塑商业模式[M]. 北京:经济管理出版社,2015.
[21] 吴非比. D公司零售渠道顾客忠诚度研究[D]. 厦门:厦门大学,2014.
[22] 黄军校. 对顾客流失原因及对策的思考[J]. 企业科技与发展,2009(4).
[23] 马颖. 客户分类管理法[J]. 山东冶金,2005(8).
[24] 李依磷. 论基于顾客满意的顾客忠诚度的提高途径[J]. 经济师,2012(4).
[25] 吕群智. 试论提高顾客忠诚度的途径[J]. 北京经济,2006(2).
[26] 屈冠银. 市场营销理论与实务[M]. 北京:机械工业出版社,2009.
[27] 郭建国. 顾客价值的需求挖掘与现实跨越[J]. 销售与市场,2009(2).
[28] 房吉胜,张洪岩. 浅谈市场营销组合策略[J]. 黑龙江科技信息,2008(9).
[29] 乌仁娜. 如何进行连锁餐饮企业百分百门店选址[J]. 商业文化,2011(6).
[30] 崔自三. 营销员如何挖掘和满足客户需求[J]. 北方牧业,2013(2).
[31] 雷冰. 优秀店长这样当[M]. 北京:中国华侨出版社,2013.
[32] 王艳霞. 门店促销[M]. 北京:高等教育出版社,2012.

[33] 盛斌子. 终端爆破:整合促销与立体推广全案[M]. 北京:人民邮电出版社,2013.
[34] 阿福先生. 好陈列胜过好导购. 升级版[M]. 北京:北京联合出版公司,2015.
[35] 吴皑,王增庆. 门店布局与商品陈列[M]. 北京:高等教育出版社,2014.
[36] 马志坚,刘海川. 三维商业模式:企业飞跃的三维创新之路[M]. 北京:中华工商联合出版社,2014.
[37] 肖怡. 零售学[M]. 3 版. 北京:高等教育出版社,2013.
[38] 张力升. 门店开发与选址[M]. 北京:机械工业出版社,2013.
[39] 余杰奇. 连锁江湖之店长[M]. 北京:当代世界出版社,2012.
[40] 孙彩军. 赚不赚钱靠店长:从懂管理到会经营[M]. 北京:中国工商联合出版社,2015.